普通高等教育"十五"国家级规划教材

北京市高等教育精品教材立项项目

《北京大学数学教学系列丛书》编委会

名誉主编：姜伯驹
主　　编：张继平
副主编：李　忠
编　　委：(按姓氏笔画为序)
　　　　　　王长平　刘张炬　陈大岳　何书元
　　　　　　张平文　郑志明
编委会秘书：方新贵
责任编辑：刘　勇

内容简介

本书是高等院校概率统计系本科生"抽样调查"课程的教材。主要讲述抽样调查的基本理论和方法。全书共分八章,内容包括引言、简单随机抽样、不等概抽样、分层抽样、多阶抽样、整群抽样与系统抽样、二相抽样以及抽样实践中常见的几个问题的讨论。本书沿袭许宝騄先生在《抽样论》(北京大学出版社,1982)中所用的处理方法,并扩充了实践内容,增加了具体案例。本书对一些最基本的调查方法理论作了统一处理,并吸收了国内外抽样调查前沿研究的理论和实践,使读者能在短时间内掌握抽样调查的基本方法。作者在编写本书时特别注意结合我国当前调查的实际经验和需求,给出许多调查实例,使读者参照这些实例便可设计出较好的调查方案。本书叙述简明清晰,定理证明浅显易懂,凡是具有高等代数、微积分和初等概率统计知识的读者都可以读懂本书内容。

本书可作为综合大学、理工科院校概率统计系、社会学系和经济管理系本科生教材,也可作为应用统计工作者设计抽样调查方案的参考书。

作者简介

孙山泽 北京大学数学科学学院教授,1962年毕业于北京大学数学力学系,长期从事概率论与数理统计的教学、科研工作,主要研究方向是抽样调查与应用统计,参加过国家多项抽样调查与应用统计的研究项目。

《北京大学数学教学系列丛书》编委会

名誉主编：姜伯驹
主　　编：张继平
副 主 编：李　忠
编　　委：(按姓氏笔画为序)
　　　　　　王长平　刘张炬　陈大岳　何书元
　　　　　　张平文　郑志明
编委会秘书：方新贵
责任编辑：刘　勇

北京大学数学教学系列丛书

抽 样 调 查

孙山泽　编著

北京大学出版社
·北京·

图书在版编目(CIP)数据

抽样调查 / 孙山泽编著. —北京：北京大学出版社，2004.2
（普通高等教育"十五"国家级规划教材）
（北京市高等教育精品教材立项项目）
（北京大学数学教学系列丛书）
ISBN 978-7-301-06857-1

Ⅰ.抽… Ⅱ.孙… Ⅲ.抽样调查－高等学校－教材 Ⅳ.C811

中国版本图书馆 CIP 数据核字 (2003) 第 119250 号

书　　　　名	抽样调查
著作责任者	孙山泽　编著
责 任 编 辑	王国义　刘　勇
标 准 书 号	ISBN 978-7-301-06857-1/O·0584
出 版 发 行	北京大学出版社
地　　　　址	北京市海淀区成府路 205 号　100871
网　　　　址	http://www.pup.cn　新浪微博：@北京大学出版社
电 子 信 箱	zpup@pup.cn
电　　　　话	邮购部 62752015　发行部 62750672　编辑部 62752021
印 刷 者	河北滦县鑫华书刊印刷厂
经 销 者	新华书店
	890 毫米 × 1240 毫米　A5　6.75 印张　188 千字
	2004 年 2 月第 1 版　2024 年 8 月第 13 次印刷
定　　　　价	28.00 元

未经许可，不得以任何方式复制或抄袭本书之部分或全部内容。
版权所有，侵权必究
举报电话：010-62752024　电子信箱：fd@pup.pku.edu.cn
图书如有印装质量问题，请与出版部联系，电话：010-62756370

序　　言

　　自 1995 年以来,在姜伯驹院士的主持下,北京大学数学科学学院根据国际数学发展的要求和北京大学数学教育的实际,创造性地贯彻教育部"加强基础,淡化专业,因材施教,分流培养"的办学方针,全面发挥我院学科门类齐全和师资力量雄厚的综合优势,在培养模式的转变、教学计划的修订、教学内容与方法的革新,以及教材建设等方面进行了全方位、大力度的改革,取得了显著的成效。2001 年,北京大学数学科学学院的这项改革成果荣获全国教学成果特等奖,在国内外产生很大反响。

　　在本科教育改革方面,我们按照加强基础、淡化专业的要求,对教学各主要环节进行了调整,使数学科学学院的全体学生在数学分析、高等代数、几何学、计算机等主干基础课程上,接受学时充分、强度足够的严格训练;在对学生分流培养阶段,我们在课程内容上坚决贯彻"少而精"的原则,大力压缩后续课程中多年逐步形成的过窄、过深和过繁的教学内容,为新的培养方向、实践性教学环节,以及为培养学生的创新能力所进行的基础科研训练争取到了必要的学时和空间。这样既使学生打下宽广、坚实的基础,又充分照顾到每个人的不同特长、爱好和发展取向。与上述改革相适应,积极而慎重地进行教学计划的修订,适当压缩常微、复变、偏微、实变、微分几何、抽象代数、泛函分析等后续课程的周学时。并增加了数学模型和计算机的相关课程,使学生有更大的选课余地。

　　在研究生教育中,在注重专题课程的同时,我们制定了 30 多门研究生普选基础课程(其中数学系 18 门),重点拓宽学生的专业基础和加强学生对数学整体发展及最新进展的了解。

教材建设是教学成果的一个重要体现。与修订的教学计划相配合,我们进行了有组织的教材建设。计划自1999年起用8年的时间修订、编写和出版40余种教材。这就是将陆续呈现在大家面前的《北京大学数学教学系列丛书》。这套丛书凝聚了我们近十年在人才培养方面的思考,记录了我们教学实践的足迹,体现了我们教学改革的成果,反映了我们对新世纪人才培养的理念,代表了我们新时期的数学教学水平。

经过20世纪的空前发展,数学的基本理论更加深入和完善,而计算机技术的发展使得数学的应用更加直接和广泛,而且活跃于生产第一线,促进着技术和经济的发展,所有这些都正在改变着人们对数学的传统认识。同时也促使数学研究的方式发生巨大变化。作为整个科学技术基础的数学,正突破传统的范围而向人类一切知识领域渗透。作为一种文化,数学科学已成为推动人类文明进化、知识创新的重要因素,将更深刻地改变着客观现实的面貌和人们对世界的认识。数学素质已成为今天培养高层次创新人才的重要基础。数学的理论和应用的巨大发展必然引起数学教育的深刻变革。我们现在的改革还是初步的。教学改革无禁区,但要十分稳重和积极;人才培养无止境,既要遵循基本规律,更要不断创新。我们现在推出这套丛书,目的是向大家学习。让我们大家携起手来,为提高中国数学教育水平和建设世界一流数学强国而共同努力。

张 继 平

2002年5月18日

于北京大学蓝旗营

前　言

调查是现代社会进程的一个重要组成部分,其中大量进行的是抽样调查。抽样调查是一门应用性很强的学科,在实施抽样时应注意强调以下几点:第一是要获得正确的信息;第二是要省时省力省钱;第三是在制定抽样方案时,调查的抽样方法要与后续的数据分析配套;第四是要充分利用已知信息来提高抽样精度。这些都是抽样工作的要点。本书力求贯彻这些要点。目前高等院校中的许多专业,如统计学、社会学、经济管理等都设置了抽样调查课程,但这一课程的适用教材甚为缺乏,迫切需要一本适用的教材和抽样调查指导手册。

1982年北京大学出版社曾出版过我国已故统计学家许宝䤸先生的《抽样论》,我们为了教学的需要,在许先生的《抽样论》的基础上扩充内容编写了抽样调查讲义,在北京大学概率统计系本科生的教学中多次作为教材使用。本书将该讲义又扩充了实践内容,增加了具体的案例。本书沿袭许宝䤸先生的《抽样论》中的处理方法,对一些最基本的调查方法理论作了统一处理,并吸取了国内外抽样调查前沿研究的理论和实践,使读者能在短时间内掌握最新的抽样调查理论,为读者对抽样理论进一步的学习和研究打下基础。本书在编写时特别注意结合我国当前调查的实际经验和需求,给出许多调查示例,使读者即使不阅读该书中各个定理的证明过程,也可以参照书中实例设计出精确度高、省时省力又节省经费的调查方案。

本书作为高等学校"抽样调查"课程的教材,学生通过学习可以掌握基本的抽样方法,能够理解各种抽样方法的数理统计原理和获得实施具体项目的处理能力和分析能力。本书对于从事调查工作的实际工作者也是一部很好的参考书。调查者根据要实施的实际调查情况,只要对照书中实例即可以方便地制定出自己的抽样策略。

本书既适用于高等学校的学生作为教材,同时也为具体调查方案的实际设计者提供抽样策略。书中内容简明清晰,定理的证明浅显易懂。凡具有一般的高等代数、微积分和初等概率统计知识的读者都可以读懂本书内容。

本书承蒙北京大学概率统计系郑忠国教授审阅了全书,北京大学出版社刘勇同志积极推动了本书的出版,在此一并表示衷心的感谢。

书中疏漏和不当之处,敬请读者批评指正。

孙山泽

2004 年 2 月

第一章 引 言

§1.1 大规模抽样调查

本书所述抽样调查亦称**大规模抽样调查**.在社会经济的诸多领域,如国家资源状况、人口现状、农业产量及虫害估计、疾病医疗等许多方面,需要新的信息时往往要进行大规模的抽样调查.

大规模抽样调查一般说来大致有三类,即**普查**、**概率抽样调查**和**典型调查**.普查也就是对研究对象的全体进行全面调查,如我国进行的人口普查、工业企业普查等等.普查需投入大量的人力、物力,且需较长的时间,调查的规模庞大,组织工作艰巨.这就决定了这类调查不能频繁进行,像人口普查都为十年或五年进行一次.普查可获得全面的资料,如人口普查,不但可以了解全国的状况,而且可以了解各省乃至县乡的状况.概率抽样调查是在非全面调查中运用概率统计理论指导的抽样调查方法.比起全面调查,概率抽样调查可以节约人力、物力,节省时间.概率抽样调查要根据研究对象总体的一些已知情况,设计适宜的抽样方案,充分用好已知的辅助信息,获得有代表性的好样本,从而对总体的特征指标做出好的估计.按概率统计原理设计的抽样还会对每一个特征指标的估计,给出一个估计的误差.概率抽样调查是目前许多领域获取调查信息时推荐使用的抽样调查方法.本书将在后面对常用的各种基本方法,介绍它们的概率统计原理、应用的计算公式及一些调查实例.典型调查是一种完全依靠先验知识的抽样调查.所抽取的样本是根据调查者掌握的先验信息,认为能很好地反映总体的特征指标的一些个体.这种抽样一般取样很少,但样本能否正确反映所需的总体特征,完全依赖调查者的主观信息,无法获得客观的误差评价.因而典型调查往往要以普查或概率抽样调查为基础,确定典型样本,典型调查由于样本量一般很少,可以经常进行.这三类调查相互配合,能够获得正确而时效性很强的总体信息.

1978年统计学家Jessen曾做过一个典型抽样与概率抽样比较的实验.他用126块大小不一的石头组成总体,由16个学生取典型样本.由于学生可直观地看到石头的大小和形状,可有"典型"的先验知识.他让每一位学生取样本量为1,2,5,10的样本各3个,每种样本量的样本共48个,样本量为20的样本每人一个,共16个,求石头总体的平均重量.另外按概率的随机数表,取样本量为1的随机样本126个,样本量为2的30个,样本量为5的90个,样本量为10的60个,样本量为20的10个.两类抽样估出的总体平均重量的平均绝对偏差如表1.1所示(单位:克).虽然在这一试验中,典型抽样与随机抽样在样本量相同的样本的个数没有设计成相同的值,是一个缺陷,但从表中仍可看出样本量的增加对典型抽样的精度改变不大.而随机抽样的精度随着样本量的增加有明显的改善.样本量很小时,依靠较充足的先验信息获取的典型样本为佳,而样本量较大时,随机样本的估计则更好些.

表 1.1

样本量	1	2	5	10	20
典型抽样	40.0	44.9	35.3	38.5	31.0
随机抽样	80.6	71.4	43.3	34.1	26.2

一个完整的实际问题的概率抽样调查,不仅要依据概率统计的理论作出适宜的抽样方案及数据分析方案,同时包含大量的现场调查的实践活动,这涉及组织管理、测量技术、人的心理反映等诸多方面.因此,有人说抽样调查既是一门科学、也是一门艺术.

进行一个抽样调查的操作流程大致包括以下几个方面.

(一)建立课题,明确调查的目的

进行一项工作要有一个明确的目的.开展一项调查,想要得到什么信息,自然是应该明确的.但现实中提出一个调查项目时,往往目的比较朦胧.通过项目提出单位、抽样设计者和执行者的研讨,会使目的逐渐明确.有了明确的目的才能在总体的确定及调查方案具体细节方面有针对性.

(二) 调查的准备阶段

(1) 总体及目标量的确定.总体即为要想达到调查的目的所关注的那个集合.应该有明确的条件去判定一个个体是否属于这个集合.这些条件必须是在实际工作中可用的,调查工作者应能明确判定一个可疑个体是否属于调查的总体.

(2) 抽样框.抽样框是制定抽样调查方案时的一项重要内容.制定抽样方案时,总体必须划分成一些抽样单位,这些单位是相互不重叠的,并且能完全覆盖总体.划分出的抽样单位应该是可识别的,也就是想调查哪一个单位,就可以将这个单位找出来进行调查.编制抽样框可以说是实际调查工作中一项很重要、很艰难的工作.抽样框除包含有抽样单位的编号及抽样单位与总体、个体单元的联系外,还应包含一些有用的辅助信息.这些辅助信息可用于抽样方案的设计和数据处理,有益于提高调查的质量.实际工作中,抽样框非常完美地覆盖调查总体的情况是稀有的,一般需要调查的总体与抽样框所包含的个体会有一些差异,应该注意这些差异,必须使两者很接近,使差异在可容忍的范围内.

(3) 收集数据的方法.调查的环境以及人力、物力、时间都会影响收集数据的方法.常用的方法有电话采访、书信邮寄和派员面访等等.

(4) 抽样设计.抽样设计是抽样调查的一项主要工作,要决定从抽样框中抽出哪些单位来进行调查.既要考虑到人力、物力、对获得的信息的精度要求,也要考虑到实际现场调查工作的可行性.抽样调查方案的设计者要利用抽样框的辅助信息,综合各种基本的概率抽样方法,制定出一个可行的、精度满足要求而且费用最省的抽样方案.抽样方案不但包括调查哪些抽样单位,以及调查失败时的补救措施,还应包括调查数据获得后主要信息量的计算公式.

(5) 问卷设计. 收集数据无论采用哪些方式,都应有一份调查问卷. 根据调查的目的设计若干问题,从问题的回答中提取所需的信息. 问题要简单明确,不会产生歧义. 多数调查采用选择题的方式. 问题的设计要考虑到被访者的心理,使回答没有障碍,能得到真实的回答. 整个问卷也不宜冗长. 问卷设计是一个需要专心研究的课题.

(三) 现场工作阶段

进行一项大规模抽样调查,会遇到许多管理问题. 要进行调查员的培训,使他们了解调查的目的以及如何使用问卷获得回答. 要建立调查工作的监督机制,检查采集到的数据的质量,以及数据的保管等等. 这一阶段有大量的实际技术工作和组织管理工作.

(四) 数据处理阶段

(1) 数据验收、编辑. 数据处理的第一步是对回收的调查表进行审查,以便订正填报的错误,把明显的错误数据删去;了解调查表回收的情况,不响应是否严重,不响应的机制如何,等等. 这些情况对下一步的分析、估算有直接影响. 另外通常要进行数据的整理、编辑、计算机录入,制成数据文件,便于使用计算机处理.

(2) 估计、分析. 对调查总体特征指标的估计要按抽样设计时的既定计算公式进行,但要考虑到对数据审查时发现的种种情况,进行必要的调整. 对算出的估计值,特别是一些重要的估计值要按概率抽样调查的方案算出预期的误差大小. 当调查获得结果后,除了进行特征量的估算外,还要充分利用数据,进行其他的统计分析.

(五) 写出报告、结论

一个调查之后,写出一篇调查总结报告是必不可少的. 报告应列举获得的各项估计值,也应陈述从数据反映出的问题及相应的建议. 作为一个好的调查报告应对此次调查的得失作出总结,为今后类似的调查提供经验,提供有价值的数据信息. 这些经验、信息对将来的抽样有指导作用,它提供的特征量的均值、方差、测量值的变异性质等,都会在未来的抽样调查中成为重要的参考数据.

本书主要讨论抽样调查的概率统计理论,集中研究抽样设计和相应的调查数据分析.

§1.2 有限总体抽样的样本分布

大规模抽样调查研究的对象是一个有有限个单元的总体. 总体中的单元是可识别的,因此我们可以将一个有 N 个个体单元的有限总体记为

$$\mathscr{U}(N) = \{U_1, U_2, \cdots, U_N\},$$

N 一般是已知的,称为总体的大小. 我们要研究的是这些单元的某项特定指标量 Y,每一个个体单元有一个对应的数据,研究的指标量集合为

$$\{Y_1, Y_2, \cdots, Y_N\},$$

我们不妨直接将指标集合 $\{Y_1, Y_2, \cdots, Y_N\}$ 作为总体. 按某一抽样方案从总体 $\mathscr{U}(N)$ 中取出 n 个单元作为样本,观测各样本单元的数量指标,样本记为

$$y_1, y_2, \cdots, y_n,$$

$\{y_1, y_2, \cdots, y_n\}$ 系 $\{Y_1, Y_2, \cdots, Y_N\}$ 的一部分. 抽取的方案使每一可能的样本有一个确定的出现概率. 这就构成一个由抽样设计形成的样本概率分布. 依据这个分布我们可以计算一些样本统计量(比如样本平均值)的期望、方差等等. 这些期望、方差是基于设计产生的概率分布计算的,因而称为**基于设计的期望、方差**.

例1 对有限总体 $\{Y_1, Y_2, \cdots, Y_N\}$ 作有放回抽样,每次随机抽出一个单元观测后放回再抽下一个单元,得样本 $(y_1, y_2, \cdots, y_n)$,则由古典概率方法可以算出,一切可能的样本总个数为 N^n,每一具体样本出现的概率为 $1/N^n$.

例2 对有限总体 $\{Y_1, Y_2, \cdots, Y_N\}$ 作无放回抽样,每次随机抽出一个单元,不再放回,继续抽出下一个,抽取 n 次得样本 $(y_1, y_2, \cdots, y_n)$. 对样本 $(y_1, y_2, \cdots, y_n)$ 的样本单元不计它们出现的顺序. 由古典

概率方法计算一切可能的样本总个数为 C_N^n,且每一具体样本出现的概率为 $1/C_N^n$.

例 3 对有 7 个单元的总体 $\{1,2,3,4,5,6,7\}$ 进行抽样. 先分成两个子总体 $\{1,2,3,4\}$ 和 $\{5,6,7\}$,再从每个子总体中随机抽取两个单元,共 4 个单元组成样本 $\{y_{11},y_{12},y_{21},y_{22}\}$,对这种所谓的分层抽样,样本出现为 $\{1,2,3,4\}$ 或 $\{1,5,6,7\}$ 等等情况的概率均为 0,只可能出现 $\{1,2,5,6\},\{1,3,5,6\},\cdots,\{3,4,6,7\}$ 等,共有 $C_4^2 \cdot C_3^2 = 18$ 种可能样本. 每一样本出现的概率为 $1/C_4^2 \cdot C_3^2 = 1/18$. 这时每一单元出现在样本中的概率是不一样的,单元 1,2,3,4 出现在样本中的概率分别为 $C_1^1 \cdot C_3^1/C_4^2 = \frac{1}{2}$,而单元 5,6,7 出现在样本中的概率分别为 $C_1^1 \cdot C_2^1/C_3^2 = \frac{2}{3}$. 一个总体单元出现在样本中的概率也称为**入样概率**.

如果我们记一个可能的样本为 s,记在抽样设计下出现这个样本的概率为 $p(s)$,对一切 s 求和,应有 $\sum_s p(s) = 1$. 而对任一单元 Y_k,对包含 Y_k 的全部 s 求和,$\sum_{s \ni Y_k} p(s)$ 即为单元 Y_k 的入样概率. 对入样概率有下述定理.

定理 1.2.1 对总体 $\{Y_1,Y_2,\cdots,Y_N\}$ 抽取一个样本量为 n 的无重复样本(即同一单元不在样本中重复出现),对任一抽样设计,记一个单元 Y_k 的入样概率为 π_k,记两个单元 Y_k,Y_l 同时入样的概率为 π_{kl},则有

(1) $\sum_{k=1}^{N} \pi_k = n$; \hfill (1.2.1)

(2) $\sum_{\substack{k=1 \\ k \neq l}}^{N} \pi_{kl} = (n-1)\pi_l$,对固定的 l. \hfill (1.2.2)

证明 令

$$\delta_k(s) = \begin{cases} 1, & \text{当 } Y_k \in s; \\ 0, & \text{当 } Y_k \notin s. \end{cases}$$

对一切可能样本 s,则有

$$\mathrm{E}[\delta_k(s)] = \sum_{s \ni Y_k} p(s) = \pi_k, \qquad (1.2.3)$$

$$\mathrm{E}[\delta_k(s) \cdot \delta_l(s)] = \sum_{s \ni Y_k, Y_l} p(s) = \pi_{kl}. \qquad (1.2.4)$$

且对无重复样本,有

$$\sum_{k=1}^{N} \delta_k(s) = n. \qquad (1.2.5)$$

故

(1) $\displaystyle\sum_{k=1}^{N} \pi_k = \sum_{k=1}^{N} \mathrm{E}[\delta_k(s)] = \mathrm{E}\Big[\sum_{k=1}^{N} \delta_k(s)\Big] = \mathrm{E}[n] = n.$

(2) $\displaystyle\sum_{\substack{k=1 \\ k \neq l}}^{N} \pi_{kl} = \sum_{\substack{k=1 \\ k \neq l}}^{N} \mathrm{E}[\delta_k(s) \cdot \delta_l(s)]$

$\qquad = \mathrm{E}\Big[\sum_{\substack{k=1 \\ k \neq l}}^{N} \delta_k(s) \cdot \delta_l(s)\Big]$

$\qquad = \mathrm{E}\Big[\delta_l(s) \cdot \Big(\sum_{k=1}^{N} \delta_k(s) - \delta_l(s)\Big)\Big]$

$\qquad = \mathrm{E}[\delta_l(s) \cdot n - \delta_l(s)]$

$\qquad = n\pi_l - \pi_l = (n-1)\pi_l.$ 证毕.

抽样调查的文献一般以大写拉丁字母表示总体单元的数量指标、数字特征. 如以 Y_i 表示总体中第 i 个单元的数量指标,以 $\bar{Y}$ 表示总体的均值,S^2 表示总体的方差. 用小写拉丁字母表示样本单元的数量指标、数字特征. 如以 y_i 表示样本的第 i 个单元的数量指标,以 $\bar{y}$ 表示样本的平均值,以 s^2 表示样本方差.

抽样调查最直接的主要任务,是根据测得的样本数量指标 $\{y_1, y_2, \cdots, y_n\}$,对总体 $\{Y_1, Y_2, \cdots, Y_N\}$ 的一些数字特征进行估计. 如估计

(1) 均值 $\bar{Y} = \dfrac{1}{N} \sum_{i=1}^{N} Y_i$ 或总和 $Y = \sum_{i=1}^{N} Y_i$;

(2) 方差 $S^2 = \dfrac{1}{N-1} \sum_{i=1}^{N} (Y_i - \bar{Y})^2$;

(3) 总体中满足某一特征的单元所占的比例 P;

(4) 总体 $\{Y_1, Y_2, \cdots, Y_N\}$ 的总体分布的某一分位数,如中位数、

四分之一分位数.

此外还包括研究估计的误差,以及保证一定误差条件下所需的最小抽样数额,研究如何合理地使用总体的各种辅助信息,选择抽样方案使估计有较高的精度.

有限总体抽样调查的估值方法,一般仍要求估计量的无偏性、相合性、有效性等通常的标准.抽样调查是大规模调查,样本量都比较大.通常的要求可归纳如下:若以样本的统计量 w 估计总体的数字特征 W,有

$$B(w) = \mathrm{E}(w-W) = \mathrm{E}w - W, \qquad (1.2.6)$$

称之为**偏量**.

$$\begin{aligned}\mathrm{MSE}(w) &= \mathrm{E}(w-W)^2 = \mathrm{var}(w) + [\mathrm{E}w-W]^2 \\ &= \mathrm{var}(w) + [B(w)]^2, \qquad (1.2.7)\end{aligned}$$

称之为**均方偏差**.抽样调查要求估计量 w 满足:

(1) 样本量 n 增大时,偏量与均方偏差同时变小,且应有

$$B(w)/\sqrt{\mathrm{MSE}(w)} = o(1).$$

注 $O(a)$ 与 $o(a)$ 是两个数学文献常用的符号,$O(a)$ 表示该量与 a 之比,当 n 趋于无穷时,是不为零的有界量,也就是通常理解的,$O(a)$ 与 a 为同一量级.符号 $o(a)$ 表示该量与 a 之比,当 n 趋于无穷时,趋于零,也就是 $o(a)$ 是比 a 更高阶的无穷小.当 a 取 1 时则表示 $o(a)$ 的分子比分母的量级要低.

(2) 比较两种估计量的好坏,以它们的均方偏差的大小为准.均方偏差小者为佳,即更有效些.

§1.3 概率抽样的几种基本的抽样方法

在有限总体的概率抽样调查中,总体的每一个单元都被赋予了一个入选到样本中的概率,即被抽中的概率.这个概率是通过进行抽样方案设计来赋予的.一个抽样方案的出台依赖许多因素,设计者掌握的抽样框对抽样方案有重要影响,抽样比较完备、有充足的辅助信息是一个好的设计的基础.一个好的方案需要权衡下列准则:

(1) 目的性. 调查结果用于何处往往对调查提出不同的要求, 对结果要求不高时, 可采用样本量少而且抽样方式简单的设计, 节约人力物力. 而要求很高时, 则往往要较大的样本、复杂的抽样方式和数据处理.

(2) 可度量性. 这是概率抽样的一大优点. 它是指能从样本自身计算出调查得到的估计值的有效性, 即能计算出估计值可能的误差范围. 我们总是希望获得一个能很好代表总体的样本, 但一切总是相对的, 概率抽样一定要重视误差的估算.

(3) 可行性. 理想的设计方案在现场工作中是否会得到忠实的执行是设计时必须考虑的问题. 一般现场调查会有各种困难, 设计要考虑到这些困难, 需要把理想的设计的抽样转换成一套适用的现场实地调查的指南. 整体的调查方案可能会因某些困难而使调查质量略有下降, 但不会对整个方案产生致命影响.

(4) 经济性. 调查总是要花钱的, 少花钱当然是设计的目标之一. 方案设计往往要在经费与精度之间折衷.

本书的后续章节将逐一论述简单随机抽样、系统抽样、不等概抽样、分层抽样、多阶抽样、多相抽样等基本的抽样方法. 实际设计中往往会将这些方法组合使用, 其中任何一种都可以和另一种同时存在, 因而可能的抽样设计千变万化. 然而任何一种抽样设计都应在设计阶段有一个配套的数据处理方法. 抽样与估值两者组成一个方案.

简单随机抽样是基本的抽样方法. 当总体仅有一个简单的抽样框, 只有总体各个单元的名录, 无其他任何信息, 也就是我们只知道总体有 N 个可识别的个体, 而没有关于这些个体哪些比较相似, 哪些比较重要等等辅助资料时, 对这些个体只能一视同仁. 对 N 中取 n 个的一切可能样本, 共有 C_N^n 个, 平等对待, 每一样本出现的概率均为 $1/C_N^n$, 满足这一要求的抽样方法称为**简单随机抽样**. 具体实施简单随机抽样时, 可无放回地机会均等地在总体的 N 个个体中抽取第一个, 然后在剩下的 $(N-1)$ 个个体中机会均等地抽取第二个, ……, 最后在剩余的 $N-(n-1)$ 个个体中机会均等地抽取第 n 个样本单元. 这一抽法可直接应用到总体, 也可应用于分层抽样的某一个层,也可用于多阶或多重抽样的某一阶段.

系统抽样又称机械抽样或等距抽样.这种抽样将总体单元按某种顺序,将各个个体与序号$1,2,\cdots,N$对应,然后选取一个正整数k,将总体中的个体顺序逐个排列如下:

$$1, \quad 2, \quad \cdots, \quad k,$$
$$k+1, \quad k+2, \quad \cdots, \quad 2k,$$
$$2k+1, \quad 2k+2, \quad \cdots, \quad 3k,$$
······

直至N个个体排完.

对号码$1,2,\cdots,k$作简单随机抽样(常常只抽一两个),第i入样,则$k+i,2k+i,\cdots$均入样.在一些场合可采用序号头尾相接,或某种规则的二维排列等序号排列形式,都统称为系统抽样.

不等概抽样对总体中不同的单元有不同的入样概率.如果在抽样框中对每一单元有重要的辅助信息,它指明了各单元在样本推断总体时的重要性,因而会赋给重要性大的元素以较大抽取概率.例如在调查某一地区小麦总产量时,村庄会成为调查总体的单元,各村庄大小不一,麦子的栽种面积各不相同,栽种面积大的村庄显然比面积小的村庄对小麦总产量有更重要的影响.因而往往会以栽种面积的规模成正比例的入样概率抽取样本单元.这种抽样反应了辅助信息指示的各元素的重要性,往往会使对总体的推断有较高的精度.

分层抽样是将总体分成若干小的总体,每一小总体称为一个**层**,在每层抽取一个样本,将各层的样本合在一起组成原总体的一个分层样本.有两类因素会促使我们进行分层抽样,一是组织管理的方便,各层一个样本便于分片操作;二是有辅助信息表明总体的某些个体有明显的差异,将相近的个体归为一层.如此的分层样本会提高对总体推断的精度.

多阶抽样是将总体分成若干小的群体,但并不在每一小的群体中抽取一个样本,而是将这些小群体称为第一性抽样单元,将它们看作个体进行抽样.然后,再对抽中的第一性抽样单元中的个体抽样.这样的抽取当然可以不止二阶而是多阶的,先抽第一性样单元,再在第一性样单元中抽第二性样单元,再在第二性样单元中抽第三性样单元,如此直至最基层的个体.当总体中个体数量太大,或其他技术上的原因,无法直接对个体编号时,可采用多阶抽样,先按第一性单元编号,抽取若干个,再在抽得的第一性单元内编号,抽取下一级单元.多阶抽样会使现场观测的样本单元比较集中,有利于节省调查费用.

多重抽样(**多相抽样**)是对总体进行一次以上的抽样.第一次抽中的样本单元并不是调查所需的目标量,而是调查一些可通过较小的工作量快速获得的辅助信息.一般这一次的样本量较大.然后,在获得辅助信息的基础上,再作一个样本量较小的调查,调查所需的目标量,通常后一个较小的样本是在前一个较大的样本中抽取的.

习 题 一

1. 概括普查和抽样调查的优缺点.考虑能确保这些调查获得成功的前提条件和注意事项.

2. 有人说:"只有确信样本能很好地代表总体,调查研究人员才能肯定样本均值与总体均值相一致.但是研究人员不能绝对地肯定样本是否真正有代表性,他总要允许分析结果有一个较小的误差范围."你对这段话有何评述?

3. 假定你对一本厚厚的英文字典进行研究,调查书中的收词的总数.你认为以什么作为抽样单元比较合理?如果被调查的书中有大幅的插图,该如何处理?

4. 设计一个完整的抽样框是不容易的,在下述调查中可以试用什么作为抽样框?

(1) 调查一个市镇每周每个成年人用于看电视的总时数;

(2) 调查某一城市中服装商店或商贩出售某一品牌服装的情况;

(3) 调查某一城市中去年发现患肺结核的人数.

5. 某刊物随刊物发行附有一张调查表,要求读者填表后返回.

调查人员对寄回的调查表进行了分析,试问这是不是概率的随机调查?如何看待调查结果?

6. 从 100 只试验兔子中抽 10 只作试验. 研究人员从一个圈养场中,不经挑选地抓到哪只算哪只,抓满 10 只为止. 这是不是合适的抽样方法?

第二章 简单随机抽样

§2.1 简单随机抽样的几个基本定理

在有限总体抽样中,简单随机抽样是最基础的抽样方法,其他许多抽样方法都可看作是在该方法基础上的修正,以便在更方便或更精确两个方面得到改进. 简单随机抽样这一术语的含义,在抽样调查文献与一般数理统计书籍中稍有差异. 一般数理统计中简单随机样本是指独立同分布且分布为总体分布的样本;而有限总体的简单随机抽样获得的各样本单元不是相互独立的. 从有限总体的 N 个可识别单元中抽取 n 个单元作为样本,一切可能的 C_N^n 种实现均有相同的出现概率,即概率均为 $1/C_N^n$. 通常采用无放回的等概抽取方式. 简单随机样本的样本均值有几条基本定理. 在后续章节中会经常用到这些定理的结论.

从有限总体

$$\mathscr{U} = \{Y_1, Y_2, \cdots, Y_N\}$$

中,抽取 n 个单元作样本. 定义抽样的示性函数

$$D_i = \begin{cases} 1, & \text{第 } i \text{ 单元 } Y_i \text{ 被抽中}; \\ 0, & \text{第 } i \text{ 单元 } Y_i \text{ 未被抽中}. \end{cases} \quad (2.1.1)$$

$D = (D_1, D_2, \cdots, D_N)$ 是由 n 个 1 和 $N-n$ 个 0 组成的向量,它指示了一个具体的样本. 全部这样的 D 组成一个样本空间 Ω, Ω 有 C_N^n 个元素,一个抽样方案就是确定 Ω 上的一个概率分布. 当概率分布是均匀的,即每一元素出现的概率均相等时即为简单随机抽样.

定理 2.1.1 对简单随机抽样,有

$$\begin{cases} P\{D_i = 1\} = \dfrac{n}{N}, & i = 1, 2, \cdots, N, \\ P\{D_i = 1, D_j = 1\} = \dfrac{n(n-1)}{N(N-1)}, & i \neq j, i, j = 1, 2, \cdots, N. \end{cases}$$

$$(2.1.2)$$

证明 按古典概率，对任意 i, j, $i \neq j$,

$$P\{D_i = 1\} = C_{N-1}^{n-1}/C_N^n = \frac{n}{N},$$

$$P\{D_i = 1, D_j = 1\} = C_{N-2}^{n-2}/C_N^n = \frac{n(n-1)}{N(N-1)}. \quad \text{证毕.}$$

定理 2.1.1 说明简单随机抽样中，总体每一单元的入样概率均为 n/N，任意两个单元同时入样的概率均为 $n(n-1)/N(N-1)$. D_i 与 D_j 的联合分布不等于它们各自的边缘分布的乘积，两者是不独立的.

定理 2.1.2 对简单随机抽样，有

$$\begin{cases} \mathrm{E}(D_i) = \dfrac{n}{N}, \\ \mathrm{var}(D_i) = \dfrac{n}{N}\left(1 - \dfrac{n}{N}\right), \\ \mathrm{cov}(D_i, D_j) = \dfrac{-n}{N(N-1)}\left(1 - \dfrac{n}{N}\right), \end{cases} \quad \begin{matrix} i = 1, 2, \cdots, n, \\ \\ i \neq j, \, i, j = 1, 2, \cdots, n. \end{matrix}$$

$$(2.1.3)$$

证明 由定理 2.1.1 可直接算出

$$\mathrm{E}(D_i) = \frac{n}{N}, \quad \mathrm{var}(D_i) = \frac{n}{N}\left(1 - \frac{n}{N}\right),$$

$$\begin{aligned}\mathrm{cov}(D_i, D_j) &= \mathrm{E}(D_i D_j) - (\mathrm{E}D_i)(\mathrm{E}D_j) \\ &= \frac{n(n-1)}{N(N-1)} - \left(\frac{n}{N}\right)^2 \\ &= \frac{-n}{N(N-1)}\left(1 - \frac{n}{N}\right). \quad \text{证毕.}\end{aligned}$$

定理 2.1.3 设 $y_1, y_2, \cdots, y_n$ 是来自总体 $\{Y_1, Y_2, \cdots, Y_N\}$ 的简单随机样本，Y_i 有界，即存在一个与 N 无关的数 M，使 $|Y_i| \leqslant M$ ($i = 1, 2, \cdots, N$) 且 $\overline{Y} = \dfrac{1}{N}\sum\limits_{i=1}^{N} Y_i = 0$，则

(1) $\mathrm{E}(\bar{y}) = \overline{Y} = 0$; \hfill (2.1.4)

(2) $\mathrm{E}(\bar{y}^2) = \left(\dfrac{1}{n} - \dfrac{1}{N}\right) S_Y^2 = O\left(\dfrac{1}{n}\right)$; \hfill (2.1.5)

(3) $\mathrm{E}(\bar{y}^3) = \dfrac{(N-n)(N-2n)}{n^2 N(N-1)(N-2)} \sum\limits_{i=1}^{N} Y_i^3 = O\left(\dfrac{1}{n^2}\right)$; \hfill (2.1.6)

$$(4)\ \mathrm{E}(\bar{y}^4) = \frac{(N-n)[N^2-(6n-1)N+6n^2]}{n^3 N(N-1)(N-2)(N-3)} \sum_{i=1}^{N} Y_i^4$$
$$+ \frac{3(n-1)(N-n)(N-n-1)}{n^3 N(N-1)(N-2)(N-3)} \Big(\sum_{i=1}^{N} Y_i^2\Big)^2 = O\Big(\frac{1}{n^2}\Big),$$
$$(2.1.7)$$

其中
$$\bar{y} = \frac{1}{n}\sum_{i=1}^{n} y_i, \quad \bar{Y} = \frac{1}{N}\sum_{i=1}^{N} Y_i,$$
$$S_Y^2 = \frac{1}{N-1}\sum_{i=1}^{N}(Y_i-\bar{Y})^2 = \frac{1}{N-1}\sum_{i=1}^{N} Y_i^2.$$

证明

(1) $\mathrm{E}(\bar{y}) = \mathrm{E}\Big(\frac{1}{n}\sum_{i=1}^{n} y_i\Big) = \mathrm{E}\Big(\frac{1}{n}\sum_{i=1}^{N} D_i Y_i\Big) = \frac{1}{n}\sum_{i=1}^{N} Y_i \mathrm{E}(D_i)$
$= \frac{1}{N}\sum_{i=1}^{N} Y_i = \bar{Y}.$

(2) $\bar{y}^2 = \Big(\frac{1}{n}\sum_{i=1}^{n} y_i\Big)^2 = \frac{1}{n^2}\Big(\sum_{i=1}^{n} y_i^2 + \sum_{i\neq j}^{n}\sum y_i y_j\Big)$
$= \frac{1}{n^2}\Big(\sum_{i=1}^{N} D_i Y_i^2 + \sum_{i\neq j}^{N}\sum D_i D_j Y_i Y_j\Big),$

故
$$\mathrm{E}(\bar{y}^2) = \frac{1}{n^2}\Big(\sum_{i=1}^{N} Y_i^2 \mathrm{E}(D_i) + \sum_{i\neq j}^{N}\sum Y_i Y_j \mathrm{E}(D_i D_j)\Big)$$
$$= \frac{1}{n^2}\Big(\frac{n}{N}\sum_{i=1}^{N} Y_i^2 + \frac{n(n-1)}{N(N-1)}\sum_{i\neq j}^{N}\sum Y_i Y_j\Big).$$

但
$$0 = (N\bar{Y})^2 = \Big(\sum_{i=1}^{N} Y_i\Big)^2 = \sum_{i=1}^{N} Y_i^2 + \sum_{i\neq j}^{N}\sum Y_i Y_j,$$

即
$$\sum_{i\neq j}^{N}\sum Y_i Y_j = -\sum_{i=1}^{N} Y_i^2,$$

故
$$\mathrm{E}(\bar{y}^2) = \frac{1}{n^2}\Big(\frac{n}{N} - \frac{n(n-1)}{N(N-1)}\Big)\sum_{i=1}^{N} Y_i^2 = \Big(\frac{1}{n} - \frac{1}{N}\Big) S_Y^2.$$

(3) $\bar{y}^3 = \dfrac{1}{n^3}\Big(\sum\limits_{i=1}^{N}Y_i^3 D_i + 3\sum\limits_{i\neq j}^{N}\sum\limits^{N}Y_i^2 Y_j D_i D_j$

$\qquad + \sum\limits_{i\neq j\neq k}^{N}\sum\limits^{N}\sum\limits^{N} Y_i Y_j Y_k D_i D_j D_k\Big),$

故

$$E(\bar{y}^3) = \dfrac{1}{n^3}\Big(\dfrac{n}{N}\sum_{i=1}^{N}Y_i^3 + 3\dfrac{n(n-1)}{N(N-1)}\sum_{i\neq j}^{N}\sum^{N}Y_i Y_j$$
$$+ \dfrac{n(n-1)(n-2)}{N(N-1)(N-2)}\sum_{i\neq j\neq k}^{N}\sum^{N}\sum^{N}Y_i Y_j Y_k\Big),$$

但

$$0 = \Big(\sum_{i=1}^{N}Y_i\Big)\Big(\sum_{j=1}^{N}Y_j^2\Big) = \sum_{i=1}^{N}Y_i^3 + \sum_{i\neq j}^{N}\sum^{N}Y_i^2 Y_j,$$

$$0 = \Big(\sum_{i=1}^{N}Y_i\Big)^3 = \sum_{i=1}^{N}Y_i^3 + 3\sum_{i\neq j}^{N}\sum^{N}Y_i^2 Y_j + \sum_{i\neq j\neq k}^{N}\sum^{N}\sum^{N}Y_i Y_j Y_k,$$

故有

$$\sum_{i\neq j}^{N}\sum^{N}Y_i^2 Y_j = -\sum_{i=1}^{N}Y_i^3, \quad \sum_{i\neq j\neq k}^{N}\sum^{N}\sum^{N}Y_i Y_j Y_k = 2\sum_{i=1}^{N}Y_i^3,$$

代入前式化简,即得

$$E(\bar{y}^3) = \dfrac{(N-n)(N-2n)}{n^2 N(N-1)(N-2)}\sum_{i=1}^{N}Y_i^3.$$

(4) 证法与(3)类似. 证毕.

定理 2.1.3 中的条件 $\bar{Y}=0$ 主要是为了使定理的证明书写简单. 对一般的有界总体 $\{Y_1, Y_2, \cdots, Y_N\}$ 可考虑 $\{Y_1-\bar{Y}, Y_2-\bar{Y}, \cdots, Y_N-\bar{Y}\}$,这时,定理结论中的几个期望值变为 $E(\bar{y}-\bar{Y})$,$E(\bar{y}-\bar{Y})^2$,$E(\bar{y}-\bar{Y})^3$,$E(\bar{y}-\bar{Y})^4$.

§2.2 简单随机抽样的实现

对一个总体进行简单随机抽样,首先要有一个抽样框,根据抽样框将总体中的 N 个可识别单元与 N 个数码编号形成一一对应. 然后从这 N 个编号中,按无放回抽取出 n 个样本单元. 即以 $\dfrac{1}{N}$ 的概率

从 N 个单元中抽取第一个样本单元,取出后不放回,再以 $\frac{1}{N-1}$ 的概率从剩下的 $N-1$ 个单元中抽取第二个样本单元,取出后不放回,再以 $\frac{1}{N-2}$ 的概率从剩下的 $N-2$ 个单元中抽取第三个样本单元,……,如此继续,直至取满 n 个样本单元. 从 N 个单元中以每个均相等的概率 $\frac{1}{N}$ 抽取一个样本单元,实践中并非轻而易举之事,目前通常利用随机数表、计算机、投掷随机骰子等办法产生随机数,以保证每次抽取对各单元有相等的概率. 所谓随机数此处系指均匀随机数,即在一定的区间上是均匀分布的. 如取四位数字,则所取数为 0000 至 9999 共 10000 个数上均匀分布. 随机数表、计算机随机数、掷四枚不同色的骰子产生的数基本上都符合这一要求. 今以随机数表为例,说明实现简单随机抽样的过程. 下表 2.1 是一张节录的随机数表.

例 1 现利用表 2.1 从 $N=345$ 的总体中无放回等概地抽取一个 $n=15$ 的简单随机样本.

表 2.1

65547	38844	76684	79311	14957	29414
95846	75837	62180	32361	60884	46299
05630	54244	63447	89809	25580	05712
36056	02112	26619	96244	83097	87484
53454	43644	78740	92558	00571	23846
05602	11326	61996	24476	73556	38600
58225	78627	63434	56074	16727	37950
79596	95072	47269	56088	44830	97949
69398	04569	92933	81257	00581	62354
56323	62258	69507	24726	61998	79083
77938	11661	05977	88443	59761	67691
29639	91665	60829	41925	98282	45705
61103	91058	48817	76031	45170	96216
34313	65698	31262	00327	63095	63616
35161	11756	31582	58790	05298	77734

先将总体单元与编号 001—345 对应. 当总数是三位数时,从随机数表任取一处作为起点,取一个三位数,然后按事先定好的横向或纵向每三位数一个地取出不同的三位数. 当三位数在 001—345 之间时,对应的编号入样;如三位数是 000 或 346—999 则舍去. 当某编号已入样,而再次取到该号码时,只算一次. 如此取足 15 个样本单元编号. 例如,我们从表 2.1 第一行第 8 列开始横向取三位数,然后再纵向地下移取另一个三位数. 第一个数是 844,舍去. 第二个是 837,也舍去. 第三个是 244,则 244 号单元入样. 第四个是 112,则 112 号单元入样. 第五个是 644,也舍去. 如此继续,可得 326,072,258,058 号单元入样. 当表已走到底端,而入样单元仍不足 15 个. 可调头接着从后面的列形成三位数. 现在我们调头从第一行第十一列处取出三位数 766,舍去. 继续往下,可取出 266,059,312,315. 不够 15 个,再调头,从第一行第十四列处取三位数,得 199,345,338,入样. 再下一个是 072,072 号单元前面已入样,再次遇到故舍去. 往下可取得 294,177,入样. 从而要调查的 15 个单元编号为 244,112,326,072,258,058,266,059,312,315,199,345,338,294,177.

例 2 在例 1 中可以看到在抽取随机数时经常产生空号码,001—345 在全体三位数中大致只占三分之一. 为了克服这种有大量空号,抽取效率较低的情况,可采用模数方法得到一定的改善. 仍对 $N=345$ 的总体抽取 $n=15$ 的样本. 可规定当取出随机数在 001—345 时,对应编号单元入样. 同时当取出随机数在 401—745 时,该数减去 400 的编号单元入样. 其余 000,346—400,746—999 舍去. 这样可提高抽取的效率. 仍按例 1 中的路径,第一个三位数 844 及第二个三位数 837 舍去,第三个是 244 号入样,第四个 112 号入样,第五个 644 减去 400 为 244,由于 244 已入样,故也舍去. 如此下去可得入样编号 326, 227(627 − 400), 072, 169(569 − 400), 258, 261(661 − 400), 265(665 − 400), 058, 298(698 − 400), 221(621 − 400), 234(634 − 400), 266, 219(619 − 400). 取满 15 个样本单元.

当总体的单元已有具体编号时,可直接利用该编号,无需对总体单元重新编号, N 个号码也无需相连. 例如某单位有员工四五千人,单位有一个五位数的员工登记编号. 我们可以直接利用五位一组的随机数抽取样本单元, 当取出的随机数为空号时, 舍去. 这样舍去的数所占的比例会较大, 但目前抽取数额较大的样本时, 均采用计算机执行操作, 虽然抽取效率较低但仍会很快获得所需的样本. 另外在使用计算机本身产生的随机数时, 应选择一个比较好的随机数发生程序. 一些小型机产生的随机数往往均匀性较差.

例 3 一商店为了了解顾客对商店服务的意见, 在商店门口对走出商店的顾客进行调查, 按时间顺序每五分钟抽选一顾客, 获得一个样本. 当调查的目标量与顾客离店时间完全独立, 即各类顾客离店的时间顺序是完全随机的, 以上按时间顺序系统地抽出的样本可看成是一个简单随机样本.

例 4 永久随机数方法. 在对一个总体多次进行取样调查时, 常可使用永久随机数方法. 抽样者给总体的每一个个体赋予一个 $[0,1]$ 上的随机数, 这一工作可利用计算机来完成, 即对 i 单元对应一个 $0,1$ 间的随机数 R_i, R_i 与 i 单元永久对应, 在以后各次抽样中不变. (若机器给出的随机数是浮点数, 则本身就是 $0,1$ 间的随机数; 若给出的是整数, 则在其前部加小数点, 构成 $0,1$ 间随机数). 抽样设计时, 确定好抽样比 f, 则 $R_i < f$ 的对应单元, 作为抽中的样本单元. 这一方法的优点是可以保证多次抽样中, 有大量的相同单元, 而且在各次抽样时总体单元有一些小的变动时, 只需将已离开总体的单元删去, 将新进入总体的单元赋予一个随机数即可, 不必全盘重新操作. 该方法的缺点是样本量不是完全固定, 虽然抽样比基本上会是 f, 但会有一些摆动.

§2.3 简单估值法

一个抽样方案除了抽样方法外, 还应有一个对总体目标量的估计, 同时对给出的估计量的方差以及对此方差的估计都应有明确的预见. 一般对一个抽样方案给出的抽样方法应配合有一个相适应的估计, 两者结合在一起才组成一个完整的抽样策略. 对总体采用简单随机抽样时,对总体目标量的均值或总数,可以有多种估计方法. 在没有其他辅助信息时,可以用简单估值法,以样本的均值估计总体的均值;当有适宜的辅助信息利用时,则可采用比估计、回归估计等. 以下阐述简单估值法的几个定理.

定理 2.3.1 设 $y_1, y_2, \cdots, y_n$ 是总体
$$\mathscr{U} = \{Y_1, Y_2, \cdots, Y_N\}$$
的一个样本量为 n 的简单随机样本,则样本均值 $\bar{y} = \dfrac{1}{n}\sum\limits_{i=1}^{n} y_i$ 是总体均值 $\bar{Y} = \dfrac{1}{N}\sum\limits_{i=1}^{N} Y_i$ 的无偏估计. 该估计 $\bar{y}$ 的均方偏差为(无偏时即为方差)

$$V(\bar{y}) = \mathrm{E}(\bar{y}-\bar{Y})^2 = \frac{1}{n}\left(1-\frac{n}{N}\right)S^2, \qquad (2.3.1)$$

其中 $S^2 = \dfrac{1}{N-1}\sum\limits_{i=1}^{N}(Y_i - \bar{Y})^2$.

证明 由 D_i 的定义 $\bar{y} = \dfrac{1}{n}\sum\limits_{i=1}^{n} y_i = \dfrac{1}{n}\sum\limits_{i=1}^{N} Y_i D_i$,又由定理 2.1.2,有

$$\mathrm{E}(\bar{y}) = \frac{1}{n}\sum_{i=1}^{N} Y_i \mathrm{E}(D_i) = \frac{1}{n} \cdot \frac{n}{N}\sum_{i=1}^{N} Y_i = \bar{Y},$$

$$V(\bar{y}) = \mathrm{E}(\bar{y}-\bar{Y})^2 = \mathrm{var}\left(\frac{1}{n}\sum_{i=1}^{N} Y_i D_i\right)$$

$$= \frac{1}{n^2}\left[\sum_{i=1}^{N} Y_i^2 \mathrm{var}(D_i) + \sum_{i\neq j}^{N}\sum^{N} Y_i Y_j \mathrm{cov}(D_i, D_j)\right]$$

$$= \frac{1}{n^2}\left[\frac{n}{N}\left(1-\frac{n}{N}\right)\sum_{i=1}^{N} Y_i^2 \right.$$

$$\left. - \frac{n}{N(N-1)}\left(1-\frac{n}{N}\right)\sum_{i\neq j}^{N}\sum^{N} Y_i Y_j\right]$$

$$= \frac{1}{n^2}\left[\frac{n}{N}\left(1-\frac{n}{N}\right)\left(1+\frac{1}{N-1}\right)\sum_{i=1}^{N} Y_i^2 \right.$$

$$\left. - \frac{n}{N(N-1)}\left(1-\frac{n}{N}\right)\left(\sum_{i=1}^{N} Y_i\right)^2\right]$$

$$= \frac{1}{n}\left(1 - \frac{n}{N}\right)\frac{1}{N-1}\left[\sum_{i=1}^{N}Y_i^2 - \frac{1}{N}\left(\sum_{i=1}^{N}Y_i\right)^2\right]$$

$$= \frac{1}{n}\left(1 - \frac{n}{N}\right)S^2. \quad 证毕.$$

系 $N\bar{y}$ 是总体总数 $Y = \sum_{i=1}^{N}Y_i$ 的无偏估计，其均方偏差为

$$V(N\bar{y}) = \frac{N^2}{n}\left(1 - \frac{n}{N}\right)S^2.$$

定理 2.3.2 在简单随机抽样下，样本方差

$$s^2 = \frac{1}{n-1}\sum_{i=1}^{n}(y_i - \bar{y})^2$$

是总体方差 S^2 的无偏估计．从而量

$$v(\bar{y}) = \frac{1}{n}\left(1 - \frac{n}{N}\right)s^2 \tag{2.3.2}$$

是估计 $\bar{y}$ 的均方偏差 $V(\bar{y})$ 的无偏估计．

证明 只需证 $\mathrm{E}s^2 = S^2$．由定理 2.1.2,

$$\mathrm{E}s^2 = \frac{1}{n-1}\mathrm{E}\left[\sum_{i=1}^{n}y_i^2 - n\bar{y}^2\right]$$

$$= \frac{1}{n-1}\left[\mathrm{E}\left(\sum_{i=1}^{N}Y_i^2 D_i\right) - n\mathrm{E}(\bar{y}^2)\right]$$

$$= \frac{1}{n-1}\left[\frac{n}{N}\sum_{i=1}^{N}Y_i^2 - n(\mathrm{var}(\bar{y}) + (\mathrm{E}\bar{y})^2)\right]$$

$$= \frac{1}{n-1}\left[\frac{n}{N}\sum_{i=1}^{N}Y_i^2 - \left(1 - \frac{n}{N}\right)S^2 - n\bar{Y}^2\right]$$

$$= \frac{1}{n-1}\left[\frac{n}{N}(N-1)S^2 - \left(1 - \frac{n}{N}\right)S^2\right]$$

$$= S^2. \quad 证毕.$$

例 1 调查某一社区居民用于食物消费的支出．若该社区有居民户 300 户，共 1100 人．现简单随机抽样调查了其中的 35 户，得到表 2.2 的数据．

表 2.2

调查序号	户人数(x_1)(人)	人均月收入(x_2)(元)	户月食物支出(y)(元)
1	2	710	540
2	3	557	830
3	4	408	860
4	4	458	1070
5	3	440	710
6	5	410	1100
7	2	825	610
8	2	730	660
9	4	470	1010
10	5	356	1030
11	3	640	880
12	4	570	1040
13	3	590	790
14	2	940	640
15	4	423	960
16	4	498	1100
17	3	550	770
18	4	663	1270
19	5	524	1440
20	3	630	890
21	3	610	730
22	6	325	1230
23	3	873	1090
24	3	607	790
25	2	885	590
26	4	400	900
27	2	345	620
28	4	488	970
29	4	423	980
30	2	950	660
31	4	418	1000
32	5	370	1170

（续表）

调查序号	户人数(x_1)(人)	人均月收入(x_2)(元)	户月食物支出(y)(元)
33	2	815	600
34	3	563	840
35	4	475	980
$\sum x$ ($\sum y$)	120		31350
$\sum x^2$ ($\sum y^2$)	450		29692900

按照简单估值法，以 $\bar{y}$ 估 $\bar{Y}$，可得平均每月每户用于食物的支出的估计值为

$$\bar{y} = \frac{1}{35}(y_1 + y_2 + \cdots + y_{35}) = \frac{31350}{35} = 895.70(元).$$

这一估计的均方偏差（方差）的估计值为

$$v(\bar{y}) = \frac{1}{n}\left(1 - \frac{n}{N}\right)s^2$$

$$= \frac{1}{n}\left(1 - \frac{n}{N}\right)\frac{1}{n-1}\left[\sum_{i=1}^{n} y_i^2 - \frac{1}{n}\left(\sum_{i=1}^{n} y_i\right)^2\right]$$

$$= \frac{1}{35}\left(1 - \frac{35}{300}\right)\frac{1}{34}\left[29692900 - \frac{(31350)^2}{35}\right]$$

$$= 1196.77,$$

标准差为

$$\sqrt{v(\bar{y})} = \sqrt{1196.77} = 34.59(元).$$

例 2（部分估计） 在许多调查中，要估计的往往是总体 $\mathscr{U}$ 中的具有某一特征的一个"子总体"的数量参数. 例如在农业害虫的调查中，在 100 平方千米的地块内，调查蝗蝻的数量时，往往要就该地块内的荒地和耕地分别估出蝗蝻的数量. 我们将整个总体划分为一平米一块的调查单位，全部共有 10^8 个个体单位，其中属于耕地的那些一平米小块组成一个子总体，属于荒地的组成另一个子总体. 如估计耕地子总体蝗蝻数的总和，则可规定第 i 个个体单位所含的蝗蝻数为

$$Z_i = \begin{cases} Y_i, & \text{当第 } i \text{ 个个体单位是耕地;} \\ 0, & \text{当第 } i \text{ 个个体单位是荒地.} \end{cases} \quad (2.3.3)$$

如此,总和 $Z = Z_1 + Z_2 + \cdots + Z_N$ 即为所需估计的子总体总数. 对所得样本同样按上述规定处理,则样本为

$$(z_1, z_2, \cdots, z_n) = (y_1, y_2, \cdots, y_{n_1}, \underbrace{0, \cdots, 0}_{n-n_1 \text{ 个}}).$$

按简单估值法,则可用

$$N\bar{z} = \frac{N}{n} \sum_{i=1}^{n} z_i = \frac{N}{n} \sum_{i=1}^{n_1} y_i$$

估算总和 Z. 其均方偏差为

$$E(N\bar{z} - Z)^2 = \frac{N^2}{n}\left(1 - \frac{n}{N}\right)\frac{1}{N-1}\sum_{i=1}^{N}(Z_i - \bar{Z})^2$$

$$= \frac{N(N-n)}{n(N-1)}\left[\sum_{i=1}^{N} Z_i^2 - \frac{1}{N}\left(\sum_{i=1}^{N} Z_i\right)^2\right].$$

均方偏差的估计量为

$$\frac{N^2}{n}\left(1 - \frac{n}{N}\right)s^2 = \frac{N(N-n)}{n(n-1)}\left[\sum_{i=1}^{n} z_i^2 - \frac{1}{n}\left(\sum_{i=1}^{n} z_i\right)^2\right]$$

$$= \frac{N(N-n)}{n(n-1)}\left[\sum_{i=1}^{n_1} y_i^2 - \frac{1}{n}\left(\sum_{i=1}^{n_1} y_i\right)^2\right].$$

当耕地子总体的个体单位数已知是 N_1 时,自然很易获得每平方米耕地的平均蝗蝻数的估计 $\frac{N}{N_1}\bar{z}$,它是量 $\frac{Z}{N_1}$ 的估计值,而非 $\frac{Z}{N}$ 的估计值. 当 N_1 未知时,要估计每平米耕地的平均蝗蝻数则需采用 §2.5 中阐述的比估计法.

例3(比例估计) 当需要估计的是总体中具有某一特征的个体单位的比例时,我们可类似例 2 的规定,规定

$$Z_i = \begin{cases} 1, & \text{当第 } i \text{ 个个体单位具有该特征;} \\ 0, & \text{当第 } i \text{ 个个体单位没有该特征.} \end{cases} \quad (2.3.4)$$

则 $Z = Z_1 + Z_2 + \cdots + Z_N$ 即为总体中具有该特征的个体的总数 N_1,平均数 $\frac{Z}{N}\left(\text{或} \frac{N_1}{N}\right)$ 即为需估计的比例 P. 因此按简单估值法,用样本

中具有该特征的个体的比例数

$$p = \frac{1}{n}\sum_{i=1}^{n} z_i = \frac{n_1}{n}$$

估计 P. 这一估计是无偏的，估计的方差为

$$\begin{aligned}
V(p) &= \frac{1}{n}\left(1 - \frac{n}{N}\right)S^2 \\
&= \frac{1}{n(N-1)}\left(1 - \frac{n}{N}\right)\left[\sum_{i=1}^{N} Z_i^2 - \frac{1}{N}\left(\sum_{i=1}^{N} Z_i\right)^2\right] \\
&= \frac{1}{n(N-1)}\left(1 - \frac{n}{N}\right)\left[N_1 - \frac{1}{N}N_1^2\right] \\
&= \frac{N-n}{n(N-1)} \cdot \frac{N_1}{N} \cdot \left(1 - \frac{N_1}{N}\right) \\
&= \frac{N-n}{n(N-1)} \cdot P \cdot (1-P).
\end{aligned}$$

此方差的无偏估计量为

$$\begin{aligned}
v(p) &= \frac{1}{n}\left(1 - \frac{n}{N}\right)s^2 \\
&= \frac{1}{n(n-1)}\left(1 - \frac{n}{N}\right)\left[\sum_{i=1}^{n} z_i - \frac{1}{n}\left(\sum_{i=1}^{n} z_i\right)^2\right] \\
&= \frac{1}{n-1}\left(1 - \frac{n}{N}\right) \cdot \frac{n_1}{n} \cdot \left(1 - \frac{n_1}{n}\right) \\
&= \frac{1}{n-1}\left(1 - \frac{n}{N}\right)p(1-p).
\end{aligned}$$

利用例 1 中表 2.2 给出的数据，估计该社区人均收入低于 450 元的家庭数 N_1. 则按上述可得 $n_1 = 10, p = \dfrac{n_1}{n} = \dfrac{10}{35} \approx 0.286$. 故该社区人均收入低于 450 元的家庭数的估计值为

$$Np = 300 \times 0.286 \approx 86(户).$$

这一估计的方差的估计值为

$$N^2 v(p) = \frac{N(N-n)}{n-1}p(1-p) \approx 477.2.$$

标准差的估计值为

$$N\sqrt{v(p)} = \sqrt{477.2} \approx 21.8(\text{户}).$$

例 4（有限总体分布估计） 实际工作中时常要了解有限总体指标量的分布情况. 例如在制定人的服装标准时, 要了解市场上购买人群的身高、腰围等形体尺寸的分布情况. 了解我国成年人中低于 1.80 米的人的概率有多大等等, 就是要估计有该特征的人所占的比例. 这是一个比例估计问题. 对任意给定的 t 值, 可以设定

$$\Delta(t - Y_i) = \begin{cases} 1, & \text{当 } Y_i \leqslant t; \\ 0, & \text{当 } Y_i > t. \end{cases}$$

则有限总体分布可表示为

$$F(t) = \frac{1}{N} \sum_{i=1}^{N} \Delta(t - Y_i), \tag{2.3.5}$$

$F(t)$ 是量 $\Delta(t-Y_i)$ 的平均值, 可用样本 $\{\Delta(t-y_i), i=1,\cdots,n\}$ 的样本平均值来估计, 即用样本的经验分布

$$F_n(t) = \frac{1}{n} \sum_{i=1}^{n} \Delta(t - y_i) \tag{2.3.6}$$

估计总体分布 $F(t)$. 这一估计的方差的估计为

$$v(F_n(t)) = \frac{1}{n-1}\left(1 - \frac{n}{N}\right) F_n(t)(1 - F_n(t)). \tag{2.3.7}$$

在实际工作中, 也常遇到要估计总体分布的分位数的问题. 通常都是以经验分布 $F_n(t)$ 的分位数估计总体分布相应的分位数. 由于这类调查中, 总体个体数 N 均很大, 样本量 n 也比较大, 而抽样比 $f = \frac{n}{N}$ 很小, 因而在独立同分布样本情况下, 有关分位数估计的一些极限理论完全可以应用.

§2.4 区间估计与样本量的确定

区间估计是数理统计中的重要内容. 当人们不满足于只给出一个估值, 还想知道这一估计是不是很可靠时, 则要给出一个区间估计. 大规模抽样调查由于样本量很大, 因而可用大样本的理论, 利用极限分布确定区间估计. 但抽样调查多数方案是无放回抽样, 样本不

是独立同分布的,因而一般数理统计书籍中独立随机变量序列的极限定理不是完全适用. 有限总体无放回抽取的样本的理论基础是下述的 Wald-Wolfowitz 定理.

定理 2.4.1 设 $\{a_{N1},\cdots,a_{NN}\}$ 和 $\{x_{N1},\cdots,x_{NN}\}$ ($N=1,2,\cdots$) 是两个实数序列的集合,满足:对 $r=3,4$ 及大的 N,有

$$\frac{\frac{1}{N}\sum_{i=1}^{N}(a_{Ni}-\bar{a}_N)^r}{\left[\frac{1}{N}\sum_{i=1}^{N}(a_{Ni}-\bar{a}_N)^2\right]^{r/2}}=O(1), \quad \bar{a}_N=\frac{1}{N}\sum_{i=1}^{N}a_{Ni},$$

$$\frac{\frac{1}{N}\sum_{i=1}^{N}(x_{Ni}-\bar{x}_N)^r}{\left[\frac{1}{N}\sum_{i=1}^{N}(x_{Ni}-\bar{x}_N)^2\right]^{r/2}}=O(1), \quad \bar{x}_N=\frac{1}{N}\sum_{i=1}^{N}x_{Ni},$$

对每一个 N,$(X_1,\cdots,X_N)$ 是取值为 $(x_{N1},\cdots,x_{NN})$ 的全部排列上均匀分布的随机向量. 又令

$$L_N=\sum_{i=1}^{N}a_{Ni}X_i, \qquad (2.4.1)$$

则

$$\mathrm{E}(L_N)=N\bar{a}_N\bar{x}_N,$$

$$\mathrm{var}(L_N)=\frac{1}{N-1}\Big[\sum_{i=1}^{N}(a_{Ni}-\bar{a}_N)^2\Big]\Big[\sum_{i=1}^{N}(x_{Ni}-\bar{x}_N)^2\Big],$$

且 $N\to\infty$ 时,

$$P\left\{\frac{L_N-\mathrm{E}(L_N)}{\sqrt{\mathrm{var}(L_N)}}\leqslant z\right\}\to\frac{1}{\sqrt{2\pi}}\int_{-\infty}^{z}\mathrm{e}^{-\frac{1}{2}t^2}\mathrm{d}t. \qquad (2.4.2)$$

证明简介 此定理证明中有较繁琐的计算,细节可参看 A. Wald and J. Wolfowitz (1944), Statistical tests based on permutations of the observations, Ann. Math. Stat., Vol. 15, 358~372. 此处介绍主要证明步骤.

首先正则化 a_{Ni},x_{Ni}. 令

$$a'_{Ni} = \frac{a_{Ni} - \bar{a}_N}{\sqrt{\frac{1}{N}\sum_{i=1}^{N}(a_{Ni} - \bar{a}_N)^2}}, \quad x'_{Ni} = \frac{x_{Ni} - \bar{x}_N}{\sqrt{\frac{1}{N}\sum_{i=1}^{N}(x_{Ni} - \bar{x}_N)^2}},$$

易见 $\{a'_{N1}, \cdots, a'_{NN}\}$ 和 $\{x'_{N1}, \cdots, x'_{NN}\}$ 满足定理中类似的条件. 又 $(X'_1, \cdots, X'_N)$ 是取值 $(x'_{N1}, \cdots, x'_{NN})$ 的排列上均匀分布的随机向量. 又令

$$L'_N = \sum_{i=1}^{N} a'_{Ni} X'_i,$$

易得

$$\mathrm{E}(L'_N) = 0, \quad \mathrm{var}(L'_N) = \frac{N^2}{N-1} = N + o(N).$$

Wald 和 Wolfowitz 经细致的计算,得到对任一正整数 K,均有

$$\mathrm{E}(L'_N)^m = \begin{cases} \dfrac{(2K)!}{2^K K!} N^K + o(N^K), & \text{当 } m = 2K; \\ o(N^K), & \text{当 } m = 2K+1. \end{cases}$$

因此当 $N \to \infty$ 时,

$$\mathrm{E}\left(\frac{L'_N}{\sqrt{\mathrm{var}(L'_N)}}\right)^m = \mathrm{E}\left(\frac{L_N - \mathrm{E}(L_N)}{\sqrt{\mathrm{var}(L_N)}}\right)^m$$

$$\to \begin{cases} \dfrac{(2K)!}{2^K K!}, & \text{当 } m = 2K; \\ 0, & \text{当 } m = 2K+1. \end{cases}$$

即 $N \to \infty$ 时, $\dfrac{L_N - \mathrm{E}(L_N)}{\sqrt{\mathrm{var}(L_N)}}$ 的任一 m 阶矩收敛到标准正态分布随机变量的 m 阶矩,因此它有极限分布 $N(0,1)$. 证毕.

在简单随机抽样简单估值法中,当我们取

$$\{a_{N1}, \cdots, a_{NN}\} = \{Y_1, \cdots, Y_N\},$$

$$\{x_{N1}, \cdots, x_{NN}\} = \{\underbrace{\frac{1}{n}, \cdots, \frac{1}{n}}_{n\text{个}}, \underbrace{0, \cdots, 0}_{N-n\text{个}}\},$$

则有 $\bar{y} = \dfrac{1}{n}\sum_{i=1}^{N} Y_i D_i$ 即为定理中之 L_N. 从而可得 $\bar{y}$ 有近似分布

$N(\overline{Y}, V(\overline{y}))$. 当 $\frac{1}{N}\sum_{i=1}^{N} Y_i^4$ 有界,即有不依赖于 N 的数 M,使 $\frac{1}{N}\sum_{i=1}^{N} Y_i^4$ $\leqslant M$ 时,有

$$\frac{v(\overline{y})}{V(\overline{y})} \xrightarrow{p} 1,$$

故 $\frac{\overline{y}-\overline{Y}}{\sqrt{v(\overline{y})}}$ 亦有渐近分布 $N(0,1)$.

根据这一近似分布,可确定 $\overline{Y}$ 的区间估计. 给定置信度 $1-\alpha$,有

$$1-\alpha \approx P\left\{\left|\frac{\overline{y}-\overline{Y}}{\sqrt{v(\overline{y})}}\right| \leqslant u_{1-\frac{\alpha}{2}}\right\}$$

$$= P\{\overline{y} - u_{1-\frac{\alpha}{2}}\sqrt{v(\overline{y})} \leqslant \overline{Y} \leqslant \overline{y} + u_{1-\frac{\alpha}{2}}\sqrt{v(\overline{y})}\},$$

其中 $u_{1-\frac{\alpha}{2}}$ 是 $N(0,1)$ 分布的 $1-\frac{\alpha}{2}$ 分位数. $\overline{Y}$ 的置信度为 $1-\alpha$ 的区间估计为 $[\overline{y}-u_{1-\frac{\alpha}{2}}\sqrt{v(\overline{y})}, \overline{y}+u_{1-\frac{\alpha}{2}}\sqrt{v(\overline{y})}]$. 在实际工作中常取 $1-\alpha=95\%$,对应的 $u_{0.975}=1.96$.

在上述区间估计的理论中,可以看到对需调查的总体 $\{Y_1, Y_2, \cdots, Y_N\}$ 并无多少要求,基本只需这些指标是有界的即可. 对它们的分布情况则毫无要求,无论它们的分布接近正态还是远离正态均可,只要样本量足够大(一般 $n>30$)就会有不错的近似.

按区间估计的理论,当事先给定对估计量的要求时,可倒解出所需的样本量. 下面就几种情形给出样本量 n 的估算值.

(一) 按绝对精度决定样本量

给定绝对精度 d,即要求 $|\overline{y}-\overline{Y}|\leqslant d$.

在 $1-\alpha$ 置信度下,要求 $|\overline{y}-\overline{Y}|\leqslant d$,即

$$P\{|\overline{y}-\overline{Y}|\leqslant d\} = 1-\alpha,$$

对照区间估计的结果,可得

$$d = u_{1-\alpha/2}\sqrt{V(\overline{y})},$$

$$d^2 = (u_{1-\alpha/2})^2 \frac{1}{n}\left(1-\frac{n}{N}\right)S^2,$$

$$n = \frac{(u_{1-\alpha/2})^2 S^2}{d^2 + \frac{1}{N}(u_{1-\alpha/2})^2 S^2}. \qquad (2.4.3)$$

当总体数额 N 比较大时,可粗略地取

$$n \approx \frac{(u_{1-\alpha/2})^2 S^2}{d^2}. \qquad (2.4.4)$$

从这里可以看到总体中抽样单位的数额 N 与样本量 n 的关系甚微,要求估计达到一定精度,所需的样本量主要决定于总体的方差 S^2,即总体中各个体之间的差异程度.

在(2.4.3)和(2.4.4)式中,确定 n 均需要参数 S^2,但总体的方差 S^2 是未知的.在实际工作中估算样本量 n 时,均要设法给出一个 S^2 的粗略估计值.获得 S^2 的粗略值的办法常用的有:

(1) 察往法.若总体过去曾被调查过,则可用上次调查获得的 S^2 的估计值作为粗略值.

(2) 预查法.对总体先作一样本量较少的调查,根据预查样本算出 S^2 的估计值,以此值作为 S^2 的粗略值确定所需样本量,在已调查的较少的样本上再补充调查部分样本单元,达到所需的样本量.

(3) 类推法.利用一个与目标量 Y 关联较强的指标量 X 的信息(如较旧的同类记录),当 $\overline{X}$ 和 S_X^2 有估计值时,假定 X 与 Y 的变异系数接近,则 $S_Y \approx (S_X/\overline{X})\overline{Y}$,对较易粗估的 $\overline{Y}$ 给出一个粗略值则可获得 S^2 的粗略值.

(二) 按相对精度决定样本量

给定相对精度 h,即要求 $\left|\dfrac{\overline{y}-\overline{Y}}{\overline{Y}}\right| \leqslant h$.

在 $1-\alpha$ 置信度下,要求

$$P\left\{\left|\frac{\overline{y}-\overline{Y}}{\overline{Y}}\right| \leqslant h\right\} = 1-\alpha,$$

对照区间估计的结果,得

$$\overline{Y}h = u_{1-\frac{\alpha}{2}}\sqrt{V(\overline{y})},$$

§2.4 区间估计与样本量的确定 31

$$n = \frac{(u_{1-\frac{\alpha}{2}})^2 S^2}{(\overline{Y}h)^2 + \frac{1}{N}(u_{1-\frac{\alpha}{2}})^2 S^2}$$

$$= \frac{(u_{1-\frac{\alpha}{2}})^2 C^2}{h^2 + \frac{1}{N}(u_{1-\frac{\alpha}{2}})^2 C^2}, \tag{2.4.5}$$

其中 $C = S/\overline{Y}$ 为变异系数. 粗略地可取

$$n \approx \frac{(u_{1-\frac{\alpha}{2}})^2 C^2}{h^2}. \tag{2.4.6}$$

C^2 亦可用前述之察往法、预查法、类推法取得粗略值.

(三) 考虑费用决定样本量

调查费用一般形式为 $F_0 + F_1 n$. F_0 为调查的基本费用, F_1 为每调查一个样本单元所需的费用. 另外对于以 $\overline{y}$ 估 $\overline{Y}$, 由误差引起的损失应有一个损失函数, 例如认为损失与均方偏差成正比, 则损失函数为

$$a\mathrm{E}(\overline{y} - \overline{Y})^2 = a\frac{1}{n}\left(1 - \frac{n}{N}\right)S^2,$$

则总损失为

$$F = F_0 + F_1 n + a\left(\frac{1}{n} - \frac{1}{N}\right)S^2.$$

选择 n 使 F 最小, 找此极值点, 可借助正规方程

$$\frac{\mathrm{d}F}{\mathrm{d}n} = F_1 - \frac{aS^2}{n^2} = 0,$$

解出

$$n = \sqrt{\frac{aS^2}{F_1}}. \tag{2.4.7}$$

费用与精度是一对矛盾的两个方面, 要省钱就要减少样本则限制了精度, 要精度高就要取样多则要多花钱. 实际工作中常要在这两个方面反复综合平衡调整至满意.

例 1 (续 §2.3 例 1) 将该社区居民食物消费的调查表 2.2 的

35户看作预调查,为使平均每月每户用于食物的支出的估计值绝对误差不超过40元,估算尚需再调查多少户?

以预调查获得的方差 S^2 的估计值

$$S^2 = \frac{1}{34}\left[29692900 - \frac{(31350)^2}{35}\right] = 47419.33$$

作为粗略值,则要达到所要求的精度,根据(2.4.4)式应有

$$n \approx \frac{(u_{1-\frac{\alpha}{2}})^2 S^2}{d^2} = \frac{(1.96)^2 \times 47419.33}{(40)^2} = 113.9.$$

上式中我们采用了常用的置信度 $1-\alpha=95\%$. 故要达到要求的精度,预计应调查114户,这就是说除去已调查的35户,尚需再调查 $114-35=79$(户).

本例中总体个体数 $N=300$,不是一个很大的数,用(2.4.3)式算出的样本量会比前面用(2.4.4)式算出的数值会有一定的差异,用(2.4.3)式

$$n = \frac{(u_{0.975})^2 S^2}{d^2 + \frac{1}{N}(u_{0.975})^2 S^2}$$

$$\approx \frac{(1.96)^2 \times 47419.33}{(40)^2 + \frac{1}{300} \times (1.96)^2 \times 47419.33}$$

$$= 82.5,$$

因此取 $n=83$ 即可满足要求,即尚需再调查 $83-35=48$(户). 由于计算出的样本量 n 是一个粗略估算数,因而实际工作中总是要将计算出的数适当扩大,以期望比较可靠地达到提出的要求. 通常会将此算出值扩大10%.

例2 某大城市进行计算机普及率的调查,若从全市数百万户家庭中,简单随机地抽取 n 户进行调查,为了使普及率的绝对误差不超过2%,样本量 n 应取多大?

此问题待估量是总体普及率 P,若 $P=\dfrac{N_1}{N}$,则按(2.3.4)式的设定,易算出总体方差

$$S^2 = \frac{1}{N-1}\Big[\sum_{i=1}^{N} Z_i^2 - \frac{1}{N}\Big(\sum_{i=1}^{N} Z_i\Big)^2\Big] = \frac{1}{N-1}\Big[N_1 - \frac{N_1^2}{N}\Big]$$
$$\approx \frac{N_1}{N}\Big(1 - \frac{N_1}{N}\Big) = P(1-P).$$

并易发现当 P 从 0 上升到 0.5 时, $P(1-P)$ 是随着递增的, 当 P 从 0.5 再增加到 1 时, $P(1-P)$ 是递降的. 在 $P=0.5$ 时达到最大值 $S^2 = P(1-P) = 0.25$. 按最保险的情况估算样本量, 则可取

$$n = \frac{(u_{1-\alpha/2})^2 S^2}{d^2} = \frac{(1.96)^2 \cdot (0.25)}{(0.02)^2} = 2401.$$

如果我们在计算机普及率有一个很粗糙的估计, 估计该普及率应在 10% 至 20% 之间, 那么我们只要对 P 在此区间来粗略估算相应的 S^2. 在此区间时 P 取 20% 有最大的 S^2 值 $0.2 \times 0.8 = 0.16$. 故样本量 n 取下述值就够了:

$$n = \frac{(1.96)^2 \cdot (0.16)}{(0.02)^2} \approx 1537.$$

当对精度的要求不是绝对精度, 而是相对精度时, 样本量应用 (2.4.5) 或 (2.4.6) 式估算. 对普及率 P, 变异系数 $C = \sqrt{(1-P)/P}$. 当 P 从 0 变到 1 时, 它是递降的. 因而 P 值越小变异系数越大. 于是若普及率 P 在 10% 至 20% 之间, 则按在 $P=10\%$ 所相应的可能的最大变异系数值 $C = \sqrt{0.9/0.1} = 3$, 估算样本量 n. 当相对误差 h 取为 20% 时, 由 (2.4.6) 式

$$n = \frac{(u_{1-\alpha/2})^2 C^2}{h^2} = \frac{(1.96)^2 \cdot 9}{(0.2)^2} \approx 865.$$

例 3 在制定中国成年人人体尺寸标准时, 要估计的目标量是成年人总体的各种形体尺寸的分位数. 在 §2.3 例 4 中已经提到会用样本的分位数估计总体分布相应的分位数. 但如何设定估计量的精度呢? 采用绝对精度或相对精度的提法, 其物理意义均很不明显. 对分位数指标的精度可给出下列提法: 记总体分布 p 分位数为 ξ_p, 若以 $\hat{\xi}_p$ 估计 ξ_p, 我们希望有

$$\xi_{p-0.01} \leqslant \hat{\xi}_p \leqslant \xi_{p+0.01},$$

即估计值 $\hat{\xi}_p$ 即使不是总体分布的 p 分位数,也应是总体分布的 $p-0.01$ 分位数或 $p+0.01$ 分位数. 例如若标准给出 1.75 米是成年人男性身高的 80% 分位数,考虑到误差也应有不少于 79% 的人,不多于 81% 的人身高低于 1.75 米. 在应用中这一提法物理意义十分明确. 在以上精度要求下, 在不同分位数所需的样本量各不相同. 由于人体身高、腰围等指标近似正态分布, 以要求估计 80% 分位数为例, 可如下计算样本量. 由样本分位数的理论知道 $\hat{\xi}_p$ 有近似分布 $N\left(\xi_p, \dfrac{p(1-p)}{f^2(\xi_p)n}\right)$, 其中 $f(t)$ 为总体分布密度或分布函数在 t 点的导数. 当总体分布近似正态分布时, $f(\xi_p) = \dfrac{1}{S}\varphi(u_p)$, S^2 为总体方差, $\varphi(u_p)$ 为标准正态分布密度在 p 分位数 u_p 处的值. 如此取置信度为 0.95 时, 对 $p=0.8$ 有

$$P\left\{|\hat{\xi}_{0.8} - \xi_{0.8}| \leqslant (1.96)\dfrac{\sqrt{(0.8)(0.2)}S}{\varphi(u_{0.8})\sqrt{n}}\right\} = 0.95,$$

其中查表可得 $\varphi(u_{0.8}) = 0.281$. 按照要求

$$P\{\xi_{0.79} \leqslant \hat{\xi}_{0.8} \leqslant \xi_{0.81}\} = 0.95.$$

对照上面两个式子可取

$$\xi_{0.79} \leqslant \xi_{0.8} - (1.96)\dfrac{(0.4)S}{(0.281)\sqrt{n}},$$

和

$$\xi_{0.81} \geqslant \xi_{0.8} + (1.96)\dfrac{(0.4)S}{(0.281)\sqrt{n}}.$$

而当所调查的总体分布近似 $N(\xi_{0.5}, S^2)$ 时 (正态分布的 $\xi_{0.5}$ 即为总体均值), $\xi_p = \xi_{0.5} + u_p S$, 故查表可得

$$\xi_{0.79} = \xi_{0.8} + (u_{0.79} - u_{0.8})S \approx \xi_{0.8} - (0.04)S,$$
$$\xi_{0.81} = \xi_{0.8} + (u_{0.81} - u_{0.8})S \approx \xi_{0.8} + (0.04)S,$$

从而

$$(1.96)\dfrac{(0.4)S}{(0.281)\sqrt{n}} = (0.04)S,$$

$$n = \left[\frac{(1.96)(0.4)}{(0.281)(0.04)}\right]^2 \approx 4866.$$

§2.5 比 估 计

在抽样调查中有两类情况会用到比估计.一类是所需估计的目标值是两个指标总数(或均值)的比值.例如§2.3 例 2 中,当该地块内耕地的面积未知,而要估计每平方米耕地的平均蝗蛹数

$$R = (耕地内蝗蛹总数\ Z)/(耕地总数\ N_1).$$

另一类则是所需估计的目标值是某指标 Y 的总数(或均值),但有另一与 Y 关系密切的指标 X 可作为辅助变量,利用辅助变量的信息可改进估计的精度.例如§2.3 例 1 中,目标值是每月每户平均消费,但消费通常与每户人数紧密相关,一户中人口较多时消费会大些,在后面例子中会看到利用这一信息有望提高消费总数或每户平均消费估计值的精度.

考虑到有另一变量,不妨记每一总体的个体单位有目标量 Y 和辅助量 X,即总体可记为

$$\begin{cases} Y_1, Y_2, \cdots, Y_N \\ X_1, X_2, \cdots, X_N \end{cases},$$

对应的样本为

$$\begin{cases} y_1, y_2, \cdots, y_n \\ x_1, x_2, \cdots, x_n \end{cases},$$

要估

$$R = \frac{\overline{Y}}{\overline{X}} = \frac{Y}{X} \quad 或 \quad \overline{Y} = R\overline{X}.$$

对这类问题,可用样本的比值 $r = \overline{y}/\overline{x}$ 估计 R,其中

$$\overline{y} = \frac{1}{n}\sum_{i=1}^{n} y_i, \quad \overline{x} = \frac{1}{n}\sum_{i=1}^{n} x_i.$$

我们有下列定理.

定理 2.5.1 在简单随机抽样下,若存在与 N 无关的数 $\varepsilon(>0), M$,使 $\varepsilon < X_i < M, |Y_i| < M\ (i=1,2,\cdots,N)$,则有

(1) $\mathrm{E}(r-R) = -\dfrac{\mathrm{cov}(r,\bar{x})}{\overline{X}} = O\left(\dfrac{1}{n}\right)$; (2.5.1)

(2) $\mathrm{E}(r-R)^2 = \dfrac{1-f}{n}\dfrac{1}{\overline{X}^2}\dfrac{1}{N-1}\sum\limits_{i=1}^{N}(Y_i-RX_i)^2 + O\left(\dfrac{1}{n^{3/2}}\right)$

$= O\left(\dfrac{1}{n}\right)$，其中 $f=\dfrac{n}{N}$; (2.5.2)

(3) $\mathrm{E}\left[\dfrac{1}{n-1}\sum\limits_{i=1}^{n}(y_i-rx_i)^2\right] = \dfrac{1}{N-1}\sum\limits_{i=1}^{N}(Y_i-RX_i)^2 + O\left(\dfrac{1}{n}\right).$

(2.5.3)

证 (1) 由 r 的定义恒等变形有

$$r-R = (r-R)\dfrac{\overline{X}-\bar{x}+\bar{x}}{\overline{X}} = \dfrac{(r-R)(\overline{X}-\bar{x})}{\overline{X}} + \dfrac{\bar{y}-R\bar{x}}{\overline{X}},$$

两边取期望，即得

$$\mathrm{E}(r-R) = -\dfrac{\mathrm{cov}(r,\bar{x})}{\overline{X}}.$$

而

$$|\mathrm{E}(r-R)| = \left|\dfrac{\mathrm{cov}(r,\bar{x})}{\overline{X}}\right| \leqslant \mathrm{E}\left|\dfrac{(\bar{x}-\overline{X})(\bar{y}-R\bar{x})}{\bar{x}\overline{X}}\right|$$

$$\leqslant \dfrac{1}{\varepsilon\overline{X}}\mathrm{E}|(\bar{x}-\overline{X})(\bar{y}-R\bar{x})|$$

$$\leqslant \dfrac{1}{\varepsilon\overline{X}}\sqrt{\mathrm{E}(\bar{x}-\overline{X})^2 \cdot \mathrm{E}(\bar{y}-R\bar{x})^2}.$$

由定理 2.1.3，因

$$\sum_{i=1}^{N}(X_i-\overline{X}) = 0, \quad \sum_{i=1}^{N}(Y_i-RX_i) = 0,$$

故相应的样本均值 $\bar{x}-\overline{X}$ 与 $\bar{y}-R\bar{x}$，有

$$\mathrm{E}(\bar{x}-\overline{X})^2 = O\left(\dfrac{1}{n}\right), \quad \mathrm{E}(\bar{y}-R\bar{x})^2 = O\left(\dfrac{1}{n}\right),$$

因而(2.5.1)式成立，即 $|\mathrm{E}(r-R)| = O\left(\dfrac{1}{n}\right).$

(2) 由于

$$(r-R)^2 = \dfrac{(\bar{y}-R\bar{x})^2}{\bar{x}^2} = \dfrac{(\bar{y}-R\bar{x})^2}{\bar{x}^2} \cdot \dfrac{\overline{X}^2-\bar{x}^2+\bar{x}^2}{\overline{X}^2}$$

$$= \frac{(\bar{y}-R\bar{x})^2}{\overline{X}^2} - \frac{(\bar{y}-R\bar{x})^2(\bar{x}^2-\overline{X}^2)}{\bar{x}^2\overline{X}^2},$$

从而

$$\mathrm{E}(r-R)^2 = \mathrm{E}\frac{(\bar{y}-R\bar{x})^2}{\overline{X}^2} - \mathrm{E}\frac{(\bar{x}+\overline{X})(\bar{x}-\overline{X})(\bar{y}-R\bar{x})^2}{\bar{x}^2\overline{X}^2}.$$

而 $(\bar{y}-R\bar{x})$ 是 $\{Y_i-RX_i\}$ 的样本均值,由定理 2.1.3

$$\mathrm{E}\frac{(\bar{y}-R\bar{x})^2}{\overline{X}^2} = \frac{1}{\overline{X}^2}\frac{1}{n}\left(1-\frac{n}{N}\right)\frac{1}{N-1}\sum_{i=1}^{N}(Y_i-RX_i)^2,$$

且

$$\left|\mathrm{E}\frac{(\bar{x}+\overline{X})(\bar{x}-\overline{X})(\bar{y}-R\bar{x})^2}{\bar{x}^2\overline{X}^2}\right| \leqslant \frac{2M}{\varepsilon^2\overline{X}^2}\mathrm{E}|\bar{x}-\overline{X}|(\bar{y}-R\bar{x})^2$$

$$\leqslant \frac{2M}{\varepsilon^2\overline{X}^2}\sqrt{\mathrm{E}(\bar{x}-\overline{X})^2}\cdot\sqrt{\mathrm{E}(\bar{y}-R\bar{x})^4} = O\left(\frac{1}{n^{3/2}}\right),$$

合并即得本定理(2)之结果.

$$(3)\ \mathrm{E}\left[\frac{1}{n-1}\sum_{i=1}^{n}(y_i-rx_i)^2\right]$$

$$= \mathrm{E}\left[\frac{1}{n-1}\sum_{i=1}^{n}\{(y_i-Rx_i)-x_i(r-R)\}^2\right]$$

$$= \mathrm{E}\left[\frac{1}{n-1}\sum_{i=1}^{n}(y_i-Rx_i)^2 + \frac{1}{n-1}(r-R)^2\sum_{i=1}^{n}x_i^2\right.$$

$$\left. - \frac{2(r-R)}{n-1}\sum_{i=1}^{n}x_i(y_i-Rx_i)\right],$$

现在对上述等式的三项分别作出推导. 对第一项的估算:

$$\mathrm{E}\left[\frac{1}{n-1}\sum_{i=1}^{n}(y_i-Rx_i)^2\right]$$

$$= \mathrm{E}\left[\frac{1}{n-1}\sum_{i=1}^{n}\{(y_i-Rx_i)-(\bar{y}-R\bar{x})\}^2\right.$$

$$\left. + \frac{n}{n-1}(\bar{y}-R\bar{x})^2\right]$$

$$= \frac{1}{N-1}\sum_{i=1}^{N}(Y_i-RX_i)^2 + \frac{n}{n-1}\mathrm{E}(\bar{y}-R\bar{x})^2$$

$$= \frac{1}{N-1}\sum_{i=1}^{N}(Y_i - RX_i)^2 + O\left(\frac{1}{n}\right).$$

上式最后一个等式成立是由于 §2.1 定理 2.1.3，$(\bar{y}-R\bar{x})^2$ 是 $\{Y_i-RX_i\}$ 的样本均值的平方.

第二项估算：由本定理(2)的结论，

$$\mathrm{E}\left[\frac{1}{n-1}(r-R)^2\sum_{i=1}^{n}x_i^2\right] \leqslant \frac{n}{n-1}M^2\mathrm{E}(r-R)^2 = O\left(\frac{1}{n}\right).$$

第三项估算：可令 $u_i = x_i(y_i - Rx_i)$，则

$$\mathrm{E}\left[\frac{1}{n-1}(r-R)\sum_{i=1}^{n}x_i(y_i - Rx_i)\right]$$

$$= \frac{1}{n-1}\mathrm{E}(r-R)\sum_{i=1}^{n}u_i$$

$$= \frac{1}{n-1}\left\{\mathrm{E}(r-R)\sum_{i=1}^{n}(u_i - \bar{U}) + n\bar{U}\mathrm{E}(r-R)\right\}$$

$$= \frac{n}{n-1}\left\{\mathrm{E}(r-R)\frac{1}{n}\sum_{i=1}^{n}(u_i - \bar{U})\right\} + O\left(\frac{1}{n}\right)$$

$$\leqslant \frac{n}{n-1}\sqrt{\mathrm{E}(r-R)^2 \cdot \mathrm{E}\left[\frac{1}{n}\sum_{i=1}^{n}(u_i - \bar{U})\right]^2} + O\left(\frac{1}{n}\right)$$

$$= O\left(\frac{1}{n}\right),$$

其中

$$\bar{U} = \frac{1}{N}\sum_{i=1}^{N}U_i = \frac{1}{N}\sum_{i=1}^{N}X_i(Y_i - RX_i),$$

$\left[\dfrac{1}{n}\sum\limits_{i=1}^{n}(u_i-\bar{U})\right]^2$ 可看作 $\{U_i-\bar{U}\}$ 的样本均值的平方，利用定理 2.1.3，故有上述等式.

综合三项的估算式即得本定理之(3)的结论. 证毕.

由定理 2.5.1 知，以 r 估 R 是近似无偏的，其均方偏差近似为

$$\mathrm{E}(r-R)^2 = \frac{1-f}{n}\frac{1}{\bar{X}^2}\frac{1}{N-1}\sum_{i=1}^{N}(Y_i - RX_i)^2. \quad (2.5.4)$$

当 $\overline{X}$ 已知时,则可用 $\overline{y}_R \stackrel{\text{def}}{=\!=} r\overline{X}$ 估 $\overline{Y}$,其均方偏差近似为

$$V(\overline{y}_R) = \overline{X}^2 E(r-R)^2 = \frac{1-f}{n} \frac{1}{N-1} \sum_{i=1}^{N} (Y_i - RX_i)^2,$$

(2.5.5)

其估计量可采用

$$v(\overline{y}_R) = \frac{1-f}{n} \frac{1}{n-1} \sum_{i=1}^{n} (y_i - rx_i)^2. \quad (2.5.6)$$

例1(续§2.3例1) 用比估值法估计某社区居民用于食物消费的支出,以每户人数 X_1(见表2.2)作辅助变量,$R=\overline{Y}/\overline{X}_1$,按比估值法,其估计值为

$$r = \overline{y}/\overline{x}_1 = \sum_{i=1}^{35} y_i \Big/ \sum_{i=1}^{35} x_{1i} = 31350/120 = 261.25(元).$$

这一估计的均方偏差为

$$\frac{1-f}{n} \frac{1}{\overline{X}_1^2} \frac{1}{N-1} \sum_{i=1}^{N} (Y_i - RX_{1i})^2.$$

为了获得均方偏差的估计值,可以用样本的 $\overline{x}_1^2$ 估 $\overline{X}_1^2$,得到均方偏差的近似估计值

$$\frac{1-f}{n} \frac{1}{\overline{x}_1^2} \frac{1}{n-1} \sum_{i=1}^{n} (y_i - rx_{1i})^2$$

$$= \frac{1-f}{n} \frac{1}{\overline{x}_1^2} \frac{1}{n-1} \Big[\sum_{i=1}^{n} y_i^2 - 2r \sum_{i=1}^{n} x_{1i} y_i + r^2 \sum_{i=1}^{n} x_{1i}^2 \Big]$$

$$= \frac{1}{35}\Big(1 - \frac{35}{300}\Big)\Big(\frac{35}{120}\Big)^2 \cdot \frac{1}{34}[29692900$$

$$- 2 \cdot (261.25) \cdot 114440 + (261.25)^2 \times 450]$$

$$= 38.5955.$$

如果用比估值法来估计平均每月每户用于食物的支出,则估计值为

$$\overline{y}_R = r\overline{X}_1 = 261.25 \times \frac{1100}{300} = 957.92(元).$$

这一估计的均方偏差的估计值为

$$\frac{1-f}{n}\frac{1}{n-1}\sum_{i=1}^{n}(y_i - rx_{1i})^2 = 453.6942.$$

其开平方后的标准差为 $\sqrt{453.6942} = 21.30$。

与 §2.3 例 1 比较，可以看到此处的比估值法的均方偏差比简单估值法的均方偏差要小。

利用辅助变量可以用比估值法估计目标量 Y 的均值 $\overline{Y}$，但要使估计比较准，并非任一辅助变量均能达到目的，我们一定要选择与目标量 Y 相关强的辅助变量。现在从理论上来比较比估值法和简单估值法。

简单估值法以样本均值 $\overline{y}$ 估计总体均值 $\overline{Y}$，比估值法以 $\overline{y}_R = r\overline{X}$ 估计 $\overline{Y}$。两者的均方偏差分别为

$$V(\overline{y}) = \frac{1-f}{n}\frac{1}{N-1}\sum_{i=1}^{N}(Y_i - \overline{Y})^2 = \frac{1-f}{n}S_Y^2,$$

$$V(\overline{y}_R) \approx \frac{1-f}{n}\frac{1}{N-1}\sum_{i=1}^{N}(Y_i - RX_i)^2$$

$$= \frac{1-f}{n}\frac{1}{N-1}\sum_{i=1}^{N}[(Y_i - \overline{Y}) - R(X_i - \overline{X})]^2$$

$$= \frac{1-f}{n}[S_Y^2 - 2RS_{XY} + R^2 S_X^2]$$

$$= \frac{1-f}{n}[S_Y^2 - 2R\rho S_X S_Y + R^2 S_X^2],$$

其中

$$S_Y^2 = \frac{1}{N-1}\sum_{i=1}^{N}(Y_i - \overline{Y})^2, \quad S_X^2 = \frac{1}{N-1}\sum_{i=1}^{N}(X_i - \overline{X})^2,$$

$$S_{XY} = \frac{1}{N-1}\sum_{i=1}^{N}(X_i - \overline{X})(Y_i - \overline{Y}), \quad \rho = \frac{S_{XY}}{S_X S_Y}.$$

比估值法优于简单估值法的条件是

$$V(\overline{y}_R) \leqslant V(\overline{y}).$$

其充要条件是

$$R^2 S_X^2 \leqslant 2R\rho S_X S_Y,$$

$$\rho \geqslant \frac{RS_X}{2S_Y} = \frac{1}{2} \frac{S_X/\overline{X}}{S_Y/\overline{Y}}. \tag{2.5.7}$$

由此可知，在估计 $\overline{Y}$ 时，如果有与指标 Y 相关系数较大的辅助指标 X，而且 X 的变异系数 $C_X = S_X/\overline{X}$ 比较小，则用比估值法是有利的。如果 X 和 Y 有相近的变异系数，当两者相关系数 ρ 小于 $1/2$ 时，使用比估值法会使估计更差。

在抽样调查中，习惯以简单随机抽样简单估值法确定的估计量样本均值作为基准，对任一种设计的抽样方案，以该方案确定的总体均值（或总数）的估计量的均方偏差，与简单随机抽样简单估值法确定的估计量的均方偏差之比称为**方案的设计效应**，简写为 Deff。例如，以简单随机抽样比估值法作为实施方案，则总体均值 $\overline{Y}$ 的比估计量的均方偏差为 $V(\overline{y}_R)$，而简单随机抽样简单估值法下的估计量 $\overline{y}$ 的均方偏差为 $V(\overline{y})$，则实施方案的 Deff 为

$$\text{Deff} = \frac{V(\overline{y}_R)}{V(\overline{y})}. \tag{2.5.8}$$

在确定估算方案所需的样本量时，通常在一定精度下先确定简单随机抽样简单估值法时所需的样本量 n_0，估算实施方案的 Deff 值，则实施方案所需样本量定为

$$n = n_0 \cdot (\text{Deff}). \tag{2.5.9}$$

例 2（部分估计之比估值法） 在本章 §2.3 例 2 中之部分估计问题，如果 N_1 未知，要获得每平方米耕地的平均蝗蝻数，则可用比估值法作部分估计。对总体中每个个体规定数量指标：

$$\begin{pmatrix} Z_i \\ X_i \end{pmatrix} = \begin{cases} \begin{pmatrix} Y_i \\ 1 \end{pmatrix}, & \text{当个体 } i \text{ 为耕地}; \\ \begin{pmatrix} 0 \\ 0 \end{pmatrix}, & \text{当个体 } i \text{ 为非耕地}, \end{cases}$$

则要估计的即为

$$R = \sum_{i=1}^{N} Z_i \Big/ \sum_{i=1}^{N} X_i = \overline{Z}/\overline{X}.$$

由比估值法可得估计量为

$$r = \bar{z}/\bar{x} \quad \left(\text{或} \sum_{i=1}^{n} z_i \Big/ \sum_{i=1}^{n} x_i\right).$$

这一估计量的均方偏差的估计可取为

$$v(r) = \frac{1-f}{n} \frac{1}{\bar{x}^2} \frac{1}{n-1} \sum_{i=1}^{n} (y_i - rx_i)^2$$

$$= \frac{1-f}{n} \frac{1}{\bar{x}^2} \frac{1}{n-1} \Big[\sum_{i=1}^{n} y_i^2 - 2r \sum_{i=1}^{n} y_i x_i + r^2 \sum_{i=1}^{n} x_i^2\Big].$$

§2.6 差估计与回归估计

利用辅助变量 X 对指标变量 Y 的均值 $\overline{Y}$ 的另一种估计是线性方程形式的估计

$$\bar{y}_D = \bar{y} + b_0(\overline{X} - \bar{x}), \tag{2.6.1}$$

其中 b_0 是一个确定的常数. $\bar{y}_D$ 通常称为总体均值 $\overline{Y}$ 的**差估计**. 对于差估计有下列定理.

定理 2.6.1 在简单随机抽样下, 差估计 $\bar{y}_D$ 是均值 $\overline{Y}$ 的无偏估计. 其均方偏差为

$$V(\bar{y}_D) = \mathrm{E}(\bar{y}_D - \overline{Y})^2 = \frac{1-f}{n}(S_Y^2 - 2b_0 S_{XY} + b_0^2 S_X^2), \tag{2.6.2}$$

其中 f 为抽样比 n/N,

$$S_Y^2 = \frac{1}{N-1} \sum_{i=1}^{N} (Y_i - \overline{Y})^2,$$

$$S_{XY} = \frac{1}{N-1} \sum_{i=1}^{N} (Y_i - \overline{Y})(X_i - \overline{X}),$$

$$S_X^2 = \frac{1}{N-1} \sum_{i=1}^{N} (X_i - \overline{X})^2.$$

均方偏差 $V(\bar{y}_D)$ 的一个无偏估计为

$$v(\bar{y}_D) = \frac{1-f}{n}(s_y^2 - 2b_0 s_{xy} + b_0^2 s_x^2), \tag{2.6.3}$$

其中 s_y^2, s_{xy}, s_x^2 分别是样本的方差和协方差.

证明
$$\mathrm{E}(\bar{y}_D) = \mathrm{E}(\bar{y}) + b_0(\overline{X} - \mathrm{E}\bar{x})$$
$$= \overline{Y} + b_0(\overline{X} - \overline{X}) = \overline{Y},$$

即 $\bar{y}_D$ 是无偏的. 利用(2.1.1)式的示性函数 D_i,有

$$V(\bar{y}_D) = \mathrm{E}(\bar{y}_D - \overline{Y})^2$$
$$= \left(\frac{1}{n}\right)^2 \mathrm{E}\Big[\sum_{i=1}^{N}(Y_i - \overline{Y})D_i - b_0\sum_{i=1}^{N}(X_i - \overline{X})D_i\Big]^2$$
$$= \left(\frac{1}{n}\right)^2 \Big\{\mathrm{E}\Big[\sum_{i=1}^{N}(Y_i - \overline{Y})D_i\Big]^2$$
$$- 2b_0\mathrm{E}\Big[\sum_{i=1}^{N}\sum_{j=1}^{N}(Y_i - \overline{Y})(X_j - \overline{X})D_iD_j\Big]$$
$$+ b_0^2\mathrm{E}\Big[\sum_{i=1}^{N}(X_i - \overline{X})D_i\Big]^2\Big\}.$$

而由定理 2.1.2,

$$\mathrm{E}\Big[\sum_{i=1}^{N}(Y_i - \overline{Y})D_i\Big]^2$$
$$= \mathrm{E}\Big[\sum_{i=1}^{N}(Y_i - \overline{Y})^2 D_i^2 + \sum_{i \neq j}^{N}\sum^{N}(Y_i - \overline{Y})(Y_j - \overline{Y})D_iD_j\Big]$$
$$= \sum_{i=1}^{N}(Y_i - \overline{Y})^2 \mathrm{E}D_i^2 + \sum_{i \neq j}^{N}\sum^{N}(Y_i - \overline{Y})(Y_j - \overline{Y})\mathrm{E}D_iD_j$$
$$= \frac{n}{N}\sum_{i=1}^{N}(Y_i - \overline{Y})^2 + \frac{n(n-1)}{N(N-1)}\sum_{i \neq j}^{N}\sum^{N}(Y_i - \overline{Y})(Y_j - \overline{Y})$$
$$= \Big[\frac{n}{N} - \frac{n(n-1)}{N(N-1)}\Big]\sum_{i=1}^{N}(Y_i - \overline{Y})^2$$
$$+ \frac{n(n-1)}{N(N-1)}\Big[\sum_{i=1}^{N}(Y_i - \overline{Y})\Big]^2$$
$$= n\Big(1 - \frac{n}{N}\Big)\frac{1}{N-1}\sum_{i=1}^{N}(Y_i - \overline{Y})^2 = n(1-f)S_Y^2.$$

类似地可证

$$\mathrm{E}\Big[\sum_{i=1}^{N}\sum_{j=1}^{N}(Y_i-\overline{Y})(X_i-\overline{X})D_iD_j\Big]=n(1-f)S_{XY},$$

$$\mathrm{E}\Big[\sum_{i=1}^{N}(X_i-\overline{X})D_i\Big]^2=n(1-f)S_X^2,$$

从而得

$$V(\overline{y}_D)=\frac{1-f}{n}(S_Y^2-2b_0S_{XY}+b_0^2S_X^2).$$

利用示性函数,类似于定理 2.3.2 的证明可分别证明 s_y^2 是 S_Y^2 的无偏估计, s_{xy} 是 S_{XY} 的无偏估计, s_x^2 是 S_X^2 的无偏估计,综合即得 (2.6.3)式的 $v(\overline{y}_D)$ 是 $V(\overline{y}_D)$ 的无偏估计. 证毕.

当常数 b_0 不能确定时,人们常用样本回归系数

$$b=\frac{\sum_{i=1}^{n}(y_i-\overline{y})(x_i-\overline{x})}{\sum_{i=1}^{n}(x_i-\overline{x})^2} \qquad (2.6.4)$$

构成回归估计

$$\overline{y}_{Lr}=\overline{y}+b(\overline{X}-\overline{x}). \qquad (2.6.5)$$

定理 2.6.2 在简单随机抽样下,当 $\frac{1}{n}\sum_{i=1}^{n}(x_i-\overline{x})^2\geqslant\varepsilon>0$ 时 (ε 为与 n,N 无关的常数),有

$$\mathrm{E}(b-B)^2=O\Big(\frac{1}{n}\Big), \qquad (2.6.6)$$

其中

$$B=\frac{\sum_{i=1}^{N}(Y_i-\overline{Y})(X_i-\overline{X})}{\sum_{i=1}^{N}(X_i-\overline{X})^2}.$$

证明 令

$$E_i=Y_i-\overline{Y}-B(X_i-\overline{X}),\quad i=1,\cdots,N,$$
$$e_i=y_i-\overline{Y}-B(x_i-\overline{X}),\quad i=1,\cdots,n,$$

其中 $e_i(i=1,2,\cdots,n)$ 是 $E_j(j=1,2,\cdots,N)$ 的样本,则

$$\sum_{i=1}^{N} E_i = 0, \quad \sum_{i=1}^{N} E_i(X_i - \overline{X}) = 0,$$

且

$$b = \frac{\sum_{i=1}^{n}(y_i - \overline{y})(x_i - \overline{x})}{\sum_{i=1}^{n}(x_i - \overline{x})^2}$$

$$= \frac{\sum_{i=1}^{n}[\overline{Y} - \overline{y} + B(x_i - \overline{X}) + e_i](x_i - \overline{x})}{\sum_{i=1}^{n}(x_i - \overline{x})^2}$$

$$= B + \frac{\sum_{i=1}^{n} e_i(x_i - \overline{x})}{\sum_{i=1}^{n}(x_i - \overline{x})},$$

上面最后一个等式用到

$$\sum_{i=1}^{n}(\overline{Y} - \overline{y})(x_i - \overline{x}) = 0,$$

$$\sum_{i=1}^{n}(\overline{X} - \overline{x})(x_i - \overline{x}) = 0.$$

按定理要求，要证

$$\mathrm{E}\Big[(b-B)^2 \Big| \frac{1}{n}\sum_{i=1}^{n}(x_i - \overline{x})^2 \geqslant \varepsilon\Big] = O\Big(\frac{1}{n}\Big),$$

而

$$\mathrm{E}\Big[(b-B)^2 \Big| \frac{1}{n}\sum_{i=1}^{n}(x_i - \overline{x})^2 \geqslant \varepsilon\Big]$$

$$= \mathrm{E}\Bigg[\bigg(\frac{\sum_{i=1}^{n} e_i(x_i - \overline{x})}{\sum_{i=1}^{n}(x_i - \overline{x})^2}\bigg)^2 \bigg| \frac{1}{n}\sum_{i=1}^{n}(x_i - \overline{x})^2 \geqslant \varepsilon\Bigg]$$

$$\leqslant \frac{1}{\varepsilon^2}\mathrm{E}\Bigg[\bigg(\frac{1}{n}\sum_{i=1}^{n} e_i(x_i - \overline{x})\bigg)^2 \bigg| \frac{1}{n}\sum_{i=1}^{n}(x_i - \overline{x})^2 \geqslant \varepsilon\Bigg]$$

$$\leqslant \frac{1}{\varepsilon^2 P\left\{\frac{1}{n}\sum_{i=1}^{n}(x_i-\overline{x})^2 \geqslant \varepsilon\right\}} \cdot E\left[\left(\frac{1}{n}\sum_{i=1}^{n}e_i(x_i-\overline{x})\right)^2\right],$$

故只需证

$$E\left[\left(\frac{1}{n}\sum_{i=1}^{n}e_i(x_i-\overline{x})\right)^2\right]=O\left(\frac{1}{n}\right).$$

而由定理 2.1.3,

$$E\left[\frac{1}{n}\sum_{i=1}^{n}e_i(x_i-\overline{x})\right]^2$$

$$=E\left[\frac{1}{n}\sum_{i=1}^{n}e_i(x_i-\overline{X})-(\overline{x}-\overline{X})\frac{1}{n}\sum_{i=1}^{n}e_i\right]^2$$

$$=E\left[\frac{1}{n}\sum_{i=1}^{n}e_i(x_i-\overline{X})\right]^2+E\left[(\overline{x}-\overline{X})\frac{1}{n}\sum_{i=1}^{n}e_i\right]^2$$

$$-2E\left[(\overline{x}-\overline{X})\frac{\sum_{i=1}^{n}e_i}{n}\cdot\frac{\sum_{i=1}^{n}e_i(x_i-\overline{X})}{n}\right]$$

$$\leqslant E\left[\frac{1}{n}\sum_{i=1}^{n}e_i(x_i-\overline{X})\right]^2+\sqrt{E(\overline{x}-\overline{X})^4\cdot E\left(\frac{1}{n}\sum_{i=1}^{n}e_i\right)^4}$$

$$+2\sqrt{E\left[(\overline{x}-\overline{X})\cdot\frac{1}{n}\sum_{i=1}^{n}e_i\right]^2\cdot E\left[\frac{1}{n}\sum_{i=1}^{n}e_i(x_i-\overline{X})\right]^2}$$

$$=O\left(\frac{1}{n}\right)+O\left(\frac{1}{n^2}\right)+O\left(\frac{1}{n^{3/2}}\right)=O\left(\frac{1}{n}\right),$$

故有定理结论. 证毕.

回归估计估值法的理论基础有下列定理. 为书写简单,以下写期望号时不再列出条件.

定理 2.6.3 在简单随机抽样下,当 $\frac{1}{n}\sum_{i=1}^{n}(x_i-\overline{x})\geqslant \varepsilon > 0$ 时(对总体均假定 $|Y_i|\leqslant M, |X_i|\leqslant M, i=1,\cdots,N$),有

(1) $E(\overline{y}_{Lr})=\overline{Y}+O\left(\frac{1}{n}\right);$ (2.6.7)

(2) $E(\bar{y}_{Lr}-\bar{Y})^2 = \dfrac{1-f}{n}S_Y^2(1-\rho^2)+O\left(\dfrac{1}{n^{3/2}}\right)$; (2.6.8)

(3) $E\left\{\dfrac{1}{n-2}\sum\limits_{i=1}^{n}[(y_i-\bar{y})-b(x_i-\bar{x})]^2\right\}$

$= S_Y^2(1-\rho^2)+O\left(\dfrac{1}{n}\right)$, (2.6.9)

其中 $\rho = S_{XY}/(S_X S_Y)$.

证明 利用定理 2.1.3,

(1) $|E(\bar{y}_{Lr})-\bar{Y}| = |-Eb(\bar{x}-\bar{X})| = |E(b-B)(\bar{x}-\bar{X})|$

$\leqslant \sqrt{E(b-B)^2 \cdot E(\bar{x}-\bar{X})^2} = O\left(\dfrac{1}{n}\right)$.

(2) $E(\bar{y}_{Lr}-\bar{Y})^2 = E[(\bar{y}-\bar{Y})-B(\bar{x}-\bar{X})-(b-B)(\bar{x}-\bar{X})]^2$

$= E[(\bar{y}-\bar{Y})-B(\bar{x}-\bar{X})]^2+E(b-B)^2(\bar{x}-\bar{X})^2$

$-2[E(b-B)(\bar{x}-\bar{X})(\bar{y}-\bar{Y})$

$-BE(b-B)(\bar{x}-\bar{X})^2]$,

而上式等号右边

$E[(\bar{y}-\bar{Y})-B(\bar{x}-\bar{X})]^2$

$= \dfrac{1-f}{n}\dfrac{1}{N-1}\sum\limits_{i=1}^{N}[(Y_i-\bar{Y})-B(X_i-\bar{X})]^2$

$= \dfrac{1-f}{n}(S_Y^2+B^2S_X^2-2BS_{XY}) = \dfrac{1-f}{n}S_Y(1-\rho^2)$,

$E(b-B)^2(\bar{x}-\bar{X})^2 \leqslant E[(|b|+|B|)|b-B|(\bar{x}-\bar{X})^2]$

$\leqslant M_0 E[|b-B|(\bar{x}-\bar{X})^2]$

$\leqslant M_0 \sqrt{E(b-B)^2 E(\bar{x}-\bar{X})^4} = O\left(\dfrac{1}{n^{3/2}}\right)$,

其中 M_0 为大于 $(|b|+|B|)$ 的一个与 n,N 无关的数. 又

$|E(b-B)(\bar{x}-\bar{X})^2| \leqslant \sqrt{E(b-B)^2 \cdot E(\bar{x}-\bar{X})^4}$

$= O\left(\dfrac{1}{n^{3/2}}\right)$,

$|E(b-B)(\bar{x}-\bar{X})(\bar{y}-\bar{Y})|$

$\leqslant \sqrt{E(b-B)^2 \cdot E(\bar{x}-\bar{X})^2(\bar{y}-\bar{Y})^2}$

$$\leqslant \sqrt{E(b-B)^2} \cdot [E(\bar{x}-\bar{X})^4 \cdot E(\bar{y}-\bar{Y})^4]^{1/2}$$
$$= O\left(\frac{1}{n^{3/2}}\right),$$

总结上列各式即得本定理(2)之结论.

(3) 用定理 2.6.2 设定之符号 E_i,

$$E\left\{\frac{1}{n-1}\sum_{i=1}^{n}[(y_i-\bar{y})-b(x_i-\bar{x})]^2\right\}$$
$$= E\left\{\frac{1}{n-1}\sum_{i=1}^{n}[(e_i-\bar{e})-(b-B)(x_i-\bar{x})]^2\right\}$$
$$= S_e^2 + E(b-B)^2\left[\frac{1}{n-1}\sum_{i=1}^{n}(x_i-\bar{x})^2\right]$$
$$- 2E\left[(b-B)\frac{1}{n-1}\sum_{i=1}^{n}(x_i-\bar{x})(e_i-\bar{e})\right],$$

而

$$S_e^2 = \frac{1}{N-1}\sum_{i=1}^{N}E_i^2$$
$$= \frac{1}{N-1}\sum_{i=1}^{N}[(Y_i-\bar{Y})-B(X_i-\bar{X})]^2$$
$$= S_Y^2(1-\rho^2),$$
$$E(b-B)^2\left[\frac{1}{n-1}\sum_{i=1}^{n}(x_i-\bar{x})^2\right]$$
$$\leqslant \frac{n}{n-1}(2M)^2 E(b-B)^2 = O\left(\frac{1}{n}\right),$$
$$\left|E(b-B)\left[\frac{1}{n-1}\sum_{i=1}^{n}(x_i-\bar{x})(e_i-\bar{e})\right]\right|$$
$$= \left|E(b-B)\left[\frac{1}{n-1}\sum_{i=1}^{n}e_i(x_i-\bar{x})\right]\right|$$
$$\leqslant \sqrt{E(b-B)^2 E\left[\frac{1}{n-1}\sum_{i=1}^{n}e_i(x_i-\bar{x})\right]^2}$$
$$= O\left(\frac{1}{n}\right).$$

综合上列各式,再以 $\frac{1}{n-2}$ 代替 $\frac{1}{n-1}$ 即得本定理(3)之结论. 以 $\frac{1}{n-2}$ 代替 $\frac{1}{n-1}$ 是为了与一般回归的方差的估计一致. 证毕.

由定理 2.6.3 知,以 $\overline{y}_{\text{Lr}}$ 估计 $\overline{Y}$ 是近似无偏的,其近似的阶为 $\frac{1}{n}$. 这一估计有近似的均方偏差估计式

$$v(\overline{y}_{\text{Lr}}) = \frac{1-f}{n} \cdot \frac{1}{n-2} \sum_{i=1}^{n} [(y_i - \overline{y}) - b(x_i - \overline{x})]^2.$$

(2.6.10)

忽略近似误差,比较回归估计的均方偏差

$$V(\overline{y}_{\text{Lr}}) = \frac{1-f}{n} S_Y^2 (1-\rho^2)$$

和简单估值的均方偏差 $V(\overline{y}) = \frac{1-f}{n} S_Y^2$,可以看到恒有

$$V(\overline{y}_{\text{Lr}}) \leqslant V(\overline{y}).$$

上述式子似乎显示回归估值有较小的均方偏差,但回归估值是近似无偏的,且调查增加了辅助变量 X,时间、人力、物力均会增加,计算量也大得多.因而实践上回归估值并非总是好的估值法.一般经验,当辅助变量 X 的变异系数 C_X 与指标变量 Y 的变异系数 C_Y 之比值 C_X/C_Y 在 0.5 至 1.3 之间,而两者的相关系数 $\rho_{XY} > 0.6$ 时,采用回归估值比采用简单估值或比估值有较高的精度.

例1(续§2.3 例1) 用回归估值估计某社区居民用于食物消费的支出.以户人数 X_1 作辅助变量,可算得

$$b = \frac{\sum_{i=1}^{n}(y_i - \overline{y})(x_i - \overline{x})}{\sum_{i=1}^{n}(x_i - \overline{x})^2} = 180.30,$$

则平均每月每户用于食物的支出的回归估计值为

$$\begin{aligned}
\overline{y}_{\text{Lr}} &= \overline{y} + b(\overline{X} - \overline{x}) \\
&= \frac{31350}{35} \text{元} + (180.30)\left(\frac{1100}{300} - \frac{120}{35}\right)\text{元} \\
&= 895.71 + (180.30)(0.238) = 938.62(\text{元}).
\end{aligned}$$

该估计的均方偏差估计值为

$$v(\overline{y}_{Lr}) = \frac{1-f}{n}\frac{1}{n-2}\sum_{i=1}^{n}[(y_i-\overline{y})-b(x_i-\overline{x})]^2$$

$$= \frac{1-f}{n}\frac{1}{n-2}\Big[\sum_{i=1}^{n}(y_i-\overline{y})^2+b^2\cdot\sum_{i=1}^{n}(x_i-\overline{x})^2$$

$$-2b\sum_{i=1}^{n}(y_i-\overline{y})(x_i-\overline{x})\Big]$$

$$= \frac{1-f}{n}\frac{1}{n-2}\Big[\sum_{i=1}^{n}(y_i-\overline{y})^2-b^2\cdot\sum_{i=1}^{n}(x_i-\overline{x})^2\Big]$$

$$= \frac{1-f}{n}\cdot\frac{1}{n-2}\Big[\Big(\sum_{i=1}^{n}y_i^2-n\overline{y}^2\Big)-b^2\Big(\sum_{i=1}^{n}x_i^2-n\overline{x}^2\Big)\Big]$$

$$= \frac{1}{35}\Big(1-\frac{35}{300}\Big)\frac{1}{33}\Big[\Big(29692900-\frac{31350^2}{35}\Big)$$

$$-(180.30)^2\Big(450-\frac{120^2}{35}\Big)\Big]$$

$$= \frac{1}{35}\cdot\frac{265}{300}\cdot\frac{1}{33}[1612257.143-1253883.471]$$

$$= 274.081.$$

开平方后的标准偏差为 16.56.

习 题 二

1. 对 N 个个体单元的总体抽样,先从 N 个单元中按简单随机抽样抽出 n 个样本单元,再对这 n 个单元按简单随机抽样抽出 m 个 ($m<n$) 样本单元. 试证明,此 m 个样本单元是总体 N 个单元的一个简单随机样本.

2. 取一本厚的英汉字典,以一页作为一个抽样单元,从中抽取一个 30 页的简单随机样本(用随机数表或用计算机产生的随机数等),计算每一样本单元的单词数. 用此样本估计全字典的单词总数,并计算出此估计的标准差的估计值.

3. 在 §2.3 的例 1 中,若该社区居民的总人数未知. 试利用

表 2.2 给出的 35 个样本单元户的人数 x_1, 估计该社区人口总数, 并给出该估计的标准差的估计值.

4. 某小商店有 45 个货架, 经常需清点架上货物的价值, 为探索用抽样的方法来节省盘货的工作量. 某日将 45 个货架上的货物的价值清点列出一张清单如下(单位: 元):

297, 569, 618, 691, 545, 606, 681, 382, 566, 619, 711, 679,
354, 426, 561, 613, 745, 601, 676, 538, 443, 583, 623, 771,
701, 663, 534, 632, 600, 531, 594, 826, 641, 581, 453, 449,
850, 651, 593, 477, 486, 524, 519, 603, 659,

希望从样本作出的总的货物总价值的估计值的误差, 有 95% 的把握不超过 2000 元. 问在此情况下, 用一个含 10 个货架的简单随机样本是否可以达到要求? 你认为最适宜的样本量应是多少?

5. 在一项签名活动中, 共收集到 720 张签名单, 每张单子上印有 40 个签名格, 但许多签名单上的签名不满, 甲、乙二人分别进行了统计. 甲从 720 张中抽出一个 50 张的简单随机样本, 对 50 张统计如下:

签名数	40	38	36	32	29	27	23	19	16	15	14
张数	23	4	1	1	1	2	1	1	2	2	1
签名数	11	10	9	7	6	5	4	3			
张数	1	1	1	1	3	2	1	1	共 50 张		

乙对 720 张进行逐张检查, 数出有 345 张是签满 40 个名的, 375 张签名未满. 利用甲的信息你估计总签名数是多少? 又如何利用乙的信息, 改进你的估计? 你是否还有更好的统计方法?

6. 从某地区 15786 位老人中, 抽出一个含有 525 位老人的简单随机样本, 调查每位老人的性别及生活是否能够自理, 结果如下:

生活能否自理 \ 性别	男	女
能	211	263
不能	31	20

(1) 估计该地区男性老人的比例并估计标准差;

(2) 估计该地区生活不能自理的老人的人数,并估计标准差,并以 95% 的置信度对其作区间估计.

7. 某城市拟进行一次抽样调查.调查该市有几成家庭已经计算机上网,现希望所估出的百分数误差不超过 2%,如果对家庭作简单随机抽样,问应取多大样本量？若据一般的粗糙认识,认为上网家庭约占 15%,选用多大的样本量更为合适？

8. 为估计一城镇中拥有彩色电视机的户数,要从该城镇 42157 户中抽取一个简单随机样本.现要求最后的估计应以 95% 的置信度使最大误差不超过 500 户.问应取多大的样本量？

9. 在 §2.3 的例 1 中,用表 2.2 所列数据,作出居民食物支出对户人数的回归估计.

10. 在简单随机抽样中,若总体每个单元有两个指标 Y_i 和 X_i $(i=1,\cdots,N)$,所得 n 个样本单元相应指标记为 $y_i, x_i (i=1,\cdots,n)$. 试证样本协方差 $s_{yx} = \dfrac{1}{n-1} \sum\limits_{i=1}^{n} (y_i - \bar{y})(x_i - \bar{x})$ 是总体协方差

$$S_{YX} = \frac{1}{N-1} \sum_{i=1}^{N} (Y_i - \bar{Y})(X_i - \bar{X})$$

的无偏估计.

11. 从总体 $\mathscr{U}(N) = \{Y_1, \cdots, Y_N\}$ 中,抽取一个样本量为 n 的简单随机样本,若随机地将 n 个样本单元分成 n_1 个和 n_2 个 $(n_1 + n_2 = n)$ 的两个样本,则它们可看作是从总体 $\mathscr{U}(N)$ 中抽出的,样本量为 n_1 和 n_2 的两个简单随机样本. 以 $\bar{y}_1$ 和 $\bar{y}_2$ 分别记它们的样本均值. 试证 $\mathrm{cov}(\bar{y}_1, \bar{y}_2) = -\dfrac{1}{N} S_Y^2$. (提示:利用抽样的示性函数 D_i.)

12. 设一个总体由 L 个子总体构成,今从该总体中取一个样本量为 n 的简单随机样本,若该样本中有 n_j 个样本单元来自第 j 个子总体. 试证:在 n_j 固定的条件下,这 n_j 个样本单元可看作是从第 j 个子总体中抽出的一个样本量为 n_j 的简单随机样本.

(提示:按简单随机样本定义证明,将总体分成第 j 个子总体和非第 j 个子总体两部分.)

第三章 不等概抽样

前一章讨论的简单随机抽样对总体中各单元是同等看待. 实践中常有总体中被抽的单元处于不同等的地位, 各单元的"规模"有很大的差异. 例如, 调查某一地区小麦产量, 以村作为抽样单元, 但各村所拥有的麦地面积是不一样的; 调查一城市企业的产值, 各企业单位是抽样单元, 但企业规模差异很大, 有不同的资产. 我们要估的是小麦总产量、企业总产值, 那些规模大且拥有较多麦地的村或资产大的企业显然更重要些, 希望有更多的机会进入样本. 特别当抽样单元是由一些基本单位组成的小群体时, 例如调查城镇居民生活状况, 以居民委员会作为抽样单元, 每一居委会规模有大有小, 有的有数万居民, 有的仅几千人. 这就要求规模大的居委会有更大一些的概率进入样本, 使各个被抽单元有正比于规模的入样概率可能是适宜的.

§3.1 PPS 抽样

所谓 PPS 抽样是抽取概率正比于规模测度抽样方法的英文缩写. 总体 $\{U_1, U_2, \cdots, U_N\}$ 每一单元有一指标 Y_i, 还有另一变量规模测度 $X_i > 0$, $i = 1, 2, \cdots, N$. 在抽取样本单元时, 各单元被抽出的概率正比于 X_i. 有放回 PPS 抽样是常见的一种不等概抽样方案, 每次抽取, 第 i 单元 U_i 被抽中的概率 p_i 正比于 X_i,

$$p_i = \frac{X_i}{\sum_{j=1}^{N} X_j}. \tag{3.1.1}$$

一次抽取后, 放回被抽中的单元再作下次抽取.

(一) 实现方法

我们仍然可以利用随机数表或计算机产生的随机数等均匀随机

数实现不等概抽样,常用的有下列两种方法.

(1) 累积和法. 将总体各单元的规模测度 X_i 逐单元累加,得
$$X_1, X_1+X_2, X_1+X_2+X_3, \cdots, \sum_{i=1}^{N-1} X_i, \sum_{i=1}^{N} X_i.$$
令 $X=\sum_{i=1}^{N} X_i$,对自然数号码集合 $\{1,2,\cdots,X\}$ 作有放回简单随机抽样,记抽得的随机数为 a,则当

$a \in \{1,\cdots,X_1\}$ 时, U_1 入样为样本单元,

$a \in \{X_1+1,\cdots,X_1+X_2\}$ 时, U_2 入样,

……

$a \in \left\{\sum_{i=1}^{N-1} X_i+1,\cdots,\sum_{i=1}^{N} X_i\right\}$ 时, U_N 入样.

这一方法原理简单直接,但当 N 较大时求累积和很麻烦.当然在计算机普及的今天用机器程序实现这一工作是不困难的.

(2) 最大规模法. 此法是统计学家 Lahiri 最先提出的方法. 在全部规模测度 $X_1, X_2, \cdots, X_N$ 中找出最大值
$$M = \max\{X_1, X_2, \cdots, X_N\},$$
每次抽取从 $\{1,2,\cdots,N\}$ 中简单随机地取一随机数 a,同时再独立地从 $\{1,2,\cdots,M\}$ 中简单随机地取一随机数 b. 当 $b \leqslant X_a$ 时,单元 U_a 入样为样本单元,若 $b > X_a$,则此次抽取无单元入样.如此重复,直至取满 n 个样本单元.

下面我们用一个简化的例子来说明这一方法,为了书写与说明方便,我们将 N 定为 8,n 定为 3,当然实际的调查问题,总体的单元个数及样本量均要大得多.

例1 一村庄有 8 个果园,分别有果树 50,30,65,80,140,44,20,100 棵,要调查该村庄水果总产量,以正比于果树棵数的概率取 3 个果园作样本.

果园序号	1	2	3	4	5	6	7	8
规模测度 X	50	30	65	80	140	44	20	100

用 Lahiri 的方法,最大规模 $M=140$,总体单元个数 $N=8$.

抽取第一个样本单元. 从 $\{1,2,\cdots,8\}$ 中用简单随机方法取出一数 a, 从 $\{1,2,\cdots,140\}$ 中用简单随机方法取出一数 b. 现取得随机数对 $(a,b)=(5,87)$, (具体取随机数可用 §2.2 中例 1、例 2 的操作方法.) 将随机数 87 与第 5 个果园的规模测度 $X_5=140$ 进行比较, 因 $87\leqslant 140$, 故第 5 个果园入样为第一个样本单元.

抽取第二个样本单元. 再按简单随机取一对随机数 $(a,b)=(2,37)$, 因 $37>X_2=30$, 故此次随机数对无效, 未能取得样本单元. 重取随机数对 $(a,b)=(8,23)$, 因 $23\leqslant X_8=100$, 故第 8 果园入样为第二个样本单元.

抽取第三个样本单元. 再取一对随机数 $(a,b)=(3,4)$, 因 $4\leqslant X_3=25$, 故第 3 果园入样为第三个样本单元. 至此完成全部抽取手续.

一般无放回抽样比有放回抽样有更高的效率, 故有不少文献讨论无放回 PPS 抽样, 但取得样本单元, 调查后的数据分析的理论方法要比有放回抽样的麻烦复杂, 因而实际工作中, 人们在总体单元数 N 较大, 而抽样比 $n/N=f$ 不很大时, 均利用本节后面将叙述的定理 3.1.1 和定理 3.1.2 进行估值和估计误差的计算.

无放回 PPS 抽样仍可用上述累积和法或最大规模法实现, 所不同的是无放回抽样当一个单元被第一次抽中后, 再次被抽中只算一个样本单元, 该次抽取未获得新的样本单元, 整个抽取要取得 n 个不同的样本单元才告终止.

实际工作中还常采用等间隔系统抽取的方法来完成 PPS 抽样, 人们常称之为**目录抽样**.

例 2(目录抽样) 将总体的 N 个个体单元按抽样框名录排列, 逐个排列累加它们的规模 $X_1,X_2,\cdots,X_N$, 得序列

$$1, 2, \cdots, X_1, X_1+1, \cdots, X_1+X_2, X_1+X_2+1, \cdots,$$
$$X_1+\cdots+X_{N-1}+1, \cdots, X_1+\cdots+X_N,$$

从此序列中用等间隔系统抽取 n 个数 $R_1, R_2, \cdots, R_n$, 即先计算抽样间隔

$$K = \frac{X_1+\cdots+X_N}{n}$$

（假定 K 是整数，若 $X_1+\cdots+X_N$ 远比 n 大，则对最后余数部分舍去或补足为 n，影响均很小). 第二步从 $1,2,\cdots,K$ 中简单随机地抽取一数 R_1，从而取 $R_2=R_1+K, R_3=R_1+2K,\cdots,R_n=R_1+(n-1)K$. 第三步根据 R_i 所在位置得出抽取的样本单元，当 R_1 在 1 至 X_1 间，即 $1\leqslant R_1\leqslant X_1$，则名录框第一个单元入样为第一个样本单元. 若 $X_1+\cdots+X_{i-1}+1\leqslant R_1\leqslant X_1+\cdots+X_i$，则名录框第 i 个单元入样为第一个样本单元，同样考察各个 $R_m(m=1,\cdots,n)$，当 R_m 处于 $X_1+\cdots+X_{j-1}+1$ 至 $X_1+\cdots+X_j$ 之间时，名录框第 j 个单元入样为第 m 个样本单元（参见系统抽样法).

现举一个应用实例. 一个审计事务所对某企业一年的账目进行审计，首先将全部账目中账面额 10 万元以上的项目列为必查单元. 然后将 10 万元以下的项目单元按账簿排列作名录框，以该项目单元的账面金额作为规模变量 X，累加这些项目单元的规模 X，得规模总和 $X_1+X_2+\cdots+X_N=3600$ 万元，现准备从中抽取 200 个单元，即差不多 18 万元进行一项审计. $K=3600$ 万$/200=18$ 万，从 1 至 18 万中简单随机地抽取一随机数 $R_1=57294$，从而

$$R_2 = R_1 + 180000 = 237294,\cdots,$$
$$R_{200} = R_1 + 199 \times 180000 = 35877294.$$

最后根据 $R_1,R_2,\cdots,R_{200}$ 的位置，对对应的单元项目进行审计. 通过必查部分发现的违纪金额和抽查部分用 200 个样本估出的违纪金额，得出总的违纪金额.

目录抽样常将总体单元分成两部分，规模测度很大的单元列为必查部分，对规模测度小的部分，进行抽样调查.

(二) 估值法

PPS 抽样法的估值法的根据是下列两条定理.

定理 3.1.1 在有放回 PPS 抽样下，

$$\hat{Y}_{\text{PPS}} = \frac{1}{n}\sum_{i=1}^{n}\frac{y_i}{p_i} \tag{3.1.2}$$

是总体总数 $Y = \sum_{i=1}^{N} Y_i$ 的无偏估计.(这里为书写方便在和号 $\sum_{i=1}^{n}$ 下的 p_i 为第 i 个样本单元为 y_i 时的抽取概率,而不是总体中第 i 单元对应的抽取概率,因此 p_i 和 y_i 一样是依赖样本单元 i 的随机数.)

上述估计的均方偏差为

$$V(\hat{Y}_{\text{PPS}}) = \frac{1}{n} \sum_{i=1}^{N} p_i \left(\frac{Y_i}{p_i} - Y \right)^2. \tag{3.1.3}$$

证明 考虑随机变量 Z,它在 $\frac{Y_i}{p_i}$ ($i=1,2,\cdots,N$) 取值的概率为 $P\left\{Z = \frac{Y_i}{p_i}\right\} = p_i$,则 $z_i = \frac{y_i}{p_i}$ ($i=1,\cdots,n$) 是随机变量 Z 的独立同分布样本,故

$$\text{E}(z_i) = \sum_{i=1}^{N} \frac{Y_i}{p_i} \cdot p_i = Y,$$

$$\text{E}(\hat{Y}_{\text{PPS}}) = \frac{1}{n} \sum_{i=1}^{n} \text{E}(z_i) = Y,$$

$$V(\hat{Y}_{\text{PPS}}) = \text{var}(\bar{z}) = \frac{1}{n^2} \sum_{i=1}^{n} \text{var}(z_i)$$

$$= \frac{1}{n} \text{var}(z_1) = \frac{1}{n} \sum_{i=1}^{N} \left(\frac{Y_i}{p_i} - \text{E}(z_1) \right)^2 \cdot p_i$$

$$= \frac{1}{n} \sum_{i=1}^{N} p_i \left(\frac{Y_i}{p_i} - Y \right)^2. \quad \text{证毕.}$$

$V(\hat{Y}_{\text{PPS}})$ 有另一表达式,

$$V(\hat{Y}_{\text{PPS}}) = \frac{1}{n} \sum_{i=1}^{N} \sum_{j>i}^{N} p_i p_j \left(\frac{Y_i}{p_i} - \frac{Y_j}{p_j} \right)^2. \tag{3.1.4}$$

这是因为

$$\sum_{i=1}^{N} \sum_{j>i}^{N} p_i p_j \left(\frac{Y_i}{p_i} - \frac{Y_j}{p_j} \right)^2$$

$$= \sum_{i=1}^{N} \sum_{j>i}^{N} p_i p_j \left[\left(\frac{Y_i}{p_i} \right)^2 + \left(\frac{Y_j}{p_j} \right)^2 \right] - 2 \sum_{i=1}^{N} \sum_{j>i}^{N} Y_i Y_j$$

$$= \left\{\sum_{i=1}^{N}\sum_{j>i}^{N} p_i p_j \left(\frac{Y_i}{p_i}\right)^2 + \sum_{i=1}^{N}\sum_{j>i}^{N} p_i p_j \left(\frac{Y_j}{p_j}\right)^2 + \sum_{i=1}^{N} Y_i^2\right\}$$

$$- \left\{\sum_{i=1}^{N} Y_i^2 + 2\sum_{i=1}^{N}\sum_{j>i}^{N} Y_i Y_j\right\}$$

$$= \sum_{i=1}^{N}\sum_{j=1}^{N} p_i p_j \left(\frac{Y_i}{p_i}\right)^2 - \left(\sum_{i=1}^{N} Y_i\right)^2$$

$$= \sum_{i=1}^{N} p_i \left(\frac{Y_i}{p_i}\right)^2 - \left(\sum_{i=1}^{N} Y_i\right)^2$$

$$= \sum_{i=1}^{N} p_i \left(\frac{Y_i}{p_i} - Y\right)^2.$$

定理 3.1.2 在有放回 PPS 抽样下，$V(\hat{Y}_{\text{PPS}})$ 的一个无偏估计为

$$v(\hat{Y}_{\text{PPS}}) = \frac{1}{n(n-1)} \sum_{i=1}^{n} \left(\frac{y_i}{p_i} - \hat{Y}_{\text{PPS}}\right)^2$$

$$= \frac{1}{n(n-1)} \left[\sum_{i=1}^{n} \left(\frac{y_i}{p_i}\right)^2 - n\hat{Y}_{\text{PPS}}^2\right]. \quad (3.1.5)$$

证明 考虑在定理 3.1.1 的证明中给出的 Z 的一个独立同分布样本 $z_1, \cdots, z_n$，则样本方差

$$s_z^2 = \frac{1}{n-1} \sum_{i=1}^{n} (z_i - \bar{z})^2$$

$$= \frac{1}{n-1} \sum_{i=1}^{n} \left(\frac{y_i}{p_i} - \hat{Y}_{\text{PPS}}\right)^2$$

是总体随机变量 Z 的方差

$$\text{var}(Z) = \sum_{i=1}^{N} \left[\frac{Y_i}{p_i} - E(Z)\right]^2 \cdot p_i$$

$$= \sum_{i=1}^{N} p_i \left(\frac{Y_i}{p_i} - Y\right)^2$$

的无偏估计，故 $v(\hat{Y}_{\text{PPS}})$ 是 $V(\hat{Y}_{\text{PPS}})$ 的无偏估计． 证毕.

根据定理 3.1.1 和 3.1.2，对 PPS 抽样，可用 $\hat{Y}_{\text{PPS}}$ 估计总体总数 Y，用 $\frac{1}{N}\hat{Y}_{\text{PPS}}$ 估计总体平均值 $\bar{Y}$. 它们的均方误差的估计分别为

$v(\hat{Y}_{PPS})$ 和 $\left(\dfrac{1}{N}\right)^2 v(\hat{Y}_{PPS})$.

例3(续例1) 如果实地调查得第5、第8、第3号三个果园的产量(单位: 10^4 千克)分别为15,12,7,则该村八个果园的总产量估计为

$$\hat{Y}_{PPS} = \dfrac{1}{n}\left[\dfrac{y_1}{p_1} + \cdots + \dfrac{y_n}{p_n}\right]$$
$$= \dfrac{1}{3}\left[15\Big/\left(\dfrac{140}{529}\right) + 12\Big/\left(\dfrac{100}{529}\right) + 7\Big/\left(\dfrac{65}{529}\right)\right]$$
$$= 59.04.$$

这一估计的均方偏差的估计为

$$v(\hat{Y}_{PPS}) = \dfrac{1}{n(n-1)}\left[\left(\dfrac{y_1}{p_1} - \hat{Y}_{PPS}\right)^2 + \cdots + \left(\dfrac{y_n}{p_n} - \hat{Y}_{PPS}\right)^2\right]$$
$$= \dfrac{1}{3(3-1)}\left[\left(15\Big/\left(\dfrac{140}{529}\right) - 59.04\right)^2 \right.$$
$$\left. + \left(12\Big/\left(\dfrac{100}{529}\right) - 59.04\right)^2 + \left(7\Big/\left(\dfrac{65}{529}\right) - 59.04\right)^2\right]$$
$$= 4.93.$$

标准差估计为

$$\sqrt{v(\hat{Y}_{PPS})} = \sqrt{4.93} = 2.22.$$

(三) 最优规模测度

观察有放回PPS抽样估计量 $\hat{Y}_{PPS}$ 的均方偏差

$$V(\hat{Y}_{PPS}) = \dfrac{1}{n}\sum_{i=1}^{N} p_i\left(\dfrac{Y_i}{p_i} - Y\right)^2$$

可以看到,当规模测度 X_i 严格正比于指标 Y_i 时,也就是有 $p_i = \dfrac{Y_i}{Y}$ 时,$V(\hat{Y}_{PPS}) = 0$. 这一结果指导我们应利用与 Y_i 关系近似于正比例的变量 X_i 作规模测度. 同时也说明讨论最优性时,对任意总体 $\{Y_1, \cdots, Y_N\}$ 均达最小均方偏差的设计是不存在的.

对例1那种类型的被调查总体,个体单元间的规模相差较大,而单位规模的实体(例1中的一棵树)间波动较小,用正比于规模测度

的不等概率抽样要比简单随机抽样有高得多的估计精度. 比如,例 1 的总体若按简单随机抽样抽得三个样本单元为第 5、第 8、第 3 号三个果园. 按第二章 §2.3 的简单估值法,应以

$$N\overline{y} = 8 \times \frac{1}{3}(15 + 12 + 7) = 90.67$$

作为该村总产量的估计值(单位:10^4 千克),这一估计的均方偏差的估计值(单位:10^4 千克)为

$$\begin{aligned}v(N\overline{y}) &= \frac{N^2}{n}\left(1 - \frac{n}{N}\right)s^2 \\ &= \frac{8^2}{3}\left(1 - \frac{3}{8}\right)\frac{1}{3-1}[(15-11.33)^2 \\ &\quad + (12-11.33)^2 + (7-11.33)^2] \\ &= 217.778.\end{aligned}$$

这一数值比 PPS 抽样的 $v(\hat{Y}_{PPS}) = 4.93 \times 10^4$ 千克大了很多.

§3.2 不等概 πPS 抽样

πPS 抽样是抽样设计文献中涉及最多的抽样. 许多人设计出各种各样的抽取程序,这种抽样要求每一总体单元的入样概率正比于规模测度 X_i. 这类抽样在抽取每一样本单元时,赋予总体中各单元一个修正的概率,使得总体中各单元的入样概率 $\pi_i (i=1,2,\cdots,N)$ 正比于相应的规模测度 X_i. 修正概率的计算一般比较麻烦,因而实际应用中常将总体分成许多层(小的部分总体),各层有大体一致的数量较少的单元个体,在每一层中只抽取两个样本单元,即对每一部分总体使用样本量为 2 的 πPS 抽样.

(一) Brewer 抽样方法

1963 年 Brewer 提出:令 $p_i = \frac{X_i}{X}$ $(i=1,\cdots,N)$,其中 $X = \sum_{i=1}^{N} X_i$. 以概率 p_i' 抽取第一个样本单元,

$$p'_i = \frac{p_i(1-p_i)}{1-2p_i}\Big/D, \quad i=1,\cdots,N, \quad (3.2.1)$$

其中

$$D = \sum_{i=1}^{N} \frac{p_i(1-p_i)}{1-2p_i} = \frac{1}{2}\sum_{i=1}^{N}\frac{p_i(2-2p_i)}{1-2p_i}$$

$$= \frac{1}{2}\left(1 + \sum_{i=1}^{N}\frac{p_i}{1-2p_i}\right).$$

取出第一个样本单元后不放回. 当第一个样本单元为个体 U_j 时, 以 p''_i 概率抽取第二个样本单元,

$$p''_i = \frac{p_i}{1-p_j}, \quad i \neq j. \quad (3.2.2)$$

对这一抽样, 总体的个体单元 U_i 的入样概率为

$$\pi_i = \frac{p_i(1-p_i)}{D(1-2p_i)} + \frac{1}{D}\sum_{j\neq i}^{N}\frac{p_j(1-p_j)}{1-2p_j}\cdot\frac{p_i}{1-p_j}$$

$$= \frac{p_i}{D}\left[\frac{(1-2p_i)+p_i}{1-2p_i} + \sum_{j\neq i}^{N}\frac{p_j}{1-2p_j}\right]$$

$$= \frac{p_i}{D}\left[1 + \sum_{j=1}^{N}\frac{p_j}{1-2p_j}\right] = 2p_i. \quad (3.2.3)$$

总体中两个个体 U_i, U_j 同时入样的概率

$$\pi_{ij} = \frac{p_i p_j}{D}\left(\frac{1}{1-2p_i} + \frac{1}{1-2p_j}\right)$$

$$= \frac{2p_i p_j}{D}\frac{(1-p_i-p_j)}{(1-2p_i)(1-2p_j)}. \quad (3.2.4)$$

此法是设计好第一次抽取的概率, 第二次抽取概率与 p_i 成正比, 使总的入样概率正比于 X_i. 下面一种抽取方法是第一次抽取概率正比于 p_i, 而调整第二次的抽取概率, 使总的入样概率正比于 X_i.

(二) Durbin 抽样方法

以 $p'_i = p_i$ 抽取第一个样本单元. 当第一个样本单元为总体个体 U_j 时, 以概率 p''_i 抽取第二个样本单元,

$$p_i'' = p_i\left(\frac{1}{1-2p_i}+\frac{1}{1-2p_j}\right)\bigg/\sum_{k\neq j}^N p_k\left(\frac{1}{1-2p_k}+\frac{1}{1-2p_j}\right), \quad i\neq j. \tag{3.2.5}$$

由于

$$\sum_{k\neq j}^N p_k\left(\frac{1}{1-2p_k}+\frac{1}{1-2p_j}\right) = \frac{1-p_j}{1-2p_j}+\sum_{k\neq j}^N \frac{p_k}{1-2p_k}$$

$$= 1+\sum_{k=1}^N \frac{p_k}{1-2p_k}$$

$$= 2D, \tag{3.2.6}$$

容易算得,此抽样方法总体各个体单元的入样概率 π_i,两个个体单元同时入样的概率 π_{ij} 分别为

$$\pi_i = p_i + p_i\frac{2D}{2D} = 2p_i,$$

$$\pi_{ij} = \frac{p_i p_j}{D}\left(\frac{1}{1-2p_i}+\frac{1}{1-2p_j}\right).$$

(三) Sen-Midzuno 抽样方法

当样本量超过 2 时,修正概率的计算比较麻烦,因而有些文献寻求手续简便,而入样概率近似 πPS 抽样的无放回抽样方法. Sen-Midzuno 提出的是一种便于应用的近似 πPS 方法.

对总体以概率 p_i 抽取第一个样本单元. 取出第一个单元后不放回,从剩下的 $N-1$ 个单元中,以简单随机无放回抽取 $n-1$ 个样本单元,组成 n 个单元的样本. 其对应的入样概率 π_i 和同时入样概率 π_{ij} 分别为

$$\pi_i = p_i + (1-p_i)\frac{n-1}{N-1} = \frac{N-n}{N-1}p_i + \frac{n-1}{N-1},$$

$$\pi_{ij} = p_i\frac{n-1}{N-1} + p_j\frac{n-1}{N-1}$$

$$+ (1-p_i-p_j)\frac{(n-1)(n-2)}{(N-1)(N-2)}$$

$$= \frac{n-1}{N-1}\left[\frac{n-2}{N-2}(p_i+p_j) + \frac{n-2}{N-2}\right].$$

当抽样比 $f=\dfrac{n}{N}$ 很小时，π_i 近似地正比于 p_i.

（四）HT 估计

对 πPS 抽样，人们都用 Horvitz-Thompson 提出的称为 HT 估计的

$$\hat{Y}_{\mathrm{HT}} = \sum_{i=1}^{n} \frac{y_i}{\pi_i} \tag{3.2.7}$$

来估计总体总数 Y. 符号 $\sum\limits_{i=1}^{n}$ 下的 π_i 指的是与样本单元 y_i 对应的入样概率，而非序号为 i 的总体个体单元的入样概率.

由第一章定理 1.2.1，对样本量为 n 的无放回 πPS 抽样，有

$$\sum_{i=1}^{N} \pi_i = n, \tag{3.2.8}$$

$$\sum_{j \neq i}^{N} \pi_{ij} = (n-1)\pi_i. \tag{3.2.9}$$

现在我们定义

$$D_i = \begin{cases} 1, & \text{总体单元 } U_i \text{ 入样；} \\ 0, & \text{总体单元 } U_i \text{ 未入样.} \end{cases} \tag{3.2.10}$$

定理 3.2.1 对 πPS 抽样，HT 估计

$$\hat{Y}_{\mathrm{HT}} = \sum_{i=1}^{n} \frac{y_i}{\pi_i} \tag{3.2.11}$$

是总体总数 Y 的无偏估计. 其均方偏差为

$$V(\hat{Y}_{\mathrm{HT}}) = \sum_{i=1}^{N} \frac{(1-\pi_i)Y_i^2}{\pi_i} + \sum_{i=1}^{N} \sum_{\substack{j=1 \\ j \neq i}}^{N} \frac{(\pi_{ij} - \pi_i \pi_j)}{\pi_i \pi_j} Y_i Y_j.$$

$$\tag{3.2.12}$$

证明 利用(3.2.10)定义的变量 D_i，有

$$\hat{Y}_{\mathrm{HT}} = \sum_{i=1}^{n} \frac{y_i}{\pi_i} = \sum_{i=1}^{N} D_i \frac{Y_i}{\pi_i},$$

故

$$E(\hat{Y}_{HT}) = \sum_{i=1}^{N} \frac{Y_i}{\pi_i} E(D_i) = \sum_{i=1}^{N} Y_i = Y,$$

$V(\hat{Y}_{HT}) = \mathrm{var}(\hat{Y}_{HT})$

$$= \sum_{i=1}^{N} \frac{Y_i^2}{\pi_i^2} \mathrm{var}(D_i) + \sum_{i=1}^{N} \sum_{\substack{j=1 \\ j \neq i}}^{N} \frac{Y_i}{\pi_i} \frac{Y_j}{\pi_j} \mathrm{cov}(D_i, D_j)$$

$$= \sum_{i=1}^{N} \pi_i(1-\pi_i) \frac{Y_i^2}{\pi_i^2} + \sum_{i=1}^{N} \sum_{\substack{j=1 \\ j \neq i}}^{N} \frac{(\pi_{ij} - \pi_i \pi_j)}{\pi_i \pi_j} Y_i Y_j. \quad \text{证毕.}$$

由于从(3.2.8)和(3.2.9)式可得

$$\sum_{\substack{j=1 \\ j \neq i}}^{N} (\pi_{ij} - \pi_i \pi_j) = (n-1)\pi_i - \pi_i(n-\pi_i) = -\pi_i(1-\pi_i),$$

$$\sum_{i=1}^{N} \frac{(1-\pi_i)}{\pi_i} Y_i^2 = \sum_{i=1}^{N} \sum_{\substack{j=1 \\ j \neq i}}^{N} (\pi_i \pi_j - \pi_{ij}) \left(\frac{Y_i}{\pi_i}\right)^2$$

$$= \sum_{i=1}^{N} \sum_{j>i}^{N} (\pi_i \pi_j - \pi_{ij}) \left[\left(\frac{Y_i}{\pi_i}\right)^2 + \left(\frac{Y_j}{\pi_j}\right)^2\right],$$

故 $V(\hat{Y}_{HT})$ 的表达式可写成另一种形式,

$$V(\hat{Y}_{HT}) = \sum_{i=1}^{N} \sum_{j>i}^{N} (\pi_i \pi_j - \pi_{ij}) \left[\left(\frac{Y_i}{\pi_i}\right)^2 + \left(\frac{Y_j}{\pi_j}\right)^2 - 2\frac{Y_i Y_j}{\pi_i \pi_j}\right]$$

$$= \sum_{i=1}^{N} \sum_{j>i}^{N} (\pi_i \pi_j - \pi_{ij}) \left(\frac{Y_i}{\pi_i} - \frac{Y_j}{\pi_j}\right)^2. \qquad (3.2.13)$$

定理 3.2.2 对 πPS 抽样,当 $\pi_i(i=1,\cdots,N), \pi_{ij}(i \neq j)$ 均不为 0 时,由式(3.2.12)和式(3.2.13)可得 HT 估计的均方偏差的两个无偏估计量

$$v_1(\hat{Y}_{HT}) = \sum_{i=1}^{n} \frac{(1-\pi_i)}{\pi_i^2} y_i^2 + 2\sum_{i=1}^{n} \sum_{j>i}^{n} \frac{(\pi_{ij} - \pi_i \pi_j)}{\pi_i \pi_j \pi_{ij}} y_i y_j,$$
$$(3.2.14)$$

$$v_2(\hat{Y}_{HT}) = \sum_{i=1}^{n} \sum_{j>i}^{n} \frac{(\pi_i \pi_j - \pi_{ij})}{\pi_{ij}} \left(\frac{y_i}{\pi_i} - \frac{y_j}{\pi_j}\right)^2. \qquad (3.2.15)$$

证明 利用(3.2.10)式定义的变量 D_i,有

$$v_1(\hat{Y}_{\mathrm{HT}}) = \sum_{i=1}^{N} \frac{(1-\pi_i)}{\pi_i^2} D_i Y_i^2 + 2\sum_{i=1}^{N}\sum_{j>i}^{N} \frac{(\pi_{ij}-\pi_i\pi_j)}{\pi_i\pi_j\pi_{ij}} D_i D_j Y_i Y_j,$$

$$v_2(\hat{Y}_{\mathrm{HT}}) = \sum_{i=1}^{N}\sum_{j>i}^{N} \frac{(\pi_i\pi_j-\pi_{ij})}{\pi_{ij}} \left(\frac{Y_i}{\pi_i}-\frac{Y_j}{\pi_j}\right)^2 D_i D_j,$$

而

$$E(D_i) = \pi_i, \quad E(D_i D_j) = \pi_{ij},$$

故

$$Ev_1(\hat{Y}_{\mathrm{HT}}) = V_1(\hat{Y}_{\mathrm{HT}}), \quad Ev_2(\hat{Y}_{\mathrm{HT}}) = V_2(\hat{Y}_{\mathrm{HT}}). \quad \text{证毕.}$$

定理 3.2.2 中的两个估计量 v_1, v_2 均有可能取负值,是我们不希望出现的. 许多人对这两个估计量的优劣进行过比较. 1973 年 Rao 和 Singh 通过大量模拟,发现 v_2 较稳定且较少取负值.

§3.3 Rao-Hartley-Cochran 随机分群抽样

设总体中个体单元的总数 $N=nM+k$ ($0\leqslant k<n$),则将总体随机地分成 n 个群,其中,k 个群有 $M+1$ 个个体单元,$n-k$ 个群有 M 个个体单元. 然后在每一个群中,按该群中各单元的规模测度,以正比于规模测度的概率不等概地抽取一个单元作为样本单元,每群一个单元组成样本量 n 的样本. 即在第 t ($t=1,\cdots,n$) 群中,抽中单元 i 的概率为

$$p_{ti} = \begin{cases} \dfrac{X_i}{Z_t}, & \text{当 } i \text{ 属于 } t \text{ 群,} \\ 0, & \text{当 } i \text{ 不属于 } t \text{ 群,} \end{cases}$$

其中 Z_t 为 t 群中全体单元规模测度 X_i 的和.

定理 3.3.1 在上述随机分群抽样下,记第 t 群抽出的样本单元为 y_{i_t},其对应的抽取概率为 p_{ti_t},则估计量

$$\hat{Y}_{\mathrm{RHC}} = \sum_{t=1}^{n} \frac{y_{i_t}}{p_{ti_t}} \tag{3.3.1}$$

为总体总数 Y 的无偏估计. 这一估计的均方偏差为

$$V(\hat{Y}_{\text{RHC}}) = \left[1 - \frac{n-1}{N-1} + \frac{k(n-k)}{N(N-1)}\right]\frac{1}{n}\sum_{i=1}^{N}p_i\left(\frac{Y_i}{p_i} - Y\right)^2,$$

(3.3.2)

其中 $p_i = X_i \Big/ \left(\sum\limits_{i=1}^{N} X_i\right)$.

证明 考虑随机分群和分群确定后抽取样本单元的随机性，由条件期望的性质，有

$$\begin{aligned}
\mathrm{E}(\hat{Y}_{\text{RHC}}) &= \mathrm{E}_1\mathrm{E}_2(\hat{Y}_{\text{RHC}} \mid \text{分群确定}) \\
&= \mathrm{E}_1\left[\sum_{t=1}^{n}\mathrm{E}_2\left(\frac{y_{i_t}}{p_{i_t}} \mid \text{分群确定}\right)\right] \\
&= \mathrm{E}_1\left(\sum_{t=1}^{n}\sum_{i\,\text{属}t\text{群}}Y_i\right) = \mathrm{E}_1 Y = Y.
\end{aligned}$$

按方差在考虑条件期望下的一般公式，有

$$V(\hat{Y}_{\text{RHC}}) = \mathrm{E}_1 V_2(\hat{Y}_{\text{RHC}}) + V_1 \mathrm{E}_2(\hat{Y}_{\text{RHC}}),$$

而

$$V_1 \mathrm{E}_2(\hat{Y}_{\text{RHC}}) = V_1(Y) = 0,$$

$$\begin{aligned}
V_2(\hat{Y}_{\text{RHC}}) &= \sum_{t=1}^{n} V_2\left(\frac{y_{i_t}}{p_{i_t}}\right) \\
&= \sum_{t=1}^{n}\sum_{i\,\text{属}t\text{群}} p_{ti}\left(\frac{Y_i}{p_{ti}} - \sum_{i\,\text{属}t\text{群}}Y_i\right)^2 \\
&= \sum_{t=1}^{n}\sum_{\substack{i<j \\ i,j\,\text{属}t\text{群}}} p_{ti}p_{tj}\left(\frac{Y_i}{p_{ti}} - \frac{Y_j}{p_{tj}}\right)^2 \\
&= \sum_{t=1}^{n}\sum_{\substack{i<j \\ i,j\,\text{属}t\text{群}}} p_i p_j\left(\frac{Y_i}{p_i} - \frac{Y_j}{p_j}\right)^2.
\end{aligned}$$

由于对任一对 (i,j)，同时分入 t 群的概率为 $\dfrac{N_t(N_t-1)}{N(N-1)}$ ($N_t = M$ 或 $M+1$)，故若令

$$D_{ti} = \begin{cases} 1, & \text{当 } i \text{ 属 } t \text{ 群}, \\ 0, & \text{当 } i \text{ 不属 } t \text{ 群}, \end{cases}$$

则
$$ED_{ti}D_{tj} = \frac{N_t(N_t-1)}{N(N-1)},$$

从而

$$E_1 V_2(\hat{Y}_{RHC}) = \sum_{t=1}^{n} E_1\Big[\sum_{\substack{i<j \\ i,j\text{属}t\text{群}}} p_i p_j \Big(\frac{Y_i}{p_i} - \frac{Y_j}{p_j}\Big)^2\Big]$$

$$= \sum_{t=1}^{n} E_1\Big[\sum_{i<j}^{N}\sum^{N} p_i p_j \Big(\frac{Y_i}{p_i} - \frac{Y_j}{p_j}\Big)^2 D_{ti}D_{tj}\Big]$$

$$= \sum_{t=1}^{n} \frac{N_t(N_t-1)}{N(N-1)}\Big[\sum_{i<j}^{N}\sum^{N} p_i p_j \Big(\frac{Y_i}{p_i} - \frac{Y_j}{p_j}\Big)^2\Big]$$

$$= \frac{\sum_{t=1}^{n} N_t^2 - N}{N(N-1)} \sum_{i<j}^{N}\sum^{N} p_i p_j \Big(\frac{Y_i}{p_i} - \frac{Y_j}{p_j}\Big)^2$$

$$= \Big[1 - \frac{n-1}{N-1} + \frac{k(n-k)}{N(N-1)}\Big]\cdot\frac{1}{n}\sum_{i<j}^{N}\sum^{N} p_i p_j \Big(\frac{Y_i}{p_i} - \frac{Y_j}{p_j}\Big)^2,$$

最后一个等号是将 $N_t = M$ 或 $M+1$ 代入，化简的结果.

再利用本章(3.1.4)式的推导即得本定理结论

$$V(\hat{Y}_{RHC}) = \Big[1 - \frac{n-1}{N-1} + \frac{k(n-k)}{N(N-1)}\Big]\cdot\frac{1}{n}\sum_{i=1}^{N} p_i\Big(\frac{Y_i}{p_i} - Y\Big)^2.$$

证毕.

定理 3.3.2 在上述随机分群抽样下，估计的均方偏差 $V(\hat{Y}_{RHC})$ 有一个无偏估计

$$v(\hat{Y}_{RHC}) = \frac{N^2 + k(n-k) - Nn}{N^2(n-1) - k(n-k)} \sum_{t=1}^{n} \frac{Z_t}{X}\Big(\frac{y_{i_t}}{p_{i_t}} - \hat{Y}_{RHC}\Big)^2,$$

式中 p_{i_t} 是样本单元 y_{i_t} 对应的总体中正比于规模测度的概率，即 $p_{i_t} = X_{i_t}/X, X = \sum_{i=1}^{N} X_i.$

证明 注意

$$\hat{Y}_{RHC} = \sum_{t=1}^{n} \frac{y_{i_t}}{p_{ti_t}} = \sum_{t=1}^{n} \frac{y_{i_t}}{p_{i_t}}\cdot\frac{Z_t}{X},$$

故
$$\mathrm{E}\left[\sum_{t=1}^{n}\frac{Z_t}{X}\left(\frac{y_{i_t}}{p_{i_t}}-\hat{Y}_{\mathrm{RHC}}\right)^2\right]=\mathrm{E}\left[\sum_{t=1}^{n}\frac{Z_t}{X}\left(\frac{y_{i_t}}{p_{i_t}}\right)^2\right]-\mathrm{E}(\hat{Y}_{\mathrm{RHC}})^2,$$

而
$$\mathrm{E}(\hat{Y}_{\mathrm{RHC}})^2 = V(\hat{Y}_{\mathrm{RHC}}) + Y^2,$$

$$\mathrm{E}\left[\sum_{t=1}^{n}\frac{Z_t}{X}\left(\frac{y_{i_t}}{p_{i_t}}\right)^2\right] = \sum_{t=1}^{n}\mathrm{E}_1\left[\frac{Z_t}{X}\cdot\mathrm{E}_2\left[\left(\frac{y_{i_t}}{p_{i_t}}\right)^2\Big|\,\text{分群确定}\right]\right]$$

$$= \sum_{t=1}^{n}\mathrm{E}_1\left[\frac{Z_t}{X}\cdot\sum_{i\,\text{属}t\text{群}}\left(\frac{Y_i}{p_i}\right)^2\cdot p_{ti}\right]$$

$$= \sum_{t=1}^{n}\mathrm{E}_1\left[\frac{Z_t}{X}\cdot\sum_{i\,\text{属}t\text{群}}\left(\frac{Y_i}{p_i}\right)^2\cdot p_i\cdot\frac{X}{Z_t}\right]$$

$$= \sum_{t=1}^{n}\mathrm{E}_1\cdot\sum_{i\,\text{属}t\text{群}}\frac{Y_i^2}{p_i} = \sum_{t=1}^{n}\sum_{i=1}^{N}\frac{N_t}{N}\cdot\frac{Y_i^2}{p_i}$$

$$= \sum_{i=1}^{N}\frac{Y_i^2}{p_i},$$

从而
$$\mathrm{E}\left[\sum_{t=1}^{n}\frac{Z_t}{X}\left(\frac{y_{i_t}}{p_{i_t}}-\hat{Y}_{\mathrm{RHC}}\right)^2\right]$$

$$= \sum_{i=1}^{N}\frac{Y_i^2}{p_i} - Y^2 - V(\hat{Y}_{\mathrm{RHC}})$$

$$= \sum_{i=1}^{N}p_i\left(\frac{Y_i}{p_i}-Y\right)^2 - V(\hat{Y}_{\mathrm{RHC}})$$

$$= \left\{n\left[1-\frac{n-1}{N-1}+\frac{k(n-k)}{N(N-1)}\right]^{-1}-1\right\}V(\hat{Y}_{\mathrm{RHC}})$$

$$= \frac{N^2(n-1)-k(n-k)}{N^2+k(n-k)-Nn}\cdot V(\hat{Y}_{\mathrm{RHC}}),$$

调整系数即得定理结论. 证毕.

  无放回的不等概抽样比有放回的不等概抽样,原则上可获得较多的样本信息,有更高的效率.但无放回抽样在抽取样本与样本数据的分析计算等方面均要复杂些. 而当抽样比 $f=\frac{n}{N}$ 很小时, 无放回比有放回提高的效率很有限, 因而现实中使用 πPS 抽样或随机分群抽样的实例很少. 仅当 $f=\frac{n}{N}$ 比较大时, 为提高效率才会使用上述抽样方法.

习 题 三

1. 某地区欲调查奶牛的存栏头数, 想从 16 个县中抽取 5 个县做调查. 但各县的奶牛场数目不同, 具体情况如下:

县序号	奶牛场数	县序号	奶牛场数	县序号	奶牛场数
1	19	7	31	13	61
2	23	8	31	14	64
3	28	9	42	15	68
4	28	10	46	16	68
5	29	11	53		
6	30	12	55		

如果采用 PPS 抽样法, 请利用随机数表或计算机产生的随机数, 以累积和法和最大规模法分别抽出 5 个县作为样本单元.

2. 研究人员欲估计一批电子元件板的质量, 需要确定计数板上的缺陷数, 由于缺陷数与板上的电子元件数目有关, 故采用与元件数目成正比的有放回 PPS 抽样. 这批电子元件板共 30 块, 其中有 10,12,22,8,16,24,9,10,8,31 各种元件个数的板各三块, 现取样本量 $n=4$.

(1) 说明样本的抽选方法.

(2) 若抽得的四块样本板, 测得有 12 个元件的一块有 1 个缺陷, 有 22 个元件的一块有 2 个缺陷, 有 16 个元件的一块无缺陷, 有 24 个元件的一块有一个缺陷. 试根据这一抽样结果, 估计这批元件板的总缺陷数.

3. 某县共有人口 494518 人, 居住于 20 个行政区划中, 现以各

区人口数为规模测度作 PPS 抽样,抽中四个区划,调查住户居住面积,得数据如下:

样本序号	人口数	该区住户总面积(米^2)
1	17667	165662
2	10714	78516
3	34225	366723
4	29762	294444

请利用上述样本估计该县人均居住面积,并以 95% 的置信度给出区间估计.

4. 研究五个单元的一个总体 $\{1,2,3,4,5\}$,以两种方法作样本量为 2 的无放回抽样:(1) 简单随机抽样;(2) 取 $p_1=\frac{1}{10}$, $p_2=\frac{1}{10}$, $p_3=\frac{2}{10}$, $p_4=\frac{3}{10}$, $p_5=\frac{3}{10}$ 为规模测度,作 Brewer 的样本量为 2 的 πPS 抽样. 在两种抽样方法下,分别列出 10 种可能的样本单元组合. 计算每一组合下总体平均数的估计值,从而得到各抽样法下,总体平均数估计量的样本分布,比较两个分布的标准差.

5. 在上题的 Brewer 抽样中,计算每一单元的入样概率 π_i,及两个单元同时入样的概率 π_{ij}. 验证定理 3.2.1 的结论:
$$\sum_{i=1}^{N}\pi_i = n, \quad \sum_{j\neq i}^{N}\pi_{ij} = (n-1)\pi_i.$$

6. 某市城区有七个区,下表是各区去年底及今年现有的销售药品的商店数目:

区的序号	去年底商店数	现有商店数
1	33	33
2	36	39
3	71	63
4	48	51
5	19	23
6	69	77
7	48	45

若以去年底销售药品的商店数作为规模测度,抽取样本量 $n=2$ 的 πPS 样本.用累积和方法抽取样本单元,利用计算机取得两个随机数(浮点八位有效数)

$$r_1 = 0.54463226, \quad r_2 = 0.15389852,$$

你利用这两个随机数如何取得两个样本单元?利用取得的样本单元估计现在的销售药品的商店的总数.计算此估计量的标准差的估计值.

7. 试计算上题 πPS 抽样下,现有销售药品商店总数的 HT 估计 $\hat{Y}_{HT}$ 的均方偏差.

8. 在第 6 题中,若对七个区作 $n=2$ 的简单随机抽样,而在估计时以去年底的数目为辅助变量,对现有销售药品的商店总数作比估计.求该比估计的均方偏差,将此结果与第 7 题的结果加以比较.

9. 某县有 20 个乡,在去年的普查中各乡拥有的村办企业数如下:

乡的序号	1	2	3	4	5	6	7	8	9	10
村办企业数	42	65	52	40	75	65	45	50	43	54
乡的序号	11	12	13	14	15	16	17	18	19	20
村办企业数	49	53	32	22	37	51	30	39	47	41

请以去年的普查数为规模测度,采用 RHC 随机分群抽样方法,从此 20 个乡中抽取 4 个样本单元.

10. 若上题中,按 RHC 抽样方法,随机分群结果为:

$$\{5,14,13,8,4\}, \{15,7,18,17,2\},$$
$$\{3,9,20,12,16\}, \{1,6,10,11,19\}.$$

而每一群中抽中的样本单元分别为 5,17,20,11. 调查这四个乡现有村办企业数如下:

乡的序号	5	17	20	11
现有村办企业数	87	29	38	49

试给出该县现有村办企业数总数的估计及该估计的均方偏差的估计值.

11. 当采用 Brewer 的 πPS 抽样,样本量 $n=2$ 时,如果由规模测度得出的概率 p_i,对任一 i 均有 $p_i<\frac{1}{2}$,则必有对任意 $i\neq j, i,j=1, 2,\cdots,N$,
$$0<\pi_{ij}<\pi_i\pi_j,$$
从而此时(3.2.15)式给出的均方偏差估计量 $v_2(\hat{Y}_{HT})$ 必为正数.

$\Big($提示:利用 $\pi_i=2p_i$,
$$\pi_{ij}=\frac{4p_ip_j(1-p_i-p_j)}{(1-2p_i)(1-2p_j)}\Big/\Big(1+\sum_{k=1}^{N}\frac{p_k}{1-2p_k}\Big),$$
并计算 $\frac{1-p_i-p_j}{(1-2p_i)(1-2p_j)}$.$\Big)$

第四章 分层抽样

分层抽样是将总体分成若干互不相交的 K 个子总体,即令有 N 个个体单元的有限总体

$$\mathscr{U}(N) = \mathscr{U}(N_1) \bigcup \mathscr{U}(N_2)$$
$$\bigcup \cdots \bigcup \mathscr{U}(N_K),$$
$$N = N_1 + N_2 + \cdots + N_K,$$

子总体 $\mathscr{U}(N_i)$ 称为第 i 层,有 N_i 个个体单元,记

$$\mathscr{U}(N_i) = \{Y_{i1}, Y_{i2}, \cdots, Y_{iN_i}\}, \quad i = 1, \cdots, K.$$

分层抽样从每一层中抽取一个样本

$$\{y_{i1}, y_{i2}, \cdots, y_{in_i}\}, \quad i = 1, \cdots, K,$$

样本量为 n_i. K 个层的样本一起组成总的样本,样本量为

$$n = n_1 + n_2 + \cdots + n_K.$$

分层抽样是抽样调查时最常使用的抽样技术. 除了为获得各层的指标的估计值, 从各层抽取一个样本进行分层抽样外, 分层抽取样本主要是为了提高样本的代表性,提高效率. 在第二章中可以清楚地看到,当总体的个体单元之间差异很小时,随机抽取少量样本单元即可准确估出总体的指标, 而总体的个体单元之间差异很大时, 随机抽取的样本波动也会很大,要较好地估出总体指标,需要大量的样本. 分层时将总体中特性相近的个体单元集合成一个层, 从各层抽取一个样本, 会提高样本的代表性. 因而实际工作中,建立抽样框时,要千方百计获得总体单元的各种信息,才有可能将总体分成一些适当的层,使每层中的单元的特性尽量相近,分层是抽样调查中很重要的技巧. 另外为了组织管理的方便,也常将总体分为若干层,分层抽样,各层可独立操作,最后合并分析.

§4.1 估值法（一）

描述分层抽样：记分层后的总体为

$$\left\{\begin{array}{c} Y_{11}, \cdots, Y_{1N_1} \\ Y_{21}, \cdots, Y_{2N_2} \\ \vdots \qquad \vdots \\ Y_{K1}, \cdots, Y_{KN_K} \end{array}\right\}, \quad N_1 + N_2 + \cdots + N_K = N.$$

从每一层按某种抽样方法抽取一样本，全部样本记为

$$\left\{\begin{array}{c} y_{11}, \cdots, y_{1n_1} \\ y_{21}, \cdots, y_{2n_2} \\ \vdots \qquad \vdots \\ y_{K1}, \cdots, y_{Kn_K} \end{array}\right\}, \quad n_1 + n_2 + \cdots + n_K = n. \tag{4.1.1}$$

总样本量为 n，各层样本量分别为 $n_1, n_2, \cdots, n_K$. 并记

$$W_i = \frac{N_i}{N}, \quad w_i = \frac{n_i}{n}, \quad f_i = \frac{n_i}{N_i}, \quad i = 1, \cdots, K, \tag{4.1.2}$$

$$Y_i = \sum_{j=1}^{N_i} Y_{ij}, \quad \overline{Y}_i = Y_i / N_i, \quad S_i^2 = \frac{1}{N_i - 1} \sum_{j=1}^{N_i} (Y_{ij} - \overline{Y}_i)^2,$$

$$\overline{y}_i = \frac{1}{n_i} \sum_{j=1}^{n_i} y_{ij}, \quad s_i^2 = \frac{1}{n_i - 1} \sum_{j=1}^{n_i} (y_{ij} - \overline{y}_i)^2,$$

$$Y = \sum_{i=1}^{K} \sum_{j=1}^{N_i} Y_{ij}, \quad \overline{Y} = \frac{Y}{N} = \sum_{i=1}^{K} \frac{N_i \overline{Y}_i}{N} = \sum_{i=1}^{K} W_i \overline{Y}_i. \tag{4.1.3}$$

定理 4.1.1 如果分层抽样样本是从每一层独立抽取的，且每一层 $\overline{Y}_i$ 有无偏估计 $\hat{\overline{Y}}_i$，则估计量

$$\hat{\overline{Y}}_{\text{st}} = \sum_{i=1}^{K} W_i \hat{\overline{Y}}_i \tag{4.1.4}$$

是 $\overline{Y}$ 的无偏估计，其均方偏差为

$$V(\hat{\overline{Y}}_{\text{st}}) = \sum_{i=1}^{K} W_i^2 V(\hat{\overline{Y}}_i). \tag{4.1.5}$$

证明 显然.

系 1 当各层独立抽取的都是简单随机样本,且每层的 $\overline{Y}_i$ 用简单估值时,则估计量

$$\overline{y}_{st} = \sum_{i=1}^{K} W_i \overline{y}_i \qquad (4.1.6)$$

是 $\overline{Y}$ 的无偏估计. 对应的均方偏差为

$$V(\overline{y}_{st}) = \sum_{i=1}^{K} W_i^2 \frac{1}{n_i}(1-f_i)S_i^2, \qquad (4.1.7)$$

$V(\overline{y}_{st})$ 的一个无偏估计为

$$v(\overline{y}_{st}) = \sum_{i=1}^{K} W_i^2 \frac{1}{n_i}(1-f_i)s_i^2. \qquad (4.1.8)$$

系 2 当各层独立抽取的都是简单随机样本,且各层的样本额 n_i 足够大,用比估值法时,

$$\overline{y}_{RS} = \sum_{i=1}^{K} W_i r_i \overline{X}_i \qquad (4.1.9)$$

是 $\overline{Y}$ 的近似无偏估计. 其均方偏差近似为

$$V(\overline{y}_{RS}) = \sum_{i=1}^{K} W_i^2 \frac{1-f_i}{n_i} \frac{1}{N_i-1} \sum_{j=1}^{N_i} (Y_{ij} - R_i X_{ij})^2$$

$$= \sum_{i=1}^{K} W_i^2 \frac{1-f_i}{n_i}[S_{Yi}^2 + R_i^2 S_{Xi}^2 - 2R_i \rho_i S_{Yi} S_{Xi}].$$

$$(4.1.10)$$

$V(\overline{y}_{RS})$ 的一个近似无偏估计为

$$v(\overline{y}_{RS}) = \sum_{i=1}^{K} W_i^2 \frac{1-f_i}{n_i} \frac{1}{n_i-1} \sum_{j=1}^{n_i} (y_{ij} - r_i x_{ij})^2$$

$$= \sum_{i=1}^{K} W_i^2 \frac{1-f_i}{n_i}[s_{yi}^2 + r_i^2 s_{xi}^2 - 2r_i^2 s_{xyi}], \qquad (4.1.11)$$

其中 $\{X_{ij}\}$ $(i=1,\cdots,K, j=1,\cdots,N_i)$ 为总体各单元的辅助指标, $\{x_{ij}\}$ $(i=1,\cdots,K, j=1,\cdots,n_i)$ 为各层样本单元的辅助指标,

$$\overline{X}_i = \frac{1}{N_i} \sum_{j=1}^{N_i} X_{ij}, \quad R_i = \frac{\overline{Y}_i}{\overline{X}_i},$$

$$S_{Yi}^2 = \frac{1}{N_i - 1} \sum_{j=1}^{N_i} (Y_{ij} - \overline{Y}_i)^2,$$

$$S_{Xi}^2 = \frac{1}{N_i - 1} \sum_{j=1}^{N_i} (X_{ij} - \overline{X}_i)^2,$$

$$S_{XYi} = \frac{1}{N_i - 1} \sum_{j=1}^{N_i} (Y_{ij} - \overline{Y}_i)(X_{ij} - \overline{X}_i),$$

$$\rho_i = \frac{S_{XYi}}{S_{Xi} S_{Yi}},$$

$$\overline{x}_i = \frac{1}{n_i} \sum_{j=1}^{n_i} x_{ij}, \quad \overline{y}_i = \frac{1}{n_i} \sum_{j=1}^{n_i} y_{ij}, \quad r_i = \frac{\overline{y}_i}{\overline{x}_i},$$

$$s_{yi}^2 = \frac{1}{n_i - 1} \sum_{j=1}^{n_i} (y_{ij} - \overline{y}_i)^2,$$

$$s_{xi}^2 = \frac{1}{n_i - 1} \sum_{j=1}^{n_i} (x_{ij} - \overline{x}_i)^2,$$

$$s_{xyi} = \frac{1}{n_i - 1} \sum_{j=1}^{n_i} (y_{ij} - \overline{y}_i)(x_{ij} - \overline{x}_i)$$

分别为各层中相应的量.

分层抽样的原则是各层分别抽取样本,各层分别估计各层的总数或平均数,如果估计的是总数,则各层总数之和即可;若估平均数,则需加权综合出整个总体的平均数的估计.各层抽样和估值可采用各种方法,可用简单随机抽样,也可用不等概抽样,估值则可采用各种配套的估值法,而且各层的抽样法和估值法不必一样.比如,甲层可用简单随机抽样简单估值法估出层的平均值,而乙层用 PPS 抽样用 PPS 的估值法估出层的平均值,然后再加权综合.

例 1 某地区要对区内小型工矿企业进行调查,但该地区除去有一定规模且登记在册的两万多家工矿企业外,尚有大量村办或个体小型工矿企业,也就是说,有一个两万多家企业的名录框,名录框没有覆盖的小企业仍有很多.调查者将这两部分企业作为 A, B 两个层分别进行调查处理.对有名录框的 A 层两万多家企业,按登记的注册资产再细分为若干次一级的层,在每一次一级的层中作简单随机抽样,根据各层样本按定理 4.1.1 的系 1 获得 A 层企业总产值等总数 $\hat{Y}_A$ 及相应的均方偏差估计值 $v(\hat{Y}_A)$. 对名录框以外的村办或个体小企业,因无直接可用的企业单位框,因而以行政村作为抽样个体单元,该地区共有行政村 1200 多个,对 B 层的抽样以各村上年度赋税额作为规模测度,作 PPS 抽样,对抽中的村调查村内全部不在名录框内的小型工矿企业,取得样本后按 PPS 方法估值得 B 层企业总产值等总数 $\hat{Y}_B$ 及相应的均方偏差估值 $v(\hat{Y}_B)$. 则该地区小型工矿企业总产值等总数的估计为 $\hat{Y} = \hat{Y}_A + \hat{Y}_B$,而该估计的均方偏差的估计为 $v(\hat{Y}) = v(\hat{Y}_A) + v(\hat{Y}_B)$.

§4.2 估值法(二)——组合比估计和回归估计

在有辅助指标 X 可用于估值分析时,除上节定理 4.1.1 的系 2 提到的在每一层使用比估计方法,得到每一层的指标量的估计,再加权综合得到整个总体的估计量的比估值法外,还可分别对指标量 Y 和辅助量 X 分别作定理 4.1.1 的系 1 那样的分层简单估计,再用比估值获得指标量的组合比估计. 即分别计算 Y 和 X 指标的分层简单估计

$$\bar{y}_{\mathrm{st}} = \sum_{i=1}^{K} W_i \bar{y}_i, \quad \bar{x}_{\mathrm{st}} = \sum_{i=1}^{K} W_i \bar{x}_i,$$

取组合比估计

$$\bar{y}_{\mathrm{RC}} = \frac{\bar{y}_{\mathrm{st}}}{\bar{x}_{\mathrm{st}}} \bar{X} = r_{\mathrm{C}} \bar{X} \qquad (4.2.1)$$

作为总体 $\bar{Y}$ 的估计,其中 $r_{\mathrm{C}} = \frac{\bar{y}_{\mathrm{st}}}{\bar{x}_{\mathrm{st}}}$, $\bar{X} = \sum_{i=1}^{N} X_i \Big/ N$ 为辅助指标 X 的总体平均值.

定理 4.2.1 对分层抽样的组合比估计,有

$$\frac{|\mathrm{E}(\bar{y}_{\mathrm{RC}} - \bar{Y})|}{\sqrt{V(\bar{y}_{\mathrm{RC}})}} \leqslant \frac{\sqrt{V(\bar{x}_{\mathrm{st}})}}{|\bar{X}|}, \qquad (4.2.2)$$

其中 $V(\bar{y}_{RC}), V(\bar{x}_{st})$ 分别是估计量 $\bar{y}_{RC}, \bar{x}_{st}$ 的均方偏差.

证明 因为
$$\text{cov}(r_C, \bar{x}_{st}) = E(r_C \bar{x}_{st}) - E(r_C)E(\bar{x}_{st})$$
$$= \bar{Y} - \bar{X}E(r_C) = \bar{Y} - E(\bar{y}_{RC}),$$

所以
$$\frac{|E(\bar{y}_{RC} - \bar{Y})|}{\sqrt{V(\bar{y}_{RC})}} = \frac{|\text{cov}(r_C, \bar{x}_{st})|}{|\bar{X}|\sqrt{V(r_C)}}$$

$$= \frac{|\rho(r_C, \bar{x}_{st})|\sqrt{V(\bar{x}_{st})}}{|\bar{X}|}$$

$$\leqslant \frac{\sqrt{V(\bar{x}_{st})}}{|\bar{X}|},$$

式中 $\rho(r_C, \bar{x}_{st})$ 为二者的相关系数. 证毕.

当分层抽样的样本分配是合理的(如下一节的按比例分配,最优分配等),在 $\bar{x}_{st} \geqslant \varepsilon > 0$ 时(ε 为不依赖 n 的固定数),

$$E(\bar{y}_{RC} - \bar{Y}) = E\frac{(\bar{y}_{st} - R\bar{x}_{st})(\bar{X} - \bar{x}_{st})}{\bar{x}_{st}} + E(\bar{y}_{st} - R\bar{x}_{st}),$$

式中 $R = \frac{\bar{Y}}{\bar{X}}$ 是总体 Y 和 X 指标的总体平均数之比值. 而

$$E(\bar{y}_{st} - R\bar{x}_{st}) = 0,$$

$$\left| E\frac{(\bar{y}_{st} - R\bar{x}_{st})(\bar{X} - \bar{x}_{st})}{\bar{x}_{st}} \right| \leqslant \frac{1}{\varepsilon} E|\bar{x}_{st} - \bar{X}||\bar{y}_{st} - R\bar{x}_{st}|$$

$$\leqslant \frac{1}{\varepsilon}\sqrt{E(\bar{x}_{st} - \bar{X})^2} \cdot \sqrt{E(\bar{y}_{st} - R\bar{x}_{st})^2} = O\left(\frac{1}{n}\right).$$

上述式子的最后估阶利用的是定理 2.1.3 的 (2.1.5) 式. 利用上述估阶方法可得

$$E(\bar{y}_{RC} - \bar{Y}) = O\left(\frac{1}{n}\right). \tag{4.2.3}$$

类似地

$$E(\bar{y}_{RC} - \bar{Y})^2 = E(\bar{y}_{st} - R\bar{x}_{st})^2 + O\left(\frac{1}{n^{3/2}}\right) = O\left(\frac{1}{n}\right),$$

$$\tag{4.2.4}$$

即 $\bar{y}_{RC}$ 是 $\bar{Y}$ 的近似无偏估计，$\bar{y}_{st}$ 估 $\bar{Y}$ 的均方偏差近似地为

$$V(\bar{y}_{RC}) = E(\bar{y}_{st} - R\bar{x}_{st})^2$$

$$= \sum_{i=1}^{K} W_i^2 \frac{1-f_i}{n_i}(S_{Yi}^2 + R^2 S_{Xi}^2 - 2R\rho_i S_{Yi} S_{Xi}). \quad (4.2.5)$$

从上述叙述可以看到当样本额分配是合理的，且总样本额 n 足够大时，由(4.2.3)及(4.2.4)式，可看出以 $\bar{y}_{RC}$ 估 $\bar{Y}$ 是满足第一章 §1.2 中提出的对估计量的要求，是一个可用的估计。

均方偏差 $V(\bar{y}_{RC})$ 的估计量可取

$$v(\bar{y}_{RC}) = \sum_{i=1}^{K} W_i^2 \frac{1-f_i}{n_i}(s_{yi}^2 + r_C^2 s_{xi}^2 - 2r_C s_{xyi}), \quad (4.2.6)$$

式中的 $s_{yi}^2, s_{xi}^2, s_{xyi}$ 等的说明见(4.1.11)式后面的各表达式。

在比估计法适合的场合，是使用各层分别的比估计还是用组合比估计呢？比较一下两者的均方偏差

$$V(\bar{y}_{RC}) - V(\bar{y}_{RS})$$

$$= \sum_{i=1}^{K} W_i^2 \frac{1-f_i}{n_i} [(R^2 - R_i^2) S_{Xi}^2 - 2(R - R_i) \rho_i S_{Xi} S_{Yi}]$$

$$= \sum_{i=1}^{K} W_i^2 \frac{1-f_i}{n_i} [(R - R_i)^2 S_{Xi}^2$$

$$- 2(R - R_i)(\rho_i S_{Xi} S_{Yi} - R_i S_{Xi}^2)], \quad (4.2.7)$$

上式中在比估计适合的场合 $(\rho_i S_{Xi} S_{Yi} - R_i S_{Xi}^2)$ 通常比较小(若每层内 Y 和 X 的关系是通过原点的一条直线，则此项为 0)。这样除非各层的 R_i 都一样，有 $R = R_i$，否则(4.2.7)式大于零，分别比估计通常要比组合比估计更精确些。但比估计是一个大样本量时才适合使用的估计，分别比估计要求每层的样本量均足够大。故仅当层数较多，而各层只有较小的样本量时，才推荐使用组合比估计。

与组合比估计类似，可用组合回归估计。取

$$\bar{y}_{LC} = \bar{y}_{st} + b(\bar{X} - \bar{x}_{st}), \quad (4.2.8)$$

若 b 是事先指定的，则 $\bar{y}_{LC}$ 是总体均值 $\bar{Y}$ 的无偏估计。其均方偏差为

$$V(\bar{y}_{LC}) = \sum_{i=1}^{K} W_i^2 \frac{1-f_i}{n_i}(S_{Yi}^2 - 2b\rho_i S_{Xi} S_{Yi} + b^2 S_{Xi}^2),$$

$$(4.2.9)$$

取

$$b = B_{\mathrm{C}} = \frac{\sum_{i=1}^{K} W_i^2 \frac{1-f_i}{n_i} \rho_i S_{Xi} S_{Yi}}{\sum_{i=1}^{K} W_i^2 \frac{1-f_i}{n_i} S_{Xi}^2},$$

可得上述均方偏差的最小值

$$V_{\min}(\bar{y}_{\mathrm{LC}}) = \sum_{i=1}^{K} W_i^2 \frac{1-f_i}{n_i} S_{Yi}^2 - \left(\sum_{i=1}^{K} W_i^2 \frac{1-f_i}{n_i} S_{Xi}^2 \right) B_{\mathrm{C}}^2.$$

然而当对各层分别作回归估计再加权时,总体均值 $\overline{Y}$ 的估计量为

$$\bar{y}_{\mathrm{LS}} = \sum_{i=1}^{K} W_i [\bar{y}_i + b_i(\overline{X}_i - \bar{x}_i)], \qquad (4.2.10)$$

当取

$$b_i = B_i = \frac{\rho_i S_{Xi} S_{Yi}}{S_{Xi}^2}$$

时,该估计有最小均方偏差

$$V_{\min}(\bar{y}_{\mathrm{LS}}) = \sum_{i=1}^{K} W_i^2 \frac{1-f_i}{n_i} S_{Yi}^2 - \sum_{i=1}^{K} W_i^2 \frac{1-f_i}{n_i} S_{Xi}^2 B_i^2,$$

从而

$$V_{\min}(\bar{y}_{\mathrm{LC}}) - V_{\min}(\bar{y}_{\mathrm{LS}}) = \sum_{i=1}^{K} a_i B_i^2 - \left(\sum_{i=1}^{K} a_i \right) B_{\mathrm{C}}^2$$

$$= \sum_{i=1}^{K} a_i (B_i - B_{\mathrm{C}})^2,$$

其中

$$a_i = \frac{W_i^2(1-f_i)}{n_i} S_{Xi}^2.$$

上式表明,除非各层 B_i 相同,否则最佳选取系数的分别回归估计优于组合回归估计.

实践中代替 B_{C} 的是下述常用样本统计量

$$b_{\mathrm{C}} = \frac{\sum_{i=1}^{K} W_i^2 \frac{1-f_i}{n_i} \frac{1}{n_i-1} \sum_{j=1}^{n_i} (y_{ij} - \bar{y})(x_{ij} - \bar{x})}{\sum_{i=1}^{K} W_i^2 \frac{1-f_i}{n_i} \frac{1}{n_i-1} \sum_{j=1}^{K} (x_{ij} - \bar{x})^2},$$

式中 $\bar{y} = \frac{1}{n}\sum_{i=1}^{K}\sum_{j=1}^{n_i} y_{ij}$, $\bar{x} = \frac{1}{n}\sum_{i=1}^{K}\sum_{j=1}^{n_i} x_{ij}$.

取

$$\bar{y}_{LC} = \bar{y}_{st} + b_C(\overline{X} - \bar{x}_{st}) \qquad (4.2.11)$$

作组合回归估计. 由于

$$\begin{aligned}\bar{y}_{LC} - \overline{Y} &= \bar{y}_{st} - \overline{Y} + b_C(\overline{X} - \bar{x}_{st})\\ &= [\bar{y}_{st} - \overline{Y} + B_C(\overline{X} - \bar{x}_{st})] + (b_C - B_C)(\overline{X} - \bar{x}_{st}),\end{aligned}$$

忽略 b_C 的抽样误差,可得 $\bar{y}_{LC}$ 的近似均方偏差

$$V(\bar{y}_{LC}) = \sum_{i=1}^{K} W_i^2 \frac{1-f_i}{n_i}(S_{Yi}^2 - 2B_C\rho_i S_{Xi}S_{Yi} + B_C^2 S_{Xi}^2). \qquad (4.2.12)$$

$V(\bar{y}_{LC})$ 的估计量可用

$$v(\bar{y}_{LC}) = \sum_{i=1}^{K} W_i^2 \frac{1-f_i}{n_i} \frac{1}{n_i-1}\sum_{j=1}^{n_i}[(y_{ij}-\bar{y}_i) - b_C(x_{ij}-\bar{x}_i)]^2. \qquad (4.2.13)$$

与组合比估计类似,只在总样本量足够大而层数较多、各层只有较小的样本量时,才推荐使用组合回归估计.

§4.3 样本量的分配

在分层抽样中,当给定总的样本量 n,如何确定各层的样本量 n_i,这就是样本量的分配问题. 分层抽样各层样本量的分配有多种方法. 下面是一些常见的分配方法.

(一) 等额样本

等额样本即每一层取样本量为 $n_i = \frac{n}{K}$.

这主要是为了管理的方便. 比如每一地区为一层,一个调查员负责该层调查,则等额样本可以使各地区调查工作量基本一致,能在差不多相同的时间内完成调查.

(二) 按比例分配

按比例分配即样本量按总体中各层个体单元的数量所占的比例进行分配，$n_i = n \cdot \dfrac{N_i}{N}$. 当关于各层的个体单元数量 N_i 已知，而其他信息很少时，常采用这种分配方案. 此种分配常常可以获得精度很好的估计，且这种样本是所谓自加权的，可以使数据的分析处理大为简化. 在按比例分配的分层抽样中，按简单随机抽样简单估值时，各层的抽样比 $f_i = \dfrac{n_i}{N_i} = \dfrac{n}{N}$，估计量

$$\bar{y}_{\mathrm{st}} = \sum_{i=1}^{K} W_i \bar{y}_i = \frac{1}{n} \sum_{i=1}^{K} \sum_{j=1}^{n_i} y_{ij}.$$

各样本值在估计量 $\bar{y}_{\mathrm{st}}$ 中有相同的系数 $\dfrac{1}{n}$，$\bar{y}_{\mathrm{st}}$ 是全部样本值的简单平均. 具有这种性质的样本称为自加权样本.

(三) 奈曼 (Neyman) 最优分配

奈曼最优分配是考虑 $n = \sum\limits_{i=1}^{K} n_i$ 的分配使

$$V(\bar{y}_{\mathrm{st}}) = \sum_{i=1}^{K} W_i^2 \frac{1}{n_i} (1 - f_i) S_i^2$$

达到最小. 该分配可叙述为下述定理.

定理 4.3.1 分层抽样中，$n = \sum\limits_{i=1}^{K} n_i$ 固定，使

$$V(\bar{y}_{\mathrm{st}}) = \sum_{i=1}^{K} W_i^2 \left(\frac{1}{n_i} - \frac{1}{N_i} \right) S_i^2$$

达到最小的样本量分配为

$$n_i = n \frac{W_i S_i}{\sum\limits_{j=1}^{K} W_j S_j}, \quad i = 1, \cdots, K. \tag{4.3.1}$$

证明 用拉格朗日乘子法解极值问题. 令

$$f(n_1, \cdots, n_K, a) = V(\bar{y}_{\mathrm{st}}) + a \left(\sum_{i=1}^{K} n_i - n \right)$$

$$= \sum_{i=1}^{K}\left(\frac{1}{n_i} - \frac{1}{N_i}\right)W_i^2 S_i^2 + a\left(\sum_{i=1}^{K} n_i - n\right),$$

得正规方程

$$\begin{cases} \dfrac{\partial f}{\partial n_i} = 0, & i = 1, \cdots, K, \\ \dfrac{\partial f}{\partial a} = 0, \end{cases}$$

即

$$\begin{cases} \dfrac{W_i^2 S_i^2}{a} = n_i^2, & i = 1, \cdots, K, \\ \sum_{i=1}^{K} n_i - n = 0, \end{cases}$$

解上述方程,即得

$$a = \left(\frac{1}{n}\sum_{j=1}^{K} W_j S_j\right)^2,$$

$$n_i = \frac{W_i S_i}{\dfrac{1}{n}\sum_{j=1}^{K} W_j S_j} = n\,\frac{W_i S_i}{\sum_{j=1}^{K} W_j S_j}, \quad i = 1, \cdots, K,$$

此时最小值

$$V_{\min}(\bar{y}_{\text{st}}) = \frac{1}{n}\left(\sum_{i=1}^{K} W_i S_i\right)^2 - \frac{1}{N}\sum_{i=1}^{K} W_i S_i^2. \tag{4.3.2}$$

定理证毕.

要想精确计算出理想之样本量 n_i,必须知道 S_i(或知道 S_i 之间的比即可),$i=1,\cdots,K$. 实际上大多数工作中 S_i 的值是不知道的,这就与第二章 §2.4 中确定样本量的公式(2.4.3)、(2.4.4)的情形相仿,需用察往法、预查法或类推法等获得 S_i 的近似比例,按近似的比例来分配样本量,一般会收到良好的效果.

定理 4.3.1 是以 $V(\bar{y}_{\text{st}})$ 为目标函数,使其达到最小来决定样本量的分配,有许多以另外的函数为目标,进行优化决定样本量分配的方案. 下面就是这类处理中考虑费用的分配方案. 其处理与定理 4.3.1 完全类似.

(四) 考虑费用的最佳分配

分层抽样的费用常可考虑为

$$C = C_0 + \sum_{i=1}^{K} n_i C_i, \qquad (4.3.3)$$

C_0 为调查的基本费用，$C_i(i=1,\cdots,K)$ 为在第 i 层中调查一个样本单元的费用。

定理 4.3.2 在分层抽样中，固定费用 C 使 $V(\bar{y}_{st})$ 最小，或者使 $V(\bar{y}_{st})$ 为固定值而使费用 C 最小的样本量分配有

$$n_i \propto \frac{W_i S_i}{\sqrt{C_i}}, \quad i = 1, \cdots, K. \qquad (4.3.4)$$

证明 用拉格朗日乘子法，

$$\begin{cases} f(n_1,\cdots,n_K,a) = \sum_{i=1}^{K}\left(\frac{1}{n_i} - \frac{1}{N_i}\right)W_i^2 S_i^2 + a\sum_{i=1}^{K} n_i C_i, \\ \text{制约条件：} \sum_{i=1}^{K} n_i C_i = C - C_0, \end{cases}$$

得正规方程

$$\begin{cases} \dfrac{C_i W_i^2 S_i^2}{a} = n_i^2 C_i^2, \quad i = 1, \cdots, K, \\ \sum_{i=1}^{K} n_i C_i = C - C_0, \end{cases}$$

解出

$$a = \left[\frac{1}{(C - C_0)} \sum_{i=1}^{K} \sqrt{C_i} W_i S_i \right]^2,$$

$$n_i = \frac{\sqrt{C_i} W_i S_i}{\dfrac{C_i}{(C - C_0)} \sum_{i=1}^{K} \sqrt{C_i} W_i S_i}$$

$$= \frac{(C - C_0)\sqrt{C_i} W_i S_i}{C_i \sum_{i=1}^{K} \sqrt{C_i} W_i S_i} \propto \frac{W_i S_i}{\sqrt{C_i}},$$

此时样本总量

$$n = \frac{C - C_0}{\sum_{i=1}^{K} \sqrt{C_i} W_i S_i} \cdot \sum_{i=1}^{K} \frac{1}{\sqrt{C_i}} W_i S_i, \quad (4.3.5)$$

$$V_{\min}(\bar{y}_{\mathrm{st}}) = \frac{1}{n}\left[\sum_{i=1}^{K} \frac{W_i S_i}{\sqrt{C_i}}\right]^2 - \frac{1}{N}\sum_{i=1}^{K} W_i S_i^2. \quad (4.3.6)$$

对固定 $V(\bar{y}_{\mathrm{st}})$ 使费用最小的情形可类似地证明． 证毕．

例1 为了感性地了解分层抽样对提高估计精度的益处，我们以某地区 2001 年企业出口数据中截取的 904 个企业作为总体，来说明分层抽样及样本分配的一些情况．指标是 2001 年度企业出口金额 Y，这 904 个企业的最大出口值为 5000 万（单位为美元，下同），最小值为 50 万，平均值为 $\bar{Y} = 608.09$ 万，全部 904 个企业的总方差为 $S^2 = 46666.13$．现将全部 904 个企业按 Y 值的大小分为五个层．

第一层：2600 万 $\leqslant Y \leqslant$ 5000 万，40 个企业，层内平均值为 $\bar{Y}_1 = 3503.40$ 万，层内方差为 $S_1^2 = 356554.26$．

第二层：1400 万 $\leqslant Y <$ 2600 万，74 个企业，层内平均值为 $\bar{Y}_2 = 1895.78$ 万，层内方差为 $S_2^2 = 119535.60$．

第三层：700 万 $\leqslant Y <$ 1400 万，115 个企业，层内平均值为 $\bar{Y}_3 = 1036.38$ 万，层内方差为 $S_3^2 = 34141.69$．

第四层：250 万 $\leqslant Y <$ 700 万，226 个企业，层内平均值为 $\bar{Y}_4 = 419.31$ 万，层内方差为 $S_4^2 = 16565.56$．

第五层：50 万 $\leqslant Y <$ 250 万，449 个企业，层内平均值为 $\bar{Y}_5 = 123.26$ 万，层内方差为 $S_5^2 = 3110.05$．

现在我们从这一总体中抽取样本总量 $n = 120$ 的样本，看一看在 (1) 简单随机抽样；(2) 分层按比例分配样本量，层内简单随机抽样；(3) 分层按奈曼最优分配样本量，层内简单随机抽样等三种情况下，估计总体平均时，各估计量的均方偏差．

(1) 简单随机抽样，以 120 个样本单元的样本均值 $\bar{y}$ 估总体平均，其均方偏差为

$$V(\bar{y}) = \frac{1}{n}\left(1 - \frac{n}{N}\right)S^2 = \frac{1}{120}\left(1 - \frac{120}{904}\right) \times 46666.13$$
$$= 337.26.$$

(2) 分层按比例分配样本量,各层的样本量分别为

$$n_1 = \frac{40}{904} \cdot 120 \approx 5, \quad n_2 = \frac{74}{904} \cdot 120 \approx 10,$$
$$n_3 = \frac{115}{904} \cdot 120 \approx 15, \quad n_4 = \frac{226}{904} \cdot 120 \approx 30,$$
$$n_5 = \frac{449}{904} \cdot 120 \approx 60.$$

调查后以各层样本单元的样本均值 $\bar{y}_i(i=1,\cdots,5)$ 的加权平均 $\bar{y}_{st}$ 估总体平均,其均方偏差为

$$V(\bar{y}_{st}) = \sum_{i=1}^{5} W_i^2 \frac{1}{n_i}\left(1 - \frac{n_i}{N_i}\right)S_i^2$$
$$= \left(\frac{40}{904}\right)^2 \cdot \frac{1}{5}\left(1 - \frac{5}{40}\right)(356554.26)$$
$$+ \left(\frac{74}{904}\right)^2 \frac{1}{10}\left(1 - \frac{10}{74}\right)(119535.60)$$
$$+ \left(\frac{115}{904}\right)^2 \frac{1}{15}\left(1 - \frac{15}{115}\right)(34141.69)$$
$$+ \left(\frac{226}{904}\right)^2 \frac{1}{30}\left(1 - \frac{30}{226}\right)(16565.56)$$
$$+ \left(\frac{449}{904}\right)^2 \frac{1}{60}\left(1 - \frac{60}{449}\right)(3110.05)$$
$$= 264.48.$$

(3) 分层按奈曼方法分配样本量,各层的样本量分别为

$$n_1 = n\frac{W_1 S_1}{\sum_{i=1}^{5} W_i S_i} = n\frac{N_1 S_1}{\sum_{i=1}^{5} N_i S_i} = 120\frac{23884.80}{124847.30} \approx 23,$$
$$n_2 = 120\frac{25584.76}{124847.30} \approx 25, \quad n_3 = 120\frac{21248.55}{124847.30} \approx 20,$$
$$n_4 = 120\frac{29088.46}{124847.30} \approx 28, \quad n_5 = 120\frac{25040.73}{124847.30} \approx 24.$$

调查后同样以各层样本单元的样本均值 $\bar{y}_i$ 的加权平均 $\bar{y}_{st}$ 估总体平均,其均方偏差为

$$V(\bar{y}_{st}) = \sum_{i=1}^{5} W_i^2 \frac{1}{n_i}\left(1-\frac{n_i}{N_i}\right) S_i^2$$

$$= \left(\frac{40}{904}\right)^2 \frac{1}{23}\left(1-\frac{23}{40}\right)(356554.26)$$

$$+ \left(\frac{74}{904}\right)^2 \frac{1}{25}\left(1-\frac{25}{74}\right)(119535.60)$$

$$+ \left(\frac{115}{904}\right)^2 \frac{1}{20}\left(1-\frac{20}{115}\right)(34141.69)$$

$$+ \left(\frac{226}{904}\right)^2 \frac{1}{28}\left(1-\frac{28}{226}\right)(16565.56)$$

$$+ \left(\frac{449}{904}\right)^2 \frac{1}{24}\left(1-\frac{24}{449}\right)(3110.05)$$

$$= 119.59.$$

从以上假想的各种抽样可以看到,若以指标值的大小归并为若干层,一般均会使抽样有更高的效率.特别当各层样本量分配适当时会获得很大的效益,可得精度更高的估计.

例 2 上例中我们假想各层的层内方差均是已知的,在此基础上进行奈曼最优分配.但实际工作中一般均只能获得各层的层内方差的粗估值,按这些粗估值来进行层间样本量的分配,因而实际分配的样本量会与奈曼最优分配的样本量存在差异,我们来看一看样本量分配偏差产生的影响.我们仍然在层内均采用简单随机抽样.对总样本量 n 采用奈曼最优分配,第 i 层的样本量

$$n_i = n \frac{W_i S_i}{\sum_{j=1}^{K} W_j S_j}, \quad i=1,\cdots,K,$$

根据定理 4.1.1 系 1 的(4.1.7)式,可算得此时的最小均方偏差

$$V_{\min} = \frac{1}{n}\left(\sum_{i=1}^{K} W_i S_i\right)^2 - \frac{1}{N}\sum_{i=1}^{K} W_i S_i^2. \tag{4.3.7}$$

若实际分配的样本量为 $n_i'(i=1,\cdots,K)$,按(4.1.7)式,实际所得的均方偏差为

$$V' = \sum_{i=1}^{K} \frac{W_i^2 S_i^2}{n_i'} - \frac{1}{N} \sum_{i=1}^{K} W_i S_i^2. \qquad (4.3.8)$$

由分配偏差引起的增量为

$$\begin{aligned} V' - V_{\min} &= \sum_{i=1}^{K} \frac{W_i^2 S_i^2}{n_i'} - \frac{1}{n}\Big(\sum_{i=1}^{K} W_i S_i\Big)^2 \\ &= \Big(\frac{1}{n}\sum_{i=1}^{K} W_i S_i\Big)^2 \Big(\sum_{i=1}^{K} \frac{n_i^2}{n_i'} - n\Big) \\ &= \Big(\frac{1}{n}\sum_{i=1}^{K} W_i S_i\Big)^2 \sum_{i=1}^{K} \frac{(n_i' - n_i)^2}{n_i'}, \end{aligned} \qquad (4.3.9)$$

倘若 $N \gg n$,忽略(4.3.7)式中等式右边的第二项,则可得

$$\frac{V' - V_{\min}}{V_{\min}} \approx \frac{1}{n} \sum_{i=1}^{K} \frac{(n_i' - n_i)^2}{n_i'}. \qquad (4.3.10)$$

现在以例 1 的各层为例,若我们以各层的极差之比作为各层间标准差 S_i 间的比例,即认为 $S_1:S_2:S_3:S_4:S_5=2400:1200:700:450:200$,则按此比例作奈曼分配,得 $n_1'=25, n_2'=23, n_3'=21, n_4'=27, n_5'=24$。由(4.3.10)式可估算出这样分配样本量,使估计量增加了均方偏差,增加的比例约为

$$\begin{aligned} &\frac{1}{120}\Big[\frac{(25-23)^2}{25} + \frac{(23-25)^2}{23} + \frac{(21-20)^2}{21} \\ &\qquad + \frac{(27-28)^2}{27} + \frac{(24-24)^2}{24}\Big] \\ &= 0.0035. \end{aligned}$$

增加的比例很小,仅千分之 3.5.

§4.4 与简单随机抽样之比较

在 §4.3 例 1 中,我们看到分层按比例分配样本量的抽样比不分层的简单随机抽样有较好的估计精度. 对一般的情形,除一些极特殊的情况外,通常分层按比例分配样本量的抽样比不分层的简单随机抽样有更好的效率. 也就是说,分层一般不会降低估计精度,且大

多数场合会改善估计精度.再加上分层往往在组织工作等方面有方便的一面,因而在实际抽样调查工作中,分层是经常使用的一种技术.下面的定理说明了一般情况下分层的优越性.

定理 4.4.1 如果忽略抽样比 $f=\dfrac{n}{N}, f_i=\dfrac{n_i}{N_i}$ $(i=1,\cdots,K)$,则

$$V_{\text{opt}}(\bar{y}_{\text{st}}) \leqslant V_{\text{prop}}(\bar{y}_{\text{st}}) \leqslant V(\bar{y}), \tag{4.4.1}$$

其中 $V_{\text{opt}}(\bar{y}_{\text{st}})$ 为按奈曼最优分配分层抽样,层内简单随机抽样估值的均方偏差;$V_{\text{prop}}(\bar{y}_{\text{st}})$ 为按比例分配分层抽样,层内简单随机抽样估值的均方偏差;$V(\bar{y})$ 为不分层简单随机抽样估值的均方偏差.

证明 忽略 $\dfrac{n}{N}$ 和 $\dfrac{n_i}{N_i}$ $(i=1,\cdots,K)$,有

$$V(\bar{y}) = \frac{1}{n}S^2,$$

$$V_{\text{prop}}(\bar{y}_{\text{st}}) = \sum_{i=1}^{K}\frac{1}{n}W_i S_i^2,$$

$$V_{\text{opt}}(\bar{y}_{\text{st}}) = \frac{1}{n}\Big(\sum_{i=1}^{K}W_i S_i\Big)^2,$$

而

$$(N-1)S^2 = \sum_{i=1}^{K}\sum_{j=1}^{N_i}(Y_{ij}-\bar{Y})^2$$

$$= \sum_{i=1}^{K}(N_i-1)S_i^2 + \sum_{i=1}^{K}N_i(\bar{Y}_i-\bar{Y})^2, \tag{4.4.2}$$

忽略 $\dfrac{1}{N}$ 和 $\dfrac{1}{N_i}$ $(i=1,\cdots,K)$,则有

$$S^2 = \sum_{i=1}^{K}W_i S_i^2 + \sum_{i=1}^{K}W_i(\bar{Y}_i-\bar{Y})^2, \tag{4.4.3}$$

故

$$V(\bar{y}) - V_{\text{prop}}(\bar{y}_{\text{st}}) = \frac{1}{n}\sum_{i=1}^{K}W_i(\bar{Y}_i-\bar{Y})^2 \geqslant 0.$$

同时

$$V_{\text{prop}}(\bar{y}_{\text{st}}) - V_{\text{opt}}(\bar{y}_{\text{st}}) = \frac{1}{nN}\left[\sum_{i=1}^{K}N_i S_i^2 - \frac{\Big(\sum_{i=1}^{K}N_i S_i\Big)^2}{N}\right]$$

$$= \frac{1}{nN}\Big[\sum_{i=1}^{K} N_i(S_i - \overline{S})^2\Big] \geqslant 0,$$

其中 $\overline{S} = \frac{1}{N}\sum_{i=1}^{K} N_i S_i$. 综合上面二式即得定理结论. 证毕.

在上面 (4.4.3) 式中, $\sum_{i=1}^{K} W_i S_i^2$ 通常称为**层内方差**, 记为 $S_内^2$. $\sum_{i=1}^{K} W_i(\overline{Y}_i - \overline{Y})^2$ 称为**层间方差**, 记为 $S_间^2$. 由 (4.4.3) 式可以看出层内方差 $S_内^2$ 小, 而层间方差 $S_间^2$ 大, 则分层抽样会大大提高估计精度. 而各层间的 S_i 如果差异较大, 则奈曼最优分配会有较大的收益.

分层抽样计算估计量 $\overline{y}_{st}$ 要知道各层的权数 W_i, 也就是要确切知道各层中个体单元的数目 N_i, 但实际上在许多工作中并不能准确地知道 N_i, 往往用历史资料来给出各个层的权数 W_i. 若真正的权数为 W_i, 而我们使用的权数为 W_i', 则由调查结果估计总体均值 $\overline{Y}$ 的估计量 $\overline{y}_{st} = \sum_{i=1}^{K} W_i' \overline{y}_i$. 使用有误差的权数会使样本估计量是有偏的, 其偏差为

$$\sum_{i=1}^{K}(W_i' - W_i)\overline{Y}_i.$$

这一偏差并不随样本增加而有所改变, 因而会使分层在精度方面的得益降低, 此时的均方偏差

$$\text{MSE}(\overline{y}_{st}) = \sum_{i=1}^{K} \frac{1}{n_i}(1 - f_i)W_i'^2 S_i^2 + \Big[\sum_{i=1}^{K}(W_i' - W_i)\overline{Y}_i\Big]^2,$$

式中右侧第二项与样本量无关. 而按定理 4.1.1 系 1 (4.1.8) 式给出的均方偏差估计量仅估计了右侧的第一项, 因而会低估估计量 $\overline{y}_{st}$ 的误差. 如果对偏差 $(W_i' - W_i)$ 有估算, 则可由样本估出第二项的大小.

§4.5 如何适当分层

在 §4.4 可以看到, 要使分层有明显的抽样效益, 分层时应使层内的个体单元有较好的同一性, 层内方差要小, 而层间差异较大, 层

间方差大.这是分层的主要原则.因而分层总是要求对总体中的个体单元有所了解,也就是抽样框应包含框中个体单元调查指标的信息,与调查指标高度相关的其他辅助指标的资料.

构造层的最好标志当然是调查指标 Y 本身的频率分布. 我们仍考虑层内是简单随机抽样的分层抽样. 设 Y 的概率密度(频率)函数为 $f(t)$,Y 的最小值和最大值为 Y_0 和 Y_K,问题是要找出相邻两层间的界限 $Y_1, Y_2, \cdots, Y_{K-1}$,使(4.1.7)式的

$$V(\bar{y}_{st}) = \sum_{i=1}^{K} W_i^2 \frac{1}{n_i}(1-f_i)S_i^2$$

最小.如果采用奈曼最优分配来分配样本量,且忽略抽样比 f_i,$i=1,\cdots,K$,则使

$$V = \frac{1}{n}\left(\sum_{i=1}^{K} W_i S_i\right)^2 \tag{4.5.1}$$

最小. 虽然 Y_i 只在项 $W_i S_i$ 和 $W_{i+1} S_{i+1}$ 中涉及, 但按此原则解析地或数值地解出这些 $Y_1, Y_2, \cdots, Y_{K-1}$ 都是不现实的. 1959 年 Dalenius 和 Hodges 提出一个近似地使 $\sum_{i=1}^{K} W_i S_i$ 达最小值的方法. 若分层的间距 $Y_i - Y_{i-1}$ 比较小,在这一层中认为 $f(t)$ 近似于常数 f_i(在层中为均匀分布, 此 f_i 不是其他地方所用的抽样比),则

$$W_i = f_i(Y_i - Y_{i-1}),$$

而层内方差为

$$S_i^2 = \frac{1}{12}(Y_i - Y_{i-1})^2,$$

以这些近似值代入则得

$$\sum_{i=1}^{K} W_i S_i = \frac{1}{\sqrt{12}} \sum_{i=1}^{K} f_i (Y_i - Y_{i-1})^2$$
$$= \frac{1}{\sqrt{12}} \sum_{i=1}^{K} [\sqrt{f_i}(Y_i - Y_{i-1})]^2.$$

由于 $f(t)$,Y_0,Y_K 都是固定的,近似认为 $\sum_{i=1}^{K} \sqrt{f_i}(Y_i - Y_{i-1})$ 为常数. 要使平方和达到最小,则应使和号下各项相等,即 $\sqrt{f_i}(Y_i - Y_{i-1})$,

$i=1,\cdots,K$ 有相等的值. 也就是说应使各层所占的频率(或频数) $W_i=f_i(Y_i-Y_{i-1})$ 的平方根与各层所占间距 (Y_i-Y_{i-1}) 的平方根之乘积相等.

例1 我们仍以某地区 2001 年企业出口数据中截取的 904 个企业构成的总体为例,来说明按这一原则进行分层的操作程序. 首先列出 904 个企业出口金额 Y 的频数分布表.

表 4.1

组 限	组距 d	频数 N	$\sqrt{dN}$	累积$\sqrt{dN}$
5000~4000	1000	8	89.44	89.44
4000~3000	1000	22	148.32	237.76
3000~2600	400	10	63.25	301.01
2600~2200	400	16	80.00	381.01
2200~1800	400	25	100.00	481.01
1800~1400	400	33	114.89	595.90
1400~1000	400	69	166.13	762.03
1000~900	100	13	36.06	798.09
900~800	100	20	44.72	842.81
800~700	100	13	36.06	878.87
700~600	100	31	55.68	934.55
600~500	100	33	57.45	992.00
500~400	100	43	65.57	1057.57
400~300	100	72	84.85	1142.42
300~200	100	99	99.50	1241.92
200~100	100	209	144.57	1386.49
100~50	50	188	96.95	1483.44

由表 4.1 得到累积 $\sqrt{dN}$ 的总数为 1483.44. 利用它进行均分可粗略得到各分层的边界值. 如想分为五层,则将 1483.44 除以 5 得 296.69,规定第一层边界点在累积 $\sqrt{dN}$ 为 296.69 处,第二层边界点在 $2\times 296.69=593.38$ 处,第三层在 $3\times 269.69=890.07$ 处,第四层在 1186.76 处,最后一部分为第五层. 从表 4.1 上查出与上述数值接近的点,则得初步分层为:第一层 5000~2600,第二层 2600~1400,

第三层 1400~700,第四层 700~300,第五层 300~50. 有了初步分层后再按新分的层作一次检查和调整. 检查时列出表 4.2.

表 4.2

层	间距 d	频数 N	$\sqrt{dN}$
第一层	2400	40	309.84
第二层	1200	74	297.99
第三层	700	115	283.73
第四层	400	179	267.58
第五层	250	496	352.14

检查可见第四层 $\sqrt{dN}$ 值小得较多,而第五层 $\sqrt{dN}$ 值大得较多,因而调整两层间的分界点(如果有可能. 倘若仅有表 4.1 的资料,则只能采用上述分层),第四层 700~250,第五层 250~50. 调整后第四层间距 $d=450$,频数 $N=226$,$\sqrt{dN}=318.90$,第五层间距 $d=200$,频数 $N=449$,$\sqrt{dN}=299.67$. 如果您想分为八层,则将 1483.44 除以 8 得 185.43,累积 $\sqrt{dN}$ 的分界值分别为 185.43,370.86,556.29,741.72,927.15,1112.58,1298.01. 按表 4.1,则各层为第一层 5000~3000,第二层 3000~2200,第三层 2200~1400,第四层 1400~1000,第五层 1000~600,第六层 600~300,第七层 300~200,第八层 200~50,然后再进行检查和调整.

实际上我们分层时一般只能用与调查指标 Y 相关的辅助变量,很少能用 Y 本身,因而界限值无需十分精细,界限值的偏差导致的有害影响不会很大. 至于分多少个层最好,从分析结果看层数分得多是有益的. 但当用辅助变量分层时,辅助变量引起的误差会使分层过细失去意义. 经验及模拟表明使用五或六个层是适宜的.

当有多项辅助指标用于分层时,可以采用两三个指标的交叉分层和多变量聚类等方法,下面给出两个实例.

例 2 1988 年在进行中国成年人形体尺寸调查时,考虑到精度要求和调查工作的方便,调查采用了分层,将我国大陆地区当时的 29 个省市自治区,按人类学头型分析确定的区域和国家征兵资料及人类学调查中各省市人群身高平均值两项指标进行分层. 人类学头型分区对地理区域基本上是从西南到东北斜线划区. 分层的情况见表 4.3.

表 4.3

身高＼头型分区	I	II	III	IV	V	VI
低				湖南 江西	广东 广西	贵州 四川
中偏下		甘肃,青海	浙江 安徽	湖北	福建	云南
中偏上		陕西,西藏 山西,宁夏 河南	江苏 上海			
高	黑龙江,内蒙古 吉林,河北 辽宁,北京 山东,天津	新疆				

通过上表按两项辅助指标最终将 29 个省市自治区划分成 12 个层,分层进行调查工作.

例 3 1995 年某保险公司要了解城乡居民保险需求现状,准备在大陆中、东部的 18 个省市进行调查,但限于人力、物力,调查组无力对 18 个省市逐个调查,因而想将这 18 个省市归并为几个层,从每层抽选一两个省市进行具体调查. 根据保险业工作者的意见,认为地区的贫富状况、地区的发展状况、当前保险业务开展情况、保险的效益等,对居民保险需求会有重要影响. 因而由上年的统计资料列出了可利用的辅助变量,有 x_1(财险保额/国民收入), x_2(农业险保额/农业收入), x_3(人身险保额/人口数), x_4(保险赔付/保险收入), x_5(人均国民收入), $\cdots$, x_{11}(每一劳力负担系数), x_{12}(人口密度)等共 12 个. 保险业务人员认为这些变量对保险需求都有明显影响而无法取舍,因而采用多元统计聚类分析的方法,对 12 个变量聚类. 首先将各变量值作标准化处理,得到标准化后的变量值,再按欧氏距离原则进行聚类. 最后聚为五类,即

(1) 河南、湖南、江西、湖北、山西;

(2) 吉林、黑龙江、辽宁；
(3) 河北、山东、福建、浙江；
(4) 北京、天津、上海、广东；
(5) 江苏、安徽.

其中江苏、安徽单列为一类是因当时两省有较大自然灾害,产生了大量的保险赔付.整个分层的结果得到了保险业实际工作者的认同.

实际工作中如何分层,应遵循数学分析工作与专业实际工作的经验相结合的原则,两者应相辅相成.

§4.6 后分层估计和定额抽样

前面讲到的分层抽样层是事先划分好的,在各层中分别进行抽样.这就要求各层有明显的划分且都有一个层内的抽样框.然而实际工作中常常遇到层内无法获得抽样框的情形.例如调查某地区居民对某一问题的意向,居民的年龄、性别、民族、教育水平等是适宜的用于分层的辅助变量.从国家统计资料也容易得到每层个体单元的总数 N_i. 但要按此分层在各层内抽样,缺少抽样框,无法实施分层抽样.这种情形下可实施不分层的简单随机抽样,在调查中明确每一样本单元居民的年龄、性别、民族、教育水平,等等,也就是可搞清该样本单元是属于哪一个层的,将全部样本单元在调查后按分层变量分入各层,这种情形可采用后分层估计.此时 N_i 与 $W_i = N_i/N$ 是已知的,整个总体所取的简单随机样本量设为 n,后分层以后各层中样本单元的个数设为 $n_i(i=1,\cdots,K)$, n_i 是一随机变量.后分层估计对每一层求样本平均值

$$\bar{y}_i = \frac{1}{n_i} \sum_{j=1}^{n_i} y_{ij}, \qquad (4.6.1)$$

其中 $y_{ij}(j=1,\cdots,n_i)$ 是属于第 i 层的样本单元,以

$$\bar{y}_W = \sum_{i=1}^{K} W_i \bar{y}_i \qquad (4.6.2)$$

估总体平均值 $\bar{Y}$. 关于后分层估计有下列定理.

定理 4.6.1 对后分层估计,当 $n_i > 0$ $(i=1,\cdots,K)$ 时,估计是无偏的,即有

$$E(\bar{y}_w) = \bar{Y}, \qquad (4.6.3)$$

该估计的均方偏差为

$$V(\bar{y}_w) = \sum_{i=1}^{K}\left[E\left(\frac{1}{n_i}\right) - \frac{1}{N_i}\right]W_i^2 S_i^2. \qquad (4.6.4)$$

证明 当样本量 n 足够大,以至于没有 n_i 为 0 时,

$$E(\bar{y}_i) = E_1 E_2(\bar{y}_i | n_i) = E_1(\bar{Y}_i) = \bar{Y}_i,$$

式中 $E_2(\cdot | n_i)$ 表示给定 n_i 时的条件期望. 因此

$$E(\bar{y}_w) = \sum_{i=1}^{K} W_i E(\bar{y}_i) = \sum_{i=1}^{K} W_i \bar{Y}_i = \bar{Y}.$$

对均方偏差,可利用考虑条件期望下的方差公式

$$V(\bar{y}_w) = \mathrm{var}(\bar{y}_w)$$
$$= E_1 \mathrm{var}_2(\bar{y}_w | n_1, \cdots, n_K) + \mathrm{var}_1 E_2(\bar{y}_w | n_1, \cdots, n_K),$$

式中 $E_2(\cdot | n_1, \cdots, n_K)$ 和 $\mathrm{var}_2(\cdot | n_1, \cdots, n_K)$ 表示给定 $n_1, \cdots, n_K$ 时的条件期望和方差,而

$$\mathrm{var}_1 E_2(\bar{y}_w) = \mathrm{var}_1(\bar{Y}) = 0,$$
$$\mathrm{var}_2(\bar{y}_w) = \sum_{i=1}^{K}\left(\frac{1}{n_i} - \frac{1}{N_i}\right) W_i^2 S_i^2,$$

所以

$$V(\bar{y}_w) = E_1 \mathrm{var}_2(\bar{y}_w)$$
$$= E_1\left[\sum_{i=1}^{K}\left(\frac{1}{n_i} - \frac{1}{N_i}\right) W_i^2 S_i^2\right]$$
$$= \sum_{i=1}^{K}\left[E\left(\frac{1}{n_i}\right) - \frac{1}{N_i}\right] W_i^2 S_i^2. \quad \text{证毕.}$$

找到 $E\left(\dfrac{1}{n_i}\right)$ 的精确表达式是困难的,但在 1945 年 F. F. Stephan 就在其文章 The expected value and variance of the reciprocal and other negative powers of a positive Bernoulli variate. Ann. Math. Statist. Vol. 16, pp. 50~61,中已给出近似式,其到

n^{-2} 阶的近似式为

$$E\left(\frac{1}{n_i}\right) \approx \frac{1}{nW_i} + \frac{1-W_i}{n^2 W_i^2}. \qquad (4.6.5)$$

以此代入 $V(\bar{y}_W)$, 得

$$V(\bar{y}_W) \approx \frac{1-f}{n}\sum_{i=1}^{K} W_i^2 S_i^2 + \frac{1}{n^2}\sum_{i=1}^{K}(1-W_i)S_i^2. \qquad (4.6.6)$$

当 n 很大时,(4.6.6)式的第二项相对第一项是比较小的,而第一项即为按比例分层的分层估计 $\bar{y}_{st}$ 的均方偏差. 所以后分层估计的精度要比按比例分层的分层估计精度低一些,而当样本量 n 很大时,两者差不多有同样的精度.

在一些实际工作中,特别是民意测验和市场调查工作中往往采用一种称为定额抽样或配额抽样的取样方法. 这种方法是概率随机抽样与典型抽样的一种混合. 例如在调查某一地区居民对某一问题的意向时,预知不同年龄人群或不同教育程度的人群对该问题会有不同的见解,因而很希望分层按比例抽得样本单元,但按年龄或教育程度分层抽样是不现实的. 可是按此分层按比例分配样本量可算得各层所需的样本量 n_i,因而要求调查人员在随机抽样调查的基础上,特别在调查的后一阶段,要注意样本中各单元在各层中的分配情况,调查人员对样本单元有一定的处置权,可以选择一些典型样本,从而使样本中各层的样本单元的数量恰好达到每一层所需的"定额"n_i. 由于这是有典型抽样色彩的抽样,因而抽样工作的成败与调查人员的认识和能力有关,不能定量地给出定额样本的抽样偏差和结果的置信度. 历史上曾有不少研究抽样调查的学者对定额抽样与概率随机抽样进行过一系列比较. 虽然它在民意测验这类调查中时常会得到很不错的结果,但是采用定额抽样方法依收入、教育程度和职业等得到的样本资料往往是有偏的.

习 题 四

1. 一个总体分为两层,各层单元数在总体中所占比例 W_i 及层内总体标准差 S_i(参见 §4.1)如下:

层	W_i	S_i
1	0.8	2
2	0.2	4

如果总样本量取定为 $n=100$,计算一下在按下列样本分配时,总体均值估计量 $\bar{y}_{st}$ 所能达到的均方偏差 $V(\bar{y}_{st})$：

(1) 两层样本量等额分配；

(2) 两层样本量按比例分配；

(3) 样本量按奈曼最优分配.

2. 在上题中,若要求总体均值估计量 $\bar{y}_{st}$ 的标准差为 0.1,则在三种样本量分配下,总样本量 n 至少需多少？

3. 对一个地区每一住户很易变换为现金的财产金额.将住户分为两层,一层为高级房屋住户,一层为低级房屋住户.初步粗估认为高级房住户所拥有的此类财产应是低级房住户的九倍,而层内标准差 S_i 预期与这一层的均值的平方根成正比.另外已知该地区高级房住户有 4000 户,低级房住户有 20000 户.

(1) 若要估计该地区平均每户拥有多少此类财产,1000 个住户的样本量在两层应如何分配？

(2) 若目的是估计这两层平均每户拥有的财产的差额,样本量应如何分配？

4. 某林业局欲估计植树面积,对该局所辖 240 个林场,按面积大小分为四层.现按比例从各层抽取出 40 个林场,调查植树面积,取得下列资料(单位：公顷)：

第一层	第二层	第三层	第四层
$N_1=86$	$N_2=72$	$N_3=52$	$N_4=30$
$n_1=14$	$n_2=12$	$n_3=9$	$n_4=5$
y_{1i}	y_{2i}	y_{3i}	y_{4i}
97, 67, 42, 125, 25, 92, 105, 86, 27, 43, 45, 59, 53, 52	125, 155, 67, 96, 256, 47, 310, 236, 220, 352, 142, 190	142, 256, 310, 440, 495, 510, 320, 396, 196	167, 655, 220, 540, 780

试估计该林业局总的植树面积及置信度为 95% 的区间估计.

5. 下面表中的数据(单位:英亩①)是美国某县所有农场按规模分层的情况,表中有每层农场数 N_i,平均每层每一农场玉米的种植面积 $\overline{Y}_i$,以及该指标的层内标准差 S_i. 试求该县农场的指标 Y 的总的总体标准差,若准备采用分层按比例分配样本进行抽样,则这样的抽样的设计效应 Deff 是多少?

层(规模)	N_i	$\overline{Y}_i$	S_i
0~40	394	5.4	8.3
41~80	461	16.3	13.3
41~120	391	24.3	15.1
121~160	334	34.5	19.8
161~200	169	42.1	24.5
201~240	113	50.1	20.0
241~	148	63.8	35.2
总和或均值	2010	26.3	

6. 证明对分层按比例分配样本量抽样,当不忽略 $\frac{1}{N_i}$ ($i=1,\cdots,K$)时(参见 4.4.3 式),有

$$V(\overline{y}) - V_{\text{prop}}(\overline{y}_{\text{st}})$$
$$= \left(1 - \frac{n}{N}\right) \frac{1}{n(N-1)} \left[\sum_{i=1}^{K} N_i (\overline{Y}_i - \overline{Y})^2 - \frac{1}{N} \sum (N - N_i) S_i^2 \right].$$

7. 在一次分层抽样调查中,抽样者预计现场调查费用的计算形式为 $\sum_{i}^{K} C_i n_i$. 而抽样将总体分为两层,有关数量的估计值如下表所示.

---

① 1 英亩 = 4046.856 m². 此处为了保持实际例子的原貌,避免数据的换算而采用英亩(非法定计量单位).

层	层的比例 W_i	层内标准差 S_i	一个样本单元费用 C_i(元)
1	0.4	10	4
2	0.6	20	9

试求：

(1) 在 $V(\bar{y}_{st})$ 的值已给定时，使现场调查的总费用最少的 n_1/n 和 n_2/n 的值；

(2) 当要求使 $V(\bar{y}_{st})=1$ 时，使费用最少的样本量是多少(可忽略抽样比 f_i)？

8. 设费用函数具有形式 $C=C_0+\sum_{i=1}^{K}C_i\sqrt{n_i}$，其中 C_0,C_i 均为已知数. 请证明当总费用固定时，为使 $V(\bar{y}_{st})$ 达到最小，n_i 必与 $\left(\dfrac{W_i^2 S_i^2}{C_i}\right)^{2/3}$ 成比例.

9. 一个大总体分为三层，各层所占比例分别为 $W_1=0.5, W_2=0.3, W_3=0.2$. 需要调查的指标是某特征单元所占比例，对三个层粗估该比例分别为 $p_1=0.52, p_2=0.4, p_3=0.6$. 计算当采用按比例分配样本分层抽样时，需要多大的样本量即可达到简单随机抽样 $n=600$ 时的相同精度.

10. 以 $V(\bar{y})$ 表示简单随机抽样总体均值估计量的均方偏差，$V_{prop}(\bar{y}_{st})$ 表示分层按比例分配样本总体均值分层估计量的均方偏差，$V_{min}(\bar{y}_{st})$ 表示分层按奈曼最优分配样本总体均值分层估计量的均方偏差. 证明比率

$$\frac{V_{prop}(\bar{y}_{st})}{V(\bar{y})}$$

与样本量 n 无关，而比率

$$\frac{V_{min}(\bar{y}_{st})}{V_{prop}(\bar{y}_{st})}$$

随 n 增加而减小.

第五章 多阶抽样

多阶抽样是实际工作中常用的一种抽样技术,特别当被调查总体规模很大时,几乎都是将总体分成若干小总体,实行多阶抽样.这样做一般是基于下列两种原因:一是对大总体建立抽样个体单元的抽样框很困难.因而先抽选若干小总体,再在被抽中的小总体中建立抽样框,这样做省时省力,实用可行;二是从组织管理上多阶抽样可简化管理,节约费用,多阶抽样使得实际调查的样本单元集中于被抽中的若干小总体内,而不是散布于大总体的各个地方,在局部地区进行实地调查操作,无疑在管理和调查人员出行等方面都缩小了范围,会大大节约管理费用和差旅费等.多阶抽样可以有二阶、三阶、四阶抽样等等,各阶的抽选样本单元的原则以及估计量的估计原理都是一样的,以下我们着重讨论二阶抽样.

§5.1 二阶抽样的提法

如果被调查的总体的 N 个个体无法直接编号,即没有合适的抽样框,或者为了节约财力、物力希望样本单元比较集中时,可采用二阶抽样.例如要调查某省农户的某些指标,则各农户即为被调查总体中的个体单元.但全省农户数量很大,省级机关并无全省农户的单户档案,各农户的档案归所在乡镇掌管,因而直接以农户作为抽样单元,无现成的抽样框可以利用.而且为了节省调查员培训费、差旅费和管理方便,希望被调查的农户集中于某些乡镇.这样就可以采用二阶抽样,抽样分两个阶段进行.首先将全省的乡镇编号,以乡镇作为第一级抽样单元,也称初级抽样单元.在全省中抽选若干个乡镇作为第一级样本单元,然后再在这些第一级样本单元中,将农户编号作为第二级抽样单元,抽选若干农户作为第二级样本单元,对这些第二级样本单元作具体调查,调查他们的有关数量指标.

二阶抽样问题的一般提法如下:总体 $\mathscr{U}$ 可分成 K 个子总体(称为第一级抽样单元)

$$\mathscr{U}(N) = \mathscr{U}(N_1) \bigcup \mathscr{U}(N_2) \bigcup \cdots \bigcup \mathscr{U}(N_K).$$

第一级抽样单元 $\mathscr{U}(N_i)$ 中有 N_i 个第二级抽样单元,

$$\mathscr{U}(N_i) = \{Y_{i1}, \cdots, Y_{iN_i}\}, \quad i = 1, 2, \cdots, K.$$

调查的总目标量 $G = G_1 + G_2 + \cdots + G_K$,它是各个第一级抽样单元的目标量 G_i 的和,如总体总数

$$Y = \sum_{i=1}^{K} \sum_{j=1}^{N_i} Y_{ij} = Y_1 + Y_2 + \cdots + Y_K,$$

其中 $Y_i = \sum_{j=1}^{N_i} Y_{ij}$ 是第一级抽样单元 $\mathscr{U}(N_i)$ 的总数. 因为第一级抽样单元在第一级抽样中均有被抽中的可能,所以对每一个第一级抽样单元均应预先拟定一个组内抽样计划,并选定目标量 G_i 的估计量等,给以适当的符号,列出表 5.1.

表 5.1

第一级抽样单元	$\mathscr{U}(N_1), \mathscr{U}(N_2), \cdots, \mathscr{U}(N_K)$
第一级目标量	$G_1, G_2, \cdots, G_K$
拟定的第二级的组内抽样法	某法$_1$,某法$_2$,$\cdots$,某法$_K$
组内对 G_i 的估计量	$g_1, g_2, \cdots, g_K$
估计量 g_i 的均方偏差	$\sigma_1^2, \sigma_2^2, \cdots, \sigma_K^2$
均方偏差的估计量	$\hat{\sigma}_1^2, \hat{\sigma}_2^2, \cdots, \hat{\sigma}_K^2$

上表中各个第一级抽样单元拟定的组内抽样法,某法$_1$,某法$_2$,$\cdots$,某法$_K$ 可以是相同的抽样方法,也可以是不同的抽样方法,例如对第一级抽样单元 $\mathscr{U}(N_1)$ 拟定的某法$_1$ 可以是简单随机抽样法,而对 $\mathscr{U}(N_2)$ 拟定的某法$_2$ 是有放回 PPS 抽样,对 $\mathscr{U}(N_3)$ 又是分层抽样法等等. 当然对不同的抽样法会根据前几章的理论得到相应的估计量 g_1, g_2, g_3 等,以及其均方偏差的估计量 $\hat{\sigma}_1^2, \hat{\sigma}_2^2, \hat{\sigma}_3^2$ 等.

对二阶抽样,除去上面指明的各项外,还需拟定一个第一级抽样

方法.按照这一方法抽选第一级样本单元,再对每一个被抽中的第一级样本单元,按拟定的第二级的组内抽样法,在各自组内抽选第二级样本单元,算出 G_i 的估计量 g_i. 现在我们以它们为基础来构造总体目标量 G 的估计量,并研究估计量的方差.在实际的抽样调查工作中,常用的第一级的抽样法有简单随机抽样、有放回 PPS 抽样等.

§5.2 二阶抽样之估值法

现在我们在上一节表 5.1 所列各项的基础上,结合第一级抽样的方法,给出总体目标量 G 的估计量及其均方偏差.记入样的第一级样本单元的号码为 $\theta_1,\cdots,\theta_k$. 第一级样本单元的目标量 $G_{\theta_1},\cdots,G_{\theta_k}$ 的估计量即为 $g_{\theta_1},\cdots,g_{\theta_k}$, 以它们构造 G 的估计量.

定理 5.2.1 第一级抽样为有放回 PPS 抽样时,则目标量 G 的估计问题如下:若 g_i 是 G_i 的无偏估计,则

(1) G 的无偏估计为

$$\hat{G}_{\text{PPS}} = \frac{1}{k} \sum_{i=1}^{k} \frac{g_{\theta_i}}{\hat{p}_{\theta_i}}. \tag{5.2.1}$$

(2) $\hat{G}_{\text{PPS}}$ 的均方偏差为

$$V(\hat{G}_{\text{PPS}}) = \frac{1}{k} \sum_{i=1}^{K} p_i \left(\frac{G_i}{p_i} - G \right)^2 + \frac{1}{k} \sum_{i=1}^{K} \frac{\sigma_i^2}{p_i}. \tag{5.2.2}$$

(3) 均方偏差 $V(\hat{G}_{\text{PPS}})$ 的一个无偏估计为

$$v(\hat{G}_{\text{PPS}}) = \frac{1}{k(k-1)} \sum_{i=1}^{k} \left(\frac{g_{\theta_i}}{p_{\theta_i}} - \hat{G}_{\text{PPS}} \right)^2, \tag{5.2.3}$$

其中 p_{θ_i} 为第一级样本单元 θ_i 对应的 PPS 抽取概率.

证明 第一级抽样为有放回 PPS 抽样,则入样号码 $\theta_1,\cdots,\theta_k$ 独立同分布 $P\{\theta_i=j\}=p_j, j=1,2,\cdots,K$. 故对(1),

$$\begin{aligned}
\mathrm{E}\hat{G}_{\text{PPS}} &= \frac{1}{k} \sum_{i=1}^{k} \mathrm{E}\left(\frac{g_{\theta_i}}{p_{\theta_i}}\right) = \frac{1}{k} \sum_{i=1}^{k} \mathrm{E}_1 \mathrm{E}_2 \left(\frac{g_{\theta_i}}{p_{\theta_i}} \Big| \theta_1,\cdots,\theta_k \right) \\
&= \frac{1}{k} \sum_{i=1}^{k} \mathrm{E}_1 \left(\frac{G_{\theta_i}}{p_{\theta_i}} \right) = \frac{1}{k} \sum_{i=1}^{k} \sum_{j=1}^{K} \left(\frac{G_j}{p_j} \right) p_j = G.
\end{aligned}$$

(2) $V(\hat{G}_{\text{PPS}}) = \dfrac{1}{k^2} \sum\limits_{i=1}^{k} \text{var}\left(\dfrac{g_{\theta_i}}{p_{\theta_i}}\right)$

$= \dfrac{1}{k^2} \sum\limits_{i=1}^{k} \left[\text{E}\left(\dfrac{g_{\theta_i}}{p_{\theta_i}}\right)^2 - \left(\text{E}\dfrac{g_{\theta_i}}{p_{\theta_i}}\right)^2 \right]$

$= \dfrac{1}{k^2} \sum\limits_{i=1}^{k} \left\{ E_1 E_2 \left[\left(\dfrac{g_{\theta_i}}{p_{\theta_i}}\right)^2 \Big| \theta_1, \cdots, \theta_k \right] - G^2 \right\}$

$= \dfrac{1}{k^2} \sum\limits_{i=1}^{k} \left\{ E_1 \left[\left(\dfrac{1}{p_{\theta_i}}\right)^2 (\sigma_{\theta_i}^2 + G_{\theta_i}^2) \right] - G^2 \right\}$

$= \dfrac{1}{k^2} \sum\limits_{i=1}^{k} \left\{ \sum\limits_{j=1}^{K} \dfrac{1}{p_j} (\sigma_j^2 + G_j^2) - G^2 \right\}$

$= \dfrac{1}{k} \left\{ \sum\limits_{j=1}^{K} \dfrac{\sigma_j^2}{p_j} + \sum\limits_{j=1}^{K} p_j \left(\dfrac{G_j}{p_j} - G\right)^2 \right\}.$

此均方偏差的表达式中,可明显看出偏差是由两部分组成的,$\dfrac{1}{k} \sum\limits_{j=1}^{K} p_j \left(\dfrac{G_j}{p_j} - G\right)^2$ 是第一级抽样的随机性形成的,而 $\dfrac{1}{k} \sum\limits_{j=1}^{K} \dfrac{\sigma_j^2}{p_j}$ 是第二级抽样的随机性形成的.

(3) 因为 $\left(\dfrac{g_{\theta_i}}{p_{\theta_i}}\right)$ $(i=1,\cdots,k)$ 独立,且 $\text{E}\left(\dfrac{g_{\theta_i}}{p_{\theta_i}}\right) = G$,$\text{var}\left(\dfrac{g_{\theta_i}}{p_{\theta_i}}\right) = kV(\hat{G}_{\text{PPS}})$,所以

$$\text{E} \dfrac{1}{k(k-1)} \sum\limits_{i=1}^{k} \left(\dfrac{g_{\theta_i}}{p_{\theta_i}} - \hat{G}_{\text{PPS}}\right)^2$$

$$= \dfrac{1}{k} \text{E}\left\{ \dfrac{1}{k-1} \sum\limits_{i=1}^{k} \left(\dfrac{g_{\theta_i}}{p_{\theta_i}} - \hat{G}_{\text{PPS}}\right)^2 \right\}$$

$$= \dfrac{1}{k} \{ kV(\hat{G}_{\text{PPS}}) \} = V(\hat{G}_{\text{PPS}}). \qquad 证毕.$$

例1 对总体 $\mathscr{U}(N) = \mathscr{U}(N_1) \bigcup \mathscr{U}(N_2) \bigcup \cdots \bigcup \mathscr{U}(N_K)$ 作二阶抽样,第一级为有放回 PPS 抽样.在抽中的每一个第一级样本单元 $\mathscr{U}(N_{\theta_i})$ $(i=1,\cdots,k)$ 中第二级组内抽样为简单随机抽样.待估量为总体总数 $G = Y = Y_1 + Y_2 + \cdots + Y_K = \sum\limits_{i=1}^{K} \sum\limits_{j=1}^{N_i} Y_{ij}.$

当第二级组内抽样为简单随机抽样时,子总体的总数 $G_i = Y_i$ 的

估计量为(参见第二章简单估值法)

$$g_i = \frac{N_i}{n_i} \sum_{j=1}^{n_i} y_{ij} = N_i \overline{y}_i,$$

估计量的均方偏差为

$$\sigma_i^2 = N_i^2 \frac{1}{n_i}(1 - f_i) S_i^2,$$

均方偏差的估计量为

$$\hat{\sigma}_i^2 = N_i^2 \frac{1}{n_i}(1 - f_i) s_i^2,$$

其中 $n_i, \{y_{i1}, \cdots, y_{in_i}\}, \overline{y}_i, f_i, S_i^2, s_i^2$ 分别为第 i 个第一级抽样单元所拟定的样本量、样本、样本均值、抽样比、子总体方差和样本方差.

第一级抽样为有放回 PPS 抽样,由定理 5.2.1,总体总数 Y 的估计量为

$$\hat{Y} = \hat{G}_{\text{PPS}} = \frac{1}{k} \sum_{i=1}^{k} \frac{g_{\theta_i}}{p_{\theta_i}} = \frac{1}{k} \sum_{i=1}^{k} \frac{N_{\theta_i}}{p_{\theta_i}} \overline{y}_{\theta_i},$$

这一估计是无偏的. 其均方偏差为

$$V(\hat{G}_{\text{PPS}}) = \frac{1}{k} \sum_{i=1}^{K} \frac{\sigma_i^2}{p_i} + \frac{1}{k} \sum_{i=1}^{K} p_i \left(\frac{G_i}{p_i} - G \right)^2$$

$$= \frac{1}{k} \sum_{i=1}^{K} \frac{1}{p_i} \frac{N_i^2}{n_i}(1 - f_i) S_i^2 + \frac{1}{k} \sum_{i=1}^{K} p_i \left(\frac{Y_i}{p_i} - Y \right)^2,$$

它的一个无偏估计为

$$v(\hat{G}_{\text{PPS}}) = \frac{1}{k(k-1)} \sum_{i=1}^{k} \left(\frac{g_{\theta_i}}{p_{\theta_i}} - \hat{G}_{\text{PPS}} \right)^2$$

$$= \frac{1}{k(k-1)} \sum_{i=1}^{k} \left(\frac{N_{\theta_i}}{p_{\theta_i}} \overline{y}_{\theta_i} - \hat{G}_{\text{PPS}} \right)^2.$$

第一级抽样采用正比于子总体规模 $(N_1, N_2, \cdots, N_K)$ 的有放回 PPS 抽样,第二级在各被抽中的第一级样本单元内,取等额的简单随机样本 $\left(即 \ n_{\theta_1} = \cdots = n_{\theta_k} = \frac{n}{k}\right)$,这是实际调查工作中常用的抽样. 这样的二阶抽样具有自加权的性质,总体的各基本抽样单元有相等的

入样概率. 估计量 $\hat{G}_{\text{PPS}}$ 有简单的表达式, 变成对全体样本单元简单平均再乘以总数 N. 即

$$\hat{G}_{\text{PPS}} = \frac{1}{k} \sum_{i=1}^{k} \frac{N_{\theta_i}}{p_{\theta_i}} \bar{y}_{\theta_i} = \frac{1}{k} \sum_{i=1}^{k} \frac{N_{\theta_i}}{(N_{\theta_i}/N)} \frac{1}{(n/k)} \sum_{j=1}^{n/k} y_{\theta_i j}$$

$$= \frac{N}{n} \sum_{i=1}^{k} \sum_{j=1}^{n/k} y_{\theta_i j},$$

其均方偏差的估计量也有很简单的形式

$$V(\hat{G}_{\text{PPS}}) = \frac{N^2}{k(k-1)} \sum_{i=1}^{k} (\bar{y}_{\theta_i} - \bar{y})^2,$$

其中 $\bar{y} = \frac{1}{n} \sum_{i=1}^{k} \sum_{j=1}^{n/k} y_{\theta_i j}$ 是全部样本单元的总平均.

例 2 对总体 $\mathscr{U}(N) = \mathscr{U}(N_1) \bigcup \mathscr{U}(N_2) \bigcup \cdots \bigcup \mathscr{U}(N_K)$ 作二阶抽样, 第一级为有放回 PPS 抽样, 抽取概率记为 $(p_1, p_2, \cdots, p_K)$. 在第二级子总体的组内抽样仍采用 PPS 抽样, 第 i 个第一级抽样单元内的抽样概率记为 $(q_{i1}, \cdots, q_{iN_i})$. 仍估计总体总数 $G = Y$, 则从第二级抽样得 Y_i 的估计

$$g_i = \frac{1}{n_i} \sum_{j=1}^{n_i} \frac{y_{ij}}{q_{ij}}.$$

由定理 5.2.1, 得总体总数 Y 的估计

$$\hat{Y} = \hat{G}_{\text{PPS}} = \frac{1}{k} \sum_{i=1}^{k} \frac{g_{\theta_i}}{p_{\theta_i}} = \frac{1}{k} \sum_{i=1}^{k} \frac{1}{p_{\theta_i}} \cdot \frac{1}{n_{\theta_i}} \sum_{j=1}^{n_{\theta_i}} \frac{y_{\theta_i j}}{q_{\theta_i j}}.$$

而这一估计量的均方偏差的估计为

$$v(\hat{G}_{\text{PPS}}) = \frac{1}{k(k-1)} \sum_{i=1}^{k} \left(\frac{g_{\theta_i}}{p_{\theta_i}} - \hat{G}_{\text{PPS}} \right)^2$$

$$= \frac{1}{k(k-1)} \sum_{i=1}^{k} \left(\frac{1}{n_{\theta_i} p_{\theta_i}} \sum_{j=1}^{n_{\theta_i}} \frac{y_{\theta_i j}}{q_{\theta_i j}} - \hat{G}_{\text{PPS}} \right)^2.$$

当第一级抽样为无放回抽样时, 可以根据下面叙述的定理 5.2.2 进行估计, 仍记入样的第一级样本单元的号码为 $\theta_1, \cdots, \theta_k$, 考虑入样的第一级样本单元目标量的估计量 $g_{\theta_1}, \cdots, g_{\theta_k}$ 的线性函数

$$\hat{G} = \sum_{i=1}^{k} l_{\theta_i}(\theta_1, \cdots, \theta_k) g_{\theta_i},$$

式中的系数 l_{θ_i} 可以是 $(\theta_1, \cdots, \theta_k)$ 的函数,但它们与估计量 g_θ 无关. 当抽样是无放回时,可令

$$\lambda_i(\theta_1, \cdots, \theta_k) = \begin{cases} l_{\theta_i}(\theta_1, \cdots, \theta_k), & \text{当 } i = \theta_1, \cdots, \theta_k (i \text{ 入样}), \\ 0, & \text{当 } i \neq \theta_1, \cdots, i \neq \theta_k (i \text{ 未入样}), \end{cases}$$

那么

$$\hat{G} = \sum_{i=1}^{K} \lambda_i(\theta_1, \cdots, \theta_k) g_i, \tag{5.2.4}$$

以这样的线性函数 $\hat{G}$ 估计总体目标 $G = G_1 + \cdots + G_K$.

定理 5.2.2 当第一级抽样为无放回抽样,第二级组内估计量 g_i 是 G_i 的无偏估计时,有

(1) 若对任一 i,有 $\mathrm{E}[\lambda_i(\theta)] = 1$,则 $\hat{G}$ 是 G 的无偏估计.

(2) $\hat{G}$ 的均方偏差为

$$\mathrm{E}(\hat{G} - G)^2 = \mathrm{E}\left(\sum_{i=1}^{k} l_{\theta_i} G_{\theta_i} - G \right)^2 + \sum_{i=1}^{K} \mathrm{E}[\lambda_i(\theta)]^2 \sigma_i^2. \tag{5.2.5}$$

(3) 如果有二次形

$$Q = \sum_{i=1}^{k} a_{\theta_i}(\theta) G_{\theta_i}^2 + 2 \sum_{i=1}^{k} \sum_{j>i} b_{\theta_i \theta_j}(\theta) G_{\theta_i} G_{\theta_j}$$

对任意的 $G_1, \cdots, G_K$ 满足

$$\mathrm{E}(Q) = \mathrm{E}\left(\sum_{i=1}^{k} l_{\theta_i} G_{\theta_i} - G \right)^2,$$

则 $\mathrm{E}(\hat{G} - G)^2$ 有无偏估计

$$v(\hat{G}) = \sum_{i=1}^{k} a_{\theta_i}(\theta) g_{\theta_i}^2 + 2 \sum_{i=1}^{k} \sum_{j>i} b_{\theta_i \theta_j}(\theta) g_{\theta_i} g_{\theta_j} + \sum_{i=1}^{k} l_{\theta_j}(\theta) \hat{\sigma}_{\theta_i}^2, \tag{5.2.6}$$

其中 $\theta = (\theta_1, \cdots, \theta_k)$, g_i 和 $\hat{\sigma}_i^2$ 分别是 G_i 和 σ_i^2 的无偏估计.

证明 (1) 利用条件期望有关公式,

$$\mathrm{E}(\hat{G}) = \mathrm{E}_1 \mathrm{E}_2 \left[\sum_{i=1}^{K} \lambda_i(\theta) g_i \,\Big|\, \theta \right] = \mathrm{E}_1 \left[\sum_{i=1}^{K} \lambda_i(\theta) G_i \right.$$

$$= \sum_{i=1}^{K} G_i = G.$$

（2）利用方差与条件期望、方差的有关公式，
$$E(\hat{G} - G)^2 = \text{var}(\hat{G}) = \text{var}_1 E_2(\hat{G}) + E_1 \text{var}_2(\hat{G})$$
$$= \text{var}_1 \Big(\sum_{i=1}^{K} \lambda_i(\theta) G_i \Big) + E_1 \Big(\sum_{i=1}^{K} \lambda_i^2(\theta) \text{var}_2(g_i) \Big)$$
$$= E \Big[\sum_{i=1}^{k} l_{\theta_i}(\theta) G_{\theta_i} - G \Big]^2 + \sum_{i=1}^{K} E(\lambda_i(\theta))^2 \sigma_i^2.$$

（3）由于
$$\text{var}\Big(\sum_{i=1}^{K} \lambda_i(\theta) G_i \Big) = \sum_{i=1}^{K} G_i^2 \text{var}(\lambda_i(\theta))$$
$$+ 2 \sum_{i=1}^{K} \sum_{j>i} G_i G_j \text{cov}(\lambda_i(\theta), \lambda_j(\theta)),$$

而由定理的条件知
$$\text{var}\Big(\sum_{i=1}^{K} \lambda_i(\theta) G_i \Big) = E \Big[\sum_{i=1}^{k} a_{\theta_i}(\theta) G_{\theta_i}^2 + 2 \sum_{i=1}^{k} \sum_{j>i} b_{\theta_i \theta_j}(\theta) G_{\theta_i} G_{\theta_j} \Big]$$
$$= E \Big[\sum_{i=1}^{K} a_i'(\theta) G_i^2 + 2 \sum_{i=1}^{K} \sum_{j>i} b_{ij}'(\theta) G_i G_j \Big],$$

其中
$$a_i'(\theta) = \begin{cases} a_i(\theta), & \text{当 } i = \theta_1, \cdots, \theta_k (i \text{ 入样}), \\ 0, & \text{否则}, \end{cases}$$
$$b_{ij}'(\theta) = \begin{cases} b_{ij}(\theta), & \text{当 } i, j = \theta_1, \cdots, \theta_k, i \neq j \ (i, j \text{ 同时入样}), \\ 0, & \text{否则}. \end{cases}$$

比较上面两个式子，由于对任意固定的 G_i 均成立，故必有
$$\text{var}(\lambda_i(\theta)) = E(a_i'(\theta)),$$
$$\text{cov}(\lambda_i(\theta), \lambda_j(\theta)) = E(b_{ij}'(\theta)),$$

从而，利用关系式
$$E_2(g_i^2) = \text{var}_2(g_i) + G_i^2 = \sigma_i^2 + G_i^2,$$
$$E_2(g_i g_j) = E_2(g_i) \cdot E_2(g_j) = G_i G_j,$$
$$E_1(a_i'(\theta)) = \text{var}_1(\lambda_i(\theta)),$$

§5.2 二阶抽样之估值法

$$E_1(\lambda_i(\theta)) = 1 = [E_1\lambda_i(\theta)]^2,$$

可得

$$E\Big[\sum_{i=1}^k a_{\theta_i}(\theta)g_{\theta_i}^2 + 2\sum_{i=1}^k\sum_{j>i} b_{\theta_i\theta_j}(\theta)g_{\theta_i}g_{\theta_j} + \sum_{i=1}^k l_{\theta_i}(\theta)\hat{\sigma}_{\theta_i}^2\Big]$$

$$= E_1 E_2\Big[\sum_{i=1}^K a_i'(\theta)g_i^2 + 2\sum_{i=1}^K\sum_{j>i} b_{ij}'(\theta)g_i g_j\Big]$$

$$+ E_1 E_2\Big[\sum_{i=1}^K \lambda_i(\theta)\hat{\sigma}_i^2\Big]$$

$$= E_1\Big[\sum_{i=1}^K a_i'(\theta)G_i^2 + 2\sum_{i=1}^K\sum_{j>i} b_{ij}'(\theta)G_i G_j\Big]$$

$$+ E_1\Big[\sum_{i=1}^K a_i'(\theta)\sigma_i^2 + \sum_{i=1}^K \lambda_i(\theta)\sigma_i^2\Big]$$

$$= \text{var}_1\Big[\sum_{i=1}^K \lambda_i(\theta)G_i\Big] + \sum_{i=1}^K\Big[\text{var}(\lambda_i(\theta)) + E(\lambda_i(\theta))\Big]\sigma_i^2$$

$$= \text{var}_1\Big[\sum_{i=1}^K \lambda_i(\theta)G_i\Big] + \sum_{i=1}^K E_1(\lambda_i(\theta))^2\sigma_i^2$$

$$= \text{var}(\hat{G}).$$

定理证毕.

定理 5.2.3 当第一级抽样为无放回简单随机抽样时,

(1) G 的无偏估计为

$$\hat{G}_s = \frac{K}{k}\sum_{i=1}^k g_{\theta_i}. \tag{5.2.7}$$

(2) $\hat{G}_s$ 的均方偏差为

$$V(\hat{G}_s) = \text{var}(\hat{G}_s) = \frac{K^2}{k(K-1)}\Big(1 - \frac{k}{K}\Big)\sum_{i=1}^K\Big[G_i - \frac{G}{K}\Big]^2$$

$$+ \frac{K}{k}\sum_{i=1}^K \sigma_i^2. \tag{5.2.8}$$

(3) $V(\hat{G}_s)$ 的一个无偏估计为

$$v(\hat{G}_s) = \frac{K^2}{k(k-1)}\Big(1 - \frac{k}{K}\Big)\sum_{i=1}^k\Big(g_{\theta_i} - \frac{1}{k}\sum_{j=1}^k g_{\theta_j}\Big)^2 + \frac{K}{k}\sum_{i=1}^k \hat{\sigma}_{\theta_i}^2.$$

$$\tag{5.2.9}$$

证明 利用定理 5.2.2,在第一级抽样为简单随机抽样时,取

$$l_{\theta_i}(\theta) = \frac{K}{k}, \quad \lambda_i(\theta) = \begin{cases} \dfrac{K}{k}, & \text{当 } i \text{ 入样}; \\ 0, & \text{否则}, \end{cases}$$

则有

$$E(\lambda_i(\theta)) = \sum_{j=1}^{k} \frac{K}{k} P\{\theta_j = i\} = \sum_{j=1}^{k} \frac{K}{k} \cdot \frac{1}{K} = 1,$$

$$E(\lambda_i(\theta))^2 = \sum_{j=1}^{k} \left(\frac{K}{k}\right)^2 P\{\theta_j = i\} = \sum_{j=1}^{k} \left(\frac{K}{k}\right)^2 \cdot \frac{1}{K} = \frac{K}{k},$$

满足定理 5.2.2(1) 之条件,故有本定理(1)的结论.

又由

$$E\left[\sum_{i=1}^{k} l_{\theta_i} G_{\theta_i} - G\right]^2 = K^2 E\left[\frac{1}{k}\sum_{i=1}^{k} G_{\theta_i} - \frac{G}{K}\right]^2,$$

式中 $\dfrac{G}{K}$ 是 $\{G_1, G_2, \cdots, G_K\}$ 的总体平均,而 $\dfrac{1}{k}\sum_{i=1}^{k} G_{\theta_i}$ 是简单随机样本的样本平均值. 故 $E\left[\dfrac{1}{k}\sum_{i=1}^{k} G_{\theta_i} - \dfrac{G}{K}\right]^2$ 即为简单随机抽样以样本均值估总体均值的方差,应为

$$E\left[\frac{1}{k}\sum_{i=1}^{k} G_{\theta_i} - \frac{G}{K}\right]^2 = \frac{1}{k}\left(1 - \frac{k}{K}\right)\frac{1}{K-1}\sum_{i=1}^{K}\left(G_i - \frac{G}{K}\right)^2,$$

故由 (5.2.5) 式,有本定理 (2) 的结论:

$$V(\hat{G}_s) = \frac{K^2}{k}\left(1 - \frac{k}{K}\right)\frac{1}{K-1}\sum_{i=1}^{K}\left(G_i - \frac{G}{K}\right)^2 + \frac{K}{k}\sum_{i=1}^{K}\sigma_i^2.$$

根据简单随机抽样,$\dfrac{1}{K-1}\sum_{i=1}^{K}\left(G_i - \dfrac{G}{K}\right)^2$ 有无偏估计量

$$\frac{1}{k-1}\sum_{i=1}^{k}\left(G_{\theta_i} - \frac{1}{k}\sum_{j=1}^{k} G_{\theta_j}\right)^2,$$

即对任意 $G_1, \cdots, G_K$ 有二次形

$$Q = \frac{K^2}{k}\left(1 - \frac{k}{K}\right)\frac{1}{k-1}\sum_{i=1}^{k}\left(G_{\theta_i} - \frac{1}{k}\sum_{j=1}^{k} G_{\theta_j}\right)^2,$$

满足

$$E(Q) = E\Big[\sum_{i=1}^{k} l_{\theta_i} G_{\theta_i} - G\Big]^2.$$

由(5.2.6)式,可得本定理(3),$V(\hat{G}_s)$有一个无偏估计

$$v(\hat{G}_s) = \frac{K^2}{k}\Big(1 - \frac{k}{K}\Big)\frac{1}{k-1}\sum_{i=1}^{k}\Big(g_{\theta_i} - \frac{1}{k}\sum_{j=1}^{k}g_{\theta_j}\Big)^2 + \frac{K}{k}\sum_{i=1}^{k}\hat{\sigma}_{\theta_i}^2.$$

定理证毕.

例 3 对总体 $\mathscr{U}(N) = \mathscr{U}(N_1) \cup \mathscr{U}(N_2) \cup \cdots \cup \mathscr{U}(N_K)$ 作二阶抽样. 第一级从 K 个一级抽样单元中简单随机地抽取 k 个样本单元,第二级在每个抽中的第一级样本单元中,从 N_i 个单元中简单随机地抽取 n_i 个第二级样本单元 $y_{i1}, \cdots, y_{in_i}$. 估计总体的总数

$$Y = \sum_{i=1}^{K} Y_i = \sum_{i=1}^{K}\sum_{j=1}^{N_i} y_{ij}.$$

利用定理 5.2.3,此时第一级抽样单元的总数 $G_i = Y_i$ 的估计量为

$$g_i = \frac{N_i}{n_i}\sum_{j=1}^{n_i} y_{ij} = N_i \bar{y}_i,$$

其均方偏差的估计量为

$$\hat{\sigma}_i^2 = N_i^2 \frac{1-f_i}{n_i} s_i^2$$

$$= N_i^2 \frac{1-f_i}{n_i} \frac{1}{n_i - 1}\sum_{j=1}^{n_i}(y_{ij} - \bar{y}_i)^2,$$

式中 $f_i = \dfrac{n_i}{N_i}$,以此代入(5.2.7),(5.2.9)式得总数 Y 的估计量为

$$\hat{Y} = \hat{G}_s = \frac{K}{k}\sum_{i=1}^{k} g_{\theta_i} = \frac{K}{k}\sum_{i=1}^{k} N_{\theta_i}\bar{y}_{\theta_i}.$$

该估计量的均方误差的估计量可取

$$v(\hat{G}_s) = \frac{K^2}{k(k-1)}\Big(1 - \frac{k}{K}\Big)\sum_{i=1}^{k}\Big(g_{\theta_i} - \frac{1}{k}\sum_{j=1}^{k}g_{\theta_j}\Big)^2 + \frac{K}{k}\sum_{i=1}^{k}\hat{\sigma}_{\theta_i}^2$$

$$= \frac{K^2}{k(k-1)}\Big(1 - \frac{k}{K}\Big)\sum_{i=1}^{k}\Big[N_{\theta_i}\bar{y}_{\theta_i} - \frac{1}{k}\sum_{j=1}^{k}N_{\theta_j}\bar{y}_{\theta_j}\Big]^2$$

$$+ \frac{K}{k}\sum_{i=1}^{k} N_{\theta_i}^2 \frac{1}{n_{\theta_i}}(1-f_{\theta_i})s_{\theta_i}^2.$$

多阶抽样可以看做是二阶抽样的层层套叠,将定理 5.2.1、定理 5.2.2 和定理 5.2.3 反复利用即可获得多阶抽样下的估计量.

例 4 对总体 $\mathscr{U}(N)$ 作三阶抽样. 总体 $\mathscr{U}(N)$ 有 K 个第一级抽样单元,第 i 个第一级抽样单元有 M_i 个第二级抽样单元,它们中的第 j 个第二级抽样单元又包含 N_{ij} 个第三级抽样单元. 现在第一级抽样采用正比于规模的有放回 PPS 抽样,从 K 个单元中抽取 k 个样本单元,抽样概率

$$p_i = \Big(\sum_{j=1}^{M_i} N_{ij}\Big) \Big/ \Big(\sum_{i=1}^{K}\sum_{j=1}^{M_i} N_{ij}\Big), \quad i=1,2,\cdots,K.$$

第二级抽样在抽中的每一个第一级样本单元中,仍采用正比于规模的有放回 PPS 抽样,抽取 m 个第二级样本单元,抽取概率

$$q_{ij} = N_{ij}\Big/\Big(\sum_{j=1}^{M_i} N_{ij}\Big), \quad i=1,\cdots,K, j=1,\cdots,M_i.$$

最后在每一个被抽中的第二级样本单元中,简单随机地抽取 n 个第三级样本单元. 最后的第三级样本单元的调查值记为 $y_{\theta_i\theta_j\theta_l}, i=1,\cdots,k, j=1,\cdots,m, l=1,\cdots,n$. 现在以这些样本值来估计总体 $\mathscr{U}(N)$ 的总数 $Y = \sum_{i=1}^{K}\sum_{j=1}^{M_i}\sum_{l=1}^{N_{ij}} Y_{ijl}$.

我们先来考察每一个被抽中的第一级样本单元内的抽样,这是一个二阶抽样,前一级是正比于规模的有放回 PPS 抽样,后一级是在每一抽中的样本单元中简单随机地抽取等额的 n 个样本单元. 根据本节例 1,可得第一级样本单元的总数 Y_{θ_i} 的估计

$$g_{\theta_i} = \frac{1}{m}\sum_{j=1}^{m}\Big[\frac{1}{q_{\theta_i\theta_j}} \cdot \frac{N_{\theta_i\theta_j}}{n}\sum_{l=1}^{n} y_{\theta_i\theta_j\theta_l}\Big]$$

$$= \Big(\sum_{j=1}^{M_{\theta_i}} N_{\theta_{ij}}\Big) \cdot \frac{1}{mn}\Big(\sum_{j=1}^{m}\sum_{l=1}^{n} y_{\theta_i\theta_j\theta_l}\Big).$$

然后再来考察 $\mathscr{U}(N)$ 总体的抽样,有了下一级的组内估计量 g_{θ_i},抽样又可作为二阶抽样处理. 由定理 5.2.1,总数 Y 的估计为

$$\hat{Y} = \hat{G}_{\text{PPS}} = \frac{1}{k} \sum_{i=1}^{k} \frac{g_{\theta_i}}{p_{\theta_i}}$$

$$= \frac{1}{k} \sum_{i=1}^{k} \left\{ \frac{\sum_{a=1}^{K} \sum_{b=1}^{M_a} N_{ab}}{\sum_{b=1}^{M_{\theta_i}} N_{\theta_i b}} \right\} \left(\sum_{b=1}^{M_{\theta_i}} N_{\theta_i b} \right) \cdot \frac{1}{mn} \left(\sum_{j=1}^{m} \sum_{l=1}^{n} y_{\theta_i \theta_j \theta_l} \right)$$

$$= \left(\sum_{a=1}^{K} \sum_{b=1}^{M_a} N_{ab} \right) \cdot \frac{1}{kmn} \left(\sum_{i=1}^{k} \sum_{j=1}^{m} \sum_{l=1}^{n} y_{\theta_i \theta_j \theta_l} \right),$$

式中 $\frac{1}{kmn} \left(\sum_{i=1}^{k} \sum_{j=1}^{m} \sum_{l=1}^{n} y_{\theta_i \theta_j \theta_l} \right)$ 是全部调查的样本单元的简单平均,而 $\left(\sum_{a=1}^{K} \sum_{b=1}^{M_a} N_{ab} \right)$ 则是总体中可调查的样本单元的总个数,即总体的总的规模. 由于第一级抽样是有放回 PPS 抽样,根据定理 5.2.1,这一总数估计的均方偏差可以用(5.2.3)式

$$v(\hat{G}_{\text{PPS}}) = \frac{1}{k(k-1)} \sum_{i=1}^{k} \left(\frac{g_{\theta_i}}{p_{\theta_i}} - \hat{G}_{\text{PPS}} \right)^2$$

来估计.

§5.3 二阶抽样的效率

二阶抽样无论第一级抽样采用有放回 PPS 抽样或无放回抽样,估计量 $\hat{G}_{\text{PPS}}$ 或 $\hat{G}$ 的均方偏差的表示式(5.2.2)和式(5.2.5)中的 $\left(\frac{1}{k} \sum_{i=1}^{K} \frac{\sigma_i^2}{p_i} \right)$ 和 $\left(\sum_{i=1}^{K} E[\lambda_i(\theta)]^2 \sigma_i^2 \right)$ 的大小,主要都是由第二级的抽样方法和估值方法决定的,第一级抽样方法主要影响式中的第一项. 由于上述第二项的存在,第一级抽样采用有放回抽样或无放回抽样,两者效率甚为接近. 1964 年抽样调查学者 Des Raj 曾在一个多阶抽样中研究过这一问题,他从 147 个省中采用有放回和无放回简单随机抽样,抽取 44 个样本省,调查的项目有七个. 如果可直接调查第一级单

元,则无放回抽样与有放回抽样的效率比(估计量均方偏差之比)为 $1-f=1-\frac{44}{147}\approx 0.6$,而二级抽样时,七个项目的估计量的均方偏差在第一级为无放回和有放回的比的平均数为 0.92. 这就是说,在多阶抽样时,在某一级采用有放回抽样不会使效率大幅降低. 但有放回抽样当一个第一级抽样单元被重复抽中时,对此单元作两次抽样进行调查,在实际调查工作中也很难接受. 因而实际工作中经常作如下处理:若一单元被抽中两次,一次应调查 n_1 个下一级单元,另一次应调查 n_2 个下一级单元,则在此单元中一次抽取 n_1+n_2 个单元进行调查,然后再随机分为 n_1,n_2 两个样本.

二阶抽样一般比单阶抽样效果要差. 下面我们就一种简单的情形作具体的比较.

当第一级抽样,第二级抽样均为简单随机抽样,且一级抽样单元的规模均相等,$N_1=N_2=\cdots=N_K=N_0$,且在各一级样本单元中抽取样本单元的数目亦相同,$n_1=\cdots=n_k=n_0$,此时,总数的估计量

$$\hat{G}_s = \frac{K}{k}\sum_{i=1}^{k} N_0 \bar{y}_{\theta_i} = \frac{N}{k}\sum_{i=1}^{k} \bar{y}_{\theta_i}.$$

而从 N 个单元中单阶抽取样本量为 $n=kn_0$ 的简单随机样本,用简单估值法估总体总数,有

$$\hat{Y}_{SE} = N\bar{y}_{SE},$$

它们的均方偏差分别为

$$V(\hat{Y}_{SE}) = \frac{N^2}{n}\left(1-\frac{n}{N}\right)S^2,$$

$$V(\hat{G}_s) = \frac{K^2}{k(K-1)}\left(1-\frac{k}{K}\right)\sum_{i=1}^{K}\left(Y_i-\frac{Y}{K}\right)^2$$

$$+ \frac{K}{k}\sum_{i=1}^{K}\frac{N_0^2}{n_0}\left(1-\frac{n_0}{N_0}\right)S_i^2$$

$$= \frac{N^2}{k}\left(1-\frac{k}{K}\right)\left(\frac{1}{K-1}\sum_{i=1}^{K}(\bar{Y}_i-\bar{Y})^2\right)$$

$$+ \frac{N^2}{k}\frac{1}{n_0}\left(1-\frac{n_0}{N_0}\right)\left(\frac{1}{K}\sum_{i=1}^{K}S_i^2\right),$$

其中 $S_i^2 = \dfrac{1}{N_0-1}\sum\limits_{j=1}^{N_0}(Y_{ij}-\overline{Y}_i)^2$ 是第 i 个第一级抽样单元内的方差, $\overline{Y}_i = \dfrac{1}{N_0}\sum\limits_{j=1}^{N_0}Y_{ij}$ 是第 i 个第一级抽样单元的组内平均. 而

$$\overline{Y} = \frac{1}{N_0 K}\sum_{i=1}^{K}\sum_{j=1}^{N_0}Y_{ij} = \frac{1}{N}\sum_{i=1}^{K}\sum_{j=1}^{N_0}Y_{ij} \tag{5.3.1}$$

是整个总体的平均. 引进记号

$$S_内^2 = \frac{1}{K}\sum_{i=1}^{K}S_i^2, \tag{5.3.2}$$

$$S_外^2 = \frac{1}{K-1}\sum_{i=1}^{K}(\overline{Y}_i - \overline{Y})^2. \tag{5.3.3}$$

它们反映了 K 个第一级抽样单元内的方差和各第一级抽样单元间的方差. 则 $V(\hat{G}_s)$ 可表示成

$$V(\hat{G}_s) = \frac{N^2(K-k)}{kK}S_外^2 + \frac{N^2(N_0-n_0)}{kn_0 N_0}S_内^2. \tag{5.3.4}$$

而由

$$\begin{aligned}(N-1)S^2 &= \sum_{i=1}^{K}\sum_{j=1}^{N_0}(Y_{ij}-\overline{Y})^2 \\ &= \sum_{i=1}^{K}N_0(\overline{Y}_i - \overline{Y})^2 + \sum_{i=1}^{K}\sum_{j=1}^{N_0}(Y_{ij}-\overline{Y}_i)^2 \\ &= N_0(K-1)S_外^2 + (N_0-1)KS_内^2 \end{aligned} \tag{5.3.5}$$

得单级估值的均方偏差为

$$\begin{aligned}V(\hat{Y}_{SE}) &= \frac{N^2}{n}\left(1 - \frac{n}{N}\right)S^2 \\ &= \frac{N(N-n)N_0(K-1)}{kn_0(N-1)}S_外^2 + \frac{N(N-n)(N_0-1)K}{kn_0(N-1)}S_内^2.\end{aligned} \tag{5.3.6}$$

比较两个均方偏差

$$\begin{aligned}&V(\hat{G}_s) - V(\hat{Y}_{SE}) \\ &= \frac{N^2[(N_0-1)(kn_0-1) - (KN_0-1)(n_0-1)]}{kn_0 N_0(N-1)}\end{aligned}$$

$$\cdot (S_{内}^2 - N_0 S_{外}^2)$$
$$= \frac{N^2[(N_0-1)(kn_0-1) - (KN_0-1)(n_0-1)]}{kn_0 N_0 (K-1)}$$
$$\cdot (S_{内}^2 - S^2),$$

对常见的各类总体指标通常都有 $S_{内}^2 < S^2$,故当

$$(N_0-1)(kn_0-1) - (KN_0-1)(n_0-1) < 0 \tag{5.3.7}$$

时,$V(\hat{G}_s)$ 要比 $V(\hat{Y}_{SE})$ 大. 而(5.3.7)式通常都能成立,只需 $n_0\left(1-\dfrac{k}{K}\right) > 1$ 即可. 这是很容易满足的,例如当 $n_0 \geq 2, k \leq \dfrac{K}{2}$ 时,即可满足. 故实际工作中,二阶抽样的设计效应

$$\text{Deff} = \frac{V(\hat{G}_s)}{V(\hat{Y}_{SE})} > 1,$$

且 n_0 越大,k 越小,$[(N_0-1)(n-1)-(N-1)(n_0-1)]$ 的绝对值越大,也就是 $V(\hat{G}_s)$ 比 $V(\hat{Y}_{SE})$ 大得越多. 二阶抽样的效率降低尤为明显. 要使估计达到给定的精度,二阶(多阶)抽样一般要比单阶简单随机抽样需要调查更多的样本单元. 估算所需的样本量,通常是根据历史经验,估算该二阶(多阶)抽样方案的设计效应,再确定样本量. 二阶(多阶)抽样的优点不是提高估计的精度,而是方便组织管理、省时、省力、节约管理与差旅费用.

习 题 五

1. 某工厂欲征求工人对一项改革措施的意见,采取抽样调查,工厂有12个车间,各车间人数如下:

车间	1	2	3	4	5	6	7	8	9	10	11	12
人数	45	82	52	91	62	96	85	73	50	76	64	50

现决定从12个车间中,以人数为规模测度,按 PPS 有放回方式抽取4个车间,再在每个抽中的车间中以简单随机方式抽取10个人,征

询对该项改革措施是否赞同．结果抽中的车间与车间中 10 人的调查结果如下：

3 车间	6 车间	10 车间	11 车间
4 人赞成	3 人赞成	8 人赞成	6 人赞成

试根据调查结果估计工厂赞成该改革的工人人数，并计算该估计以 95％ 为置信度的置信区间．

2. 在上题中，若第一阶段 12 个车间取 4 个的抽样也是简单随机抽样，第二阶段在抽中的车间中简单随机地抽 10 人，调查得到上题所列结果，估计工厂赞成该项改革的工人人数，计算该估计以 95％ 为置信度的置信区间．

3. 为估计一本英语字典的总词条数，先从 26 个字母中用有放回 PPS 抽样方法抽出 10 个字母，对抽中的字母，在所占的页中简单随机无放回地抽取 2 页，进行词条计数，全书共 782 页，抽样调查结果如下：

样本字母	所占页数	样本页 1 词条数	样本页 2 词条数
S	131	34	27
C	97	27	26
N	21	44	38
S(再次抽中)	131	24	29
F	43	25	32
J	7	42	48
U	18	24	21
P	85	53	24
A	49	47	55
D	54	38	57

试估计该字典的词条数及其均方偏差．

4. 某林场共有 24 个苗圃，为调查林场现有树苗数量，简单随机地抽取了 6 个苗圃，又在抽中的苗圃中，简单随机地抽了几个苗床，计数每一样本苗床中苗木数，调查结果如下：

样本苗圃序号	苗圃中苗床数	样本苗床苗木数
1	12	14,10,8,14
2	15	14,13,12,16,11
3	21	15,14,21,13,9,10
4	24	6,10,9,8,10,11
5	22	10,11,14,10,9,15
6	19	15,17,12,8,13,12

试估计全林场苗木总数及估计的均方偏差.

5. 一套 20000 份记录档案存放在 400 个档案抽屉中,每个抽屉包含 50 份档案记录. 在一个两阶抽样中,先简单随机地抽出 80 个抽屉,再从每个抽屉中简单随机地抽取 5 份记录. 现经过预调查,得到某项指标的 $S_{外}^2=362$,而 $S_{内}^2=805$. 试以此估算这一两阶抽样调查该项指标的设计效应.

6. 在一项某县进行的三阶抽样中,第一阶以乡作为一级单元,在每个乡中以村作为二级抽样单元,在每个村中以人作为基级抽样单元. 该县的人口总数记为 N,县内 K 个乡的人口分别记为 $N_i(i=1,\cdots,K)$,有 $N_1+\cdots+N_K=N$,而每一乡的人口为其所含 J_i 个村的人口总和,即 $N_{i1}+\cdots+N_{iJ_i}=N_i$. 今对第一阶、第二阶抽样均采用正比于人口规模的 PPS 抽样,第三阶从每一村中用简单随机抽样抽选 5 个人进行调查,若第一阶抽选 6 个乡,第二阶在每一抽中的乡中抽选 4 个村,最后抽中的村中抽选 5 人. 求该县第 i 乡第 j 村的一人一次抽取中被抽中的概率.

7. 在上题抽样中,若调查的指标是该季度个人用于购买衣物的消费额. 调查结果及各一级样本单元乡、二级样本单元村的人口规模如下表:

样本乡的人口	样本村的人口	样本村中5人的消费总和(元)
18000	500	480
	650	210
	800	325
	1000	260

(续表)

样本乡的人口	样本村的人口	样本村中 5 人的消费总和(元)
26000	1000	200
	1200	375
	800	325
	1300	225
16000	500	250
	350	425
	1000	215
	800	270
28000	1650	245
	1500	265
	500	250
	1000	160
20000	750	110
	750	225
	600	185
	1000	255
26000	1300	150
	1200	195
	500	235
	1300	205

试根据调查结果估计该县 268000 人口在该季度用于购买衣物的消费总额,及该估计的均方偏差的估计值.

8. 在二阶抽样中,若一级单元均包含相同个数 N_0 个二级单元. 第一阶、第二阶均采用简单随机抽样时,根据调查费用确定最优抽样比. 按本章的符号,第一阶从 K 个一级抽样单元中抽取 k 个,第二阶从 N_0 个二级单元中抽取 n_0 个. 按(5.3.4)式,总体总数估计 $\hat{G}$ 的均方偏差为

$$V(\hat{G}_s) = N^2\left[\frac{1}{k}\left(S_{\text{外}}^2 - \frac{1}{N_0}S_{\text{内}}^2\right) + \frac{1}{kn_0}S_{\text{内}}^2 - \frac{1}{K}S_{\text{外}}^2\right].$$

若调查费用为

$$C = C_1 k + C_2 k n_0,$$

则

$$\left[V(\hat{G}_s) - \frac{N^2}{K}S_{\text{外}}^2\right]\frac{C}{N^2} = \left[\left(S_{\text{外}}^2 - \frac{1}{N_0}S_{\text{内}}^2\right) + \frac{S_{\text{内}}^2}{n_0}\right](C_1 + C_2 n_0).$$

若要求在固定 $V(\hat{G}_s)$ 的情况下使 C 达最小，或在固定 C 的情况下使 $V(\hat{G})$ 达最小，等价于使上式达最小。试利用上式确定合适的 n_0 值，进而再确定 k 值。

（提示：利用柯西-许瓦兹不等式）

第六章 整群抽样与系统抽样

§6.1 整群抽样

实际抽样调查工作中,整群抽样是一种常用的抽样方法.所谓整群抽样就是在多阶抽样中,当某一级抽样单元被抽中,该单元包含许多下一级单元时,在被抽中的单元内不再进行下一级的抽样,而是对该单元内的下一级单元进行普查,整个群体内的单元均作为样本单元进行调查.实施整群抽样在下列两方面有明显的优点.一是无需明确的抽样框,例如,当我们抽到一个居民小区或工厂生产班组为样本单元时,实施整群抽样可以实地对一户户居民或班组成员逐个进行调查,无需调查前先进行名录登记.二是由于被调查的样本单元相对集中,便于调查操作,节省时间和差旅费等等.例如,全国成年人人体尺寸调查.经过多级抽样后,抽取到某地区某工厂的一个班组作为样本单元.由于人体测量需要一套专业仪器,搬运颇为不易,且如果人员分散于各部门,工厂组织人员测量也较麻烦.因而对一个班组的全体工人进行整群调查.

从目标量的估计方面研究整群抽样,可以有两种途径.一是将整群抽样看作二阶抽样,第二级的组内抽样为普查.因而组内估计量有 $g_i = G_i$,而相应的均方偏差 $\sigma_i^2 = 0$. 另一种途径是将进行普查的单元看作基本单元,单级对 $\{G_1, G_2, \cdots, G_K\}$ 进行抽样调查.现在我们将整群抽样看作是二阶抽样的特例.在第一级抽样后,对抽中的第一级样本单元进行普查.仍假定第一级抽中的号码为 $\theta_1, \cdots, \theta_k$,在 θ_i 第一级样本单元内普查到的指标值为 $\{Y_{\theta_i,1}, \cdots, Y_{\theta_i,N_i}\}$,则将二阶抽样的有关公式搬过来即得整群抽样的公式.

定理 6.1.1 对简单随机的整群抽样,总体总数 Y 的估计有

(1) Y 的无偏估计为

$$\hat{Y}_{\text{CSE}} = \frac{K}{k} \sum_{i=1}^{k} \sum_{j=1}^{N_{\theta_i}} Y_{\theta_i j}. \tag{6.1.1}$$

(2) $\hat{Y}_{\text{CSE}}$ 的均方偏差为

$$V(\hat{Y}_{\text{CSE}}) = \frac{K^2}{k}\left(1 - \frac{k}{K}\right)\frac{1}{K-1}\sum_{i=1}^{K}\left(\sum_{j=1}^{N_i} Y_{ij} - \frac{Y}{K}\right)^2. \tag{6.1.2}$$

(3) $V(\hat{Y}_{\text{CSE}})$ 的一个无偏估计为

$$v(\hat{Y}_{\text{CSE}}) = \frac{K^2}{k}\left(1 - \frac{k}{K}\right)\frac{1}{k-1}\sum_{i=1}^{k}\left(\sum_{j=1}^{N_{\theta_i}} Y_{\theta_i j} - \frac{\hat{Y}_{\text{CSE}}}{K}\right)^2. \tag{6.1.3}$$

定理 6.1.2 对有放回 PPS 整群抽样,总体总数 Y 的估计有

(1) Y 的无偏估计为

$$\hat{Y}_{\text{CPPS}} = \frac{1}{k}\sum_{i=1}^{k}\frac{1}{p_{\theta_i}}\left(\sum_{j=1}^{N_{\theta_i}} Y_{\theta_i j}\right). \tag{6.1.4}$$

(2) $\hat{Y}_{\text{CPPS}}$ 的均方偏差为

$$V(\hat{Y}_{\text{CPPS}}) = \frac{1}{k}\sum_{i=1}^{K} p_i \left(\frac{1}{p_i}\sum_{j=1}^{N_i} Y_{ij} - Y\right)^2. \tag{6.1.5}$$

(3) $V(\hat{Y}_{\text{CPPS}})$ 的一个无偏估计为

$$v(\hat{Y}_{\text{CPPS}}) = \frac{1}{k(k-1)}\sum_{i=1}^{k}\left(\frac{1}{p_{\theta_i}}\sum_{j=1}^{N_{\theta_i}} Y_{\theta_i j} - \hat{Y}_{\text{CPPS}}\right)^2. \tag{6.1.6}$$

整群抽样由于一个群内的小单元多少易于相似,估计时一般效率较低,达到给定精度需要较多的样本单元,但单个样本单元的调查费用常很低,可扩大样本量来弥补精度的损失.从费用和精度两方面综合考虑经常仍是可取的.采用整群抽样,当各个群内包含的次级抽样单元个数比较相近时,常用简单随机抽样.而当各个群的规模相差比较悬殊时,则多用正比于规模测度的 PPS 抽样.

§6.2 群内相关系数

上一节已经提到整群抽样得到的样本由于群内单元的同质性，样本局限在被抽中的第一级样本单元中，而不是随机地分布于整个总体内．因而使样本反映总体的情况受到一定的局限．影响程度的大小与一个群内小单元的分布是近于总体的分布，还是同质性很强有关．可以想象当群内的单元均完全一样时，群内的普查与只抽一个样本单元所获信息基本上相同．群内相关系数是衡量群内单元同质性的一个指标，它的定义如下：设第一级抽样单元有 K 个，令

$$\rho_\mathrm{C} = \frac{\sum_{i=1}^{K}\sum_{j\neq l}^{N_i}\sum^{N_i}(Y_{ij}-\overline{Y})(Y_{il}-\overline{Y})}{\sum_{i=1}^{K}(N_i-1)\sum_{j=1}^{N_i}(Y_{ij}-\overline{Y})^2}, \qquad (6.2.1)$$

则称 ρ_C 为**群内相关系数**．若每一单元内有相等数量的第二级抽样单元，即

$$N_1 = N_2 = \cdots = N_K = N_0,$$

则群内相关系数

$$\rho_\mathrm{C} = \frac{\sum_{i=1}^{K}\sum_{j\neq l}^{N_0}\sum^{N_0}(Y_{ij}-\overline{Y})(Y_{il}-\overline{Y})}{(N_0-1)\sum_{i=1}^{K}\sum_{j=1}^{N_0}(Y_{ij}-\overline{Y})^2}, \quad \text{其中 } \overline{Y} = \frac{1}{N}\sum_{i=1}^{K}\sum_{j=1}^{N_0}Y_{ij}.$$

$$(6.2.2)$$

此相关系数当群内各单元指标均相等时，即对 $j\neq l$，

$$(Y_{ij}-\overline{Y})(Y_{il}-\overline{Y}) = (Y_{ij}-\overline{Y})^2$$

时，ρ_C 达到最大值：$\rho_\mathrm{C}=1$．

我们若对总体 $\mathscr{U}(N)$ 采用简单随机的整群抽样，由定理 6.1.1 的 (6.1.2) 式，总体总数 Y 的估计的均方偏差

$$V(\hat{Y}_\mathrm{CSE}) = \frac{K^2}{k}\left(1-\frac{k}{K}\right)\frac{1}{K-1}\sum_{i=1}^{K}\left(\sum_{j=1}^{N_0}Y_{ij}-\frac{Y}{K}\right)^2.$$

如果 K 足够大，且 $\dfrac{k}{K}$ 比较小，则可有

$$V(\hat{Y}_{\mathrm{CSE}}) \approx \frac{K}{k} \sum_{i=1}^{K} \left(\sum_{j=1}^{N_0} Y_{ij} - \frac{Y}{K} \right)^2$$

$$= \frac{K}{k} \sum_{i=1}^{K} \left(\sum_{j=1}^{N_0} (Y_{ij} - \overline{Y}) \right)^2$$

$$= \frac{K}{k} \sum_{i=1}^{K} \Big[\sum_{j=1}^{N_0} (Y_{ij} - \overline{Y})^2$$

$$+ \sum_{j \neq l}^{N_0} \sum^{N_0} (Y_{ij} - \overline{Y})(Y_{il} - \overline{Y}) \Big].$$

而当我们对总体 $\mathscr{U}(N)$ 的 $N = KN_0$ 个二级抽样单元直接采用样本量为 kN_0 的简单随机抽样时，总数 Y 的估计量 $\hat{Y} = N\overline{y}$ 的均方偏差（参看第二章简单随机抽样）近似为

$$V(\hat{Y}) = \frac{N^2}{kN_0} \left(1 - \frac{k}{K}\right) \frac{1}{N-1} \sum_{i=1}^{K} \sum_{j=1}^{N_0} (Y_{ij} - \overline{Y})^2$$

$$\approx \frac{K}{k} \sum_{i=1}^{K} \sum_{j=1}^{N_0} (Y_{ij} - \overline{Y})^2.$$

整群抽样的设计效应

$$\frac{V(\hat{Y}_{\mathrm{CSE}})}{V(\hat{Y})} = 1 + \frac{\sum_{i=1}^{K} \sum_{j \neq l}^{N_0} \sum^{N_0} (Y_{ij} - \overline{Y})(Y_{il} - \overline{Y})}{\sum_{i=1}^{K} \sum_{j=1}^{N_0} (Y_{ij} - \overline{Y})^2}$$

$$= 1 + \rho_{\mathrm{C}} (N_0 - 1). \tag{6.2.3}$$

从 (6.2.3) 式可以看出，整群抽样的精度，当群内相关系数比较大，群内单元的个数较多时，估计的精度比简单随机抽样差得越多.

公式 (6.2.3) 对估算整群抽样所需的样本量很有用，在没有历史经验可借鉴时，通过对少量群的观测，可粗估出群内相关系数 ρ_{C}，从而确定设计效应，估算出所需的样本量.

这一公式也可用于设计二阶抽样所需的样本量. 当群内不是整群普查，而是在每个群内随机地抽取 n_0 个样本单元时，我们可以估

算设计效应
$$\text{Deff} = 1 + \rho_C(n_0 - 1). \quad (6.2.4)$$

在实际工作中,当各群的容量不等时,也常用平均容量 $\frac{1}{K}\sum_{i=1}^{K} N_i = N_0$ 来估算设计效应.

群内相关系数 ρ_C 还有其他的表达式. 由于

$$1 + \rho_C(N_0 - 1) = \frac{V(\hat{Y}_{\text{CSE}})}{V(\hat{Y})} = \frac{\sum_{i=1}^{K}\left(\sum_{j=1}^{N_0} Y_{ij} - \frac{Y}{K}\right)^2}{\sum_{i=1}^{K}\sum_{j=1}^{N_0}(Y_{ij} - \overline{Y})^2},$$

而用前一章(5.3.2)和(5.3.3)式的记号,

$$\sum_{i=1}^{K}\left(\sum_{j=1}^{N_0} Y_{ij} - \frac{Y}{K}\right)^2 = \sum_{i=1}^{K} N_0^2(\overline{Y}_i - \overline{Y})^2$$
$$= N_0^2(K-1)S_{\text{外}}^2,$$

$$(N-1)S^2 = \sum_{i=1}^{K}\sum_{j=1}^{N_0}(Y_{ij} - \overline{Y})^2$$
$$= N_0(K-1)S_{\text{外}}^2 + (N_0-1)KS_{\text{内}}^2,$$

从而可解出

$$\rho_C = \frac{N_0(K-1)S_{\text{外}}^2 - KS_{\text{内}}^2}{(N-1)S^2} = 1 - \frac{KN_0 S_{\text{内}}^2}{(N-1)S^2}$$
$$\approx 1 - \frac{S_{\text{内}}^2}{S^2}. \quad (6.2.5)$$

从(6.2.5)式可以看出,在一般情况下,有 $S_{\text{内}}^2 < S^2$,因而 ρ_C 基本上在 0,1 之间取值.

例1 调查一片荒地上蝗蛹的数量,调查以一平米为单位,计算蝗蛹数,该荒地有 5000 平方米,现在为方便调查将其划分为每 10 平方米一块的地块,从 500 个地块中简单随机地抽取 20 个作为一级样本单元,然后对抽中的地块调查每一平方米的蝗蛹数,作整群抽样. 每一地块有十个二级抽样单元,调查所得全部数据列于表 6.1. 以此估计整块荒地蝗蛹数.

表 6.1　20 个地块整群调查结果

1	2	3	4	5	6	7	8	9	10
6	24	18	14	24	25	32	35	29	2
4	26	17	7	24	18	19	12	21	3
4	9	23	20	8	23	25	12	39	9
21	14	9	24	39	37	23	22	16	7
23	5	29	15	28	22	30	16	13	23
14	20	24	37	23	23	21	15	19	14
26	22	27	19	32	16	31	12	6	11
19	24	17	12	34	22	23	36	20	20
20	29	15	38	37	33	21	34	9	16
16	24	26	28	39	37	25	27	1	7
11	12	13	14	15	16	17	18	19	20
22	33	15	17	13	18	33	26	7	15
17	17	10	18	9	23	5	15	32	1
26	40	4	12	5	13	26	13	4	1
16	24	6	11	7	15	30	17	6	6
27	17	8	10	9	8	11	3	9	5
22	18	17	6	17	16	10	12	4	5
30	15	13	22	14	24	15	1	3	6
34	16	6	14	9	26	17	5	11	7
29	21	11	4	4	28	10	5	9	2
23	27	12	27	14	26	21	7	12	1

根据资料计算

$$Y_{\theta_i} = \sum_{j=1}^{10} Y_{\theta,j}, \quad i = 1, 2, \cdots, 20,$$

得下表中的各数值：

Y_{θ_1}	Y_{θ_2}	Y_{θ_3}	Y_{θ_4}	Y_{θ_5}	Y_{θ_6}	Y_{θ_7}	Y_{θ_8}	Y_{θ_9}	$Y_{\theta_{10}}$
153	197	205	214	288	256	250	221	173	112
$Y_{\theta_{11}}$	$Y_{\theta_{12}}$	$Y_{\theta_{13}}$	$Y_{\theta_{14}}$	$Y_{\theta_{15}}$	$Y_{\theta_{16}}$	$Y_{\theta_{17}}$	$Y_{\theta_{18}}$	$Y_{\theta_{19}}$	$Y_{\theta_{20}}$
246	228	102	141	101	197	178	104	97	49

由整群抽样估值法,根据定理 6.1.1,荒地蝗蛹总数 Y 的估计为
$$\hat{Y}_{\text{CSE}} = \frac{K}{k}\sum_{i=1}^{k}\sum_{j=1}^{N_{\theta_i}} Y_{\theta_i j} = \frac{500}{20}\sum_{i=1}^{20} Y_{\theta_i}$$
$$= \frac{500}{20}(153 + \cdots + 49) = \frac{500}{20} \cdot 3512 = 87800.$$

每平方米平均有蝗蛹数的估计为
$$\hat{\bar{Y}} = \frac{\hat{Y}_{\text{CSE}}}{N} = \frac{87800}{5000} = 17.56,$$

这一估计的均方偏差的估计为
$$\frac{1}{N^2}v(\hat{Y}_{\text{CSE}}) = \frac{K^2}{N^2 k}\left(1 - \frac{k}{K}\right)\frac{1}{k-1}\sum_{i=1}^{k}\left(Y_{\theta_i} - \frac{\hat{Y}_{\text{CSE}}}{K}\right)^2$$
$$= \left(\frac{500}{5000}\right)^2 \cdot \frac{1}{20}\left(1 - \frac{20}{500}\right)\frac{1}{19}\left[(153 - 175.6)^2 \right.$$
$$\left. + \cdots + (49 - 175.6)^2\right]$$
$$= 2.065.$$

根据这批样本值,可计算样本的群内相关系数
$$\hat{\rho}_{\text{C}} = \frac{\sum_{i=1}^{20}\sum_{i\neq l}^{10}\sum^{10}(Y_{\theta_i j} - \hat{\bar{Y}})(Y_{\theta_i l} - \hat{\bar{Y}})}{(10-1)\sum_{i=1}^{20}\sum_{j=1}^{10}(Y_{\theta_i j} - \hat{\bar{Y}})^2}$$
$$= \frac{\sum_{i=1}^{20}\left(\sum_{j=1}^{10}(Y_{\theta_i j} - \hat{\bar{Y}})\right)^2 - \sum_{i=1}^{20}\sum_{j=1}^{10}(Y_{\theta_i j} - \hat{\bar{Y}})^2}{9 \cdot \sum_{i=1}^{20}\sum_{j=1}^{10}(Y_{\theta_i j} - \hat{\bar{Y}})^2}$$
$$= 0.37.$$

以此作为这一总体的群内相关系数. 这一整群抽样的设计效应估算为
$$1 + \rho_{\text{C}}(N_0 - 1) = 1 + (0.37) \cdot 9 = 4.33.$$

§6.3 系 统 抽 样

系统抽样是实际工作中常用的一种抽样方法,其优点是抽样操

作特别简便.在第二章我们已经提到,如果总体单元的排列顺序是完全随机的,则系统抽样可看作简单随机抽样处理.以下几节对系统抽样作一点更仔细的研究.

系统抽样的基本模型可叙述如下:选一正整数 K,将总体 $\mathcal{U}(N)$ 中的 N 个个体单元依次排列为

$$1, \quad 2, \quad \cdots, \quad K,$$
$$K+1, \quad K+2, \quad \cdots, \quad 2K,$$
$$2K+1, \quad 2K+2, \quad \cdots, \quad 3K,$$
$$\cdots\cdots$$

直至 N 为止,

然后对号码 $1,2,\cdots,K$ 作随机抽样.若 i 入样,则 $i,K+i,2K+i,\cdots$ 皆入样,组成一个系统样本.若我们将处于同一列的个体看作一个群,即 $1,K+1,K+2,\cdots$ 为第一个群;$2,K+2,2K+2,\cdots$ 为第二个群,$\cdots$,$K,2K,3K,\cdots$ 为第 K 个群,则系统抽样可视为整群抽样. $\mathcal{U}(N)$ 中个体单元的数量不一定正好是 K 的整数倍,因而各列的个体单元数可能相差一个,但当各列的个体数超过 50 时 $\left(\text{即} \dfrac{N}{K} \geqslant 50\right)$,这一个差是可以忽略的.

为了克服上述群之间个体数有一个差的问题,有人提出将 $\mathcal{U}(N)$ 的个体单元首尾衔接循环取样.例如总体 $N=30$,选定的正整数 $K=7$.今从总体中抽取 5 个样本单元,首先从 $1\sim30$ 中按随机数表选一数 R,设选出之 $R=18$,则 $18,18+7=25,18+2\times7=32=2(\bmod\ 30),18+3\times7=9(\bmod\ 30),18+4\times7=16(\bmod\ 30)$ 五个编号的个体单元入样.

以下我们恒假定 $N=KN_0$,并且只从 $1,\cdots,K$ 中抽选一个样本单元,系统抽样的最大优点是实际进行抽样时非常方便.例如在野外调查蝗蛹数量,从 5000 平方米的地块中抽取 20 个 10 平方米的小块调查.利用系统抽样法,可按某一路线前进,每前进 250 米调查 10 平方米.走到地头时,按与原前进路线相距一米的平行路线返回,如此走遍整个地块.这要比按随机抽样选定号码,挑选 20 个 10 平方米小

块作调查方便得多. 即使是室内抽选卡片,从一叠 10000 张卡片中,按随机数表抽取 100 张也要比每隔 100 张抽取一张麻烦得多.

如前所述,系统抽样法可视为整群抽样抽取第一级样本单元数额为 1 ($k=1$) 的抽样,且 $N_1=N_2=\cdots=N_K=N_0$,故其估值法如下:以

$$\hat{Y}_{\text{SYS}} = K\sum_{j=1}^{N_0} Y_{\theta j} \qquad (6.3.1)$$

估计总体总数 Y,其中 θ 为从 $1,\cdots,K$ 中随机抽样的入样号码. $Y_{\theta j}$ 是第 i 列,第 j 行的个体单元. 这一估计的均方偏差,由定理 6.1.1 可得

$$V(\hat{Y}_{\text{SYS}}) = K^2\left(1-\frac{1}{K}\right)\frac{1}{K-1}\sum_{i=1}^{K}\left(\sum_{j=1}^{N_0} Y_{ij} - \frac{Y}{K}\right)^2$$

$$= N^2\left(1-\frac{1}{K}\right)\frac{1}{K-1}\sum_{i=1}^{K}(\overline{Y}_i - \overline{Y})^2, \qquad (6.3.2)$$

式中 $\overline{Y}_i$ 为第 i 群的平均值, $\overline{Y}$ 为总体平均值.

若从 $\mathscr{U}(N)$ 总体中直接抽取一容量为 N_0 的简单随机样本,按简单估值法估值,则以

$$\hat{Y}_{\text{SE}} = N\overline{y} \text{ 估计 } Y,$$

其均方偏差为

$$V(\hat{Y}_{\text{SE}}) = \frac{N^2}{N_0}\left(1-\frac{N_0}{N}\right)S^2 = \frac{N^2}{N_0}\left(1-\frac{1}{K}\right)S^2,$$

比较 $V(\hat{Y}_{\text{SYS}})$ 和 $V(\hat{Y}_{\text{SE}})$,利用前一章的 (5.3.5) 式

$$V(\hat{Y}_{\text{SYS}}) = N^2\frac{K-1}{K}S^2_{\text{外}}$$

$$= N^2\frac{K-1}{K}\cdot\frac{1}{N_0(K-1)}$$

$$\cdot[(N-1)S^2 - (N_0-1)KS^2_{\text{内}}]$$

$$= N(N-1)S^2 - N(N_0-1)KS^2_{\text{内}}$$

$$= N(N-1)S^2 - N(N-K)S^2_{\text{内}}, \qquad (6.3.3)$$

而

$$V(\hat{Y}_{SE}) = N(K-1)S^2$$
$$= N(N-1)S^2 - N(N-K)S^2, \quad (6.3.4)$$

从而可得如下结论：

当 $S_{内}^2 = \dfrac{1}{K}\sum_{i=1}^{K} S_i^2 > S^2$ 时，系统抽样法优于随机抽样法；

当 $S_{内}^2 < S^2$ 时，随机抽样法优于系统抽样法；

当 $S_{内}^2 = S^2$ 时，两者估计量精度相同．

若将 $\mathscr{U}(N)$ 视为分成 N_0 个层，然后按分层抽样，简单随机地从每一层抽取一个样本单元，按简单估值法估值，注意此时第 i 层的元素为

$$(Y_{1i}, Y_{2i}, \cdots, Y_{Ki}), \quad i = 1, \cdots, N_0,$$

根据第四章分层抽样估值的结论，以

$$\hat{Y}_{\mathrm{st}} = \frac{N}{N_0}\sum_{i=1}^{N_0} Y_{\theta_i} \text{ 估计总体总数 } Y,$$

式中 θ_i 是第 i 层简单随机抽样抽中的号码，此估计的均方偏差

$$V(\hat{Y}_{\mathrm{st}}) = N^2 \sum_{i=1}^{N_0} \left(\frac{K}{N}\right)^2 \left(1 - \frac{1}{K}\right)\left(\frac{1}{K-1}\sum_{j=1}^{K}(Y_{ji} - \overline{Y}_i')^2\right)$$
$$= K \sum_{i=1}^{N_0} \sum_{j=1}^{K} (Y_{ji} - \overline{Y}_i')^2,$$

其中 $\overline{Y}_i' = \dfrac{1}{K}\sum_{j=1}^{K} Y_{ji}$．由于 $\overline{Y} = \dfrac{K}{N}[\overline{Y}_1' + \cdots + \overline{Y}_{N_0}']$，则

$$N_0^2 \sum_{j=1}^{K} (\overline{Y}_j - \overline{Y})^2 = \sum_{j=1}^{K} [(Y_{j1} - \overline{Y}_1') + \cdots + (Y_{jN_0} - \overline{Y}_{N_0}')]^2$$
$$= \sum_{j=1}^{K}\sum_{i=1}^{N_0}(Y_{ji} - \overline{Y}_i')^2 + 2\sum_{j=1}^{K}\sum_{i>l}^{N_0}\sum_{}^{N_0}(Y_{ji} - \overline{Y}_i')(Y_{jl} - \overline{Y}_l'),$$

所以

$$V(\hat{Y}_{\mathrm{SYS}}) = N^2 \left(1 - \frac{1}{K}\right)\frac{1}{K-1}\sum_{j=1}^{K}(\overline{Y}_j - \overline{Y})^2$$
$$= K \sum_{j=1}^{K}\sum_{i=1}^{N_0}(Y_{ji} - \overline{Y}_i')^2$$

$$+ 2K \sum_{j=1}^{K} \sum_{i>l}^{N_0} \sum_{i=1}^{N_0} (Y_{ji} - \overline{Y}'_i)(Y_{jl} - \overline{Y}'_l).$$

比较 $V(\hat{Y}_{st})$ 和 $V(\hat{Y}_{SYS})$，可见当

$$\sum_{j=1}^{K} \sum_{i>l}^{N_0} \sum_{i=1}^{N_0} (Y_{ji} - \overline{Y}'_i)(Y_{jl} - \overline{Y}'_l) < 0$$

时,系统抽样优于分层抽样,反之分层抽样优于系统抽样.

§6.4 个体指标具有特殊结构时的系统抽样

从上一节看到总体 $\mathcal{U}(N)$ 中各个个体单元的排列次序,影响着系统抽样的精度,下面就几种特殊结构的情况作一些讨论.

(一) 个体指标与其次序有线性关系

此时,可写成关系式

$$Y_i = \alpha + \beta i, \quad i = 1, 2, \cdots, N, \tag{6.4.1}$$

作变换 $U_i = (Y_i - \alpha)/\beta$,则

$$U_i = i, \quad i = 1, 2, \cdots, N,$$

$$\overline{U} = \frac{1}{N} \sum_{i=1}^{N} i = \frac{N+1}{2},$$

$$S^2 = \frac{1}{N-1} \sum_{i=1}^{N} (U_i - \overline{U})^2 = \frac{N(N+1)}{12}.$$

若选定 K,对 $\{U_1, U_2, \cdots, U_N\}$ 作系统抽样,则将总体单元依次排列如下:

$$\begin{array}{cccc}
1, & 2, & \cdots, & K, \\
K+1, & K+2, & \cdots, & 2K, \\
\vdots & \vdots & & \vdots \\
(N_0-1)K+1, & (N_0-1)K+2, & \cdots, & N_0 K,
\end{array}$$

各列内之均方差为

$$S_i^2 = \frac{K^2 N_0 (N_0 + 1)}{12} = \frac{N(N+K)}{12},$$

$$S_{内}^2 = \frac{1}{K}\sum_{i=1}^{K} S_i^2 = \frac{N(N+K)}{12},$$

故对这类总体系统抽样,由(6.3.3)式,

$$\begin{aligned}V(\hat{Y}_{\text{SYS}}) &= N(N-1)S^2 - N(N-K)S_{内}^2 \\ &= \frac{N^2(N-1)(N+1)}{12} - \frac{N^2(N-K)(N+K)}{12} \\ &= \frac{N^2(K^2-1)}{12},\end{aligned}$$

而在简单随机抽样下,

$$V(\hat{Y}_{\text{SE}}) = \frac{N^2}{N_0}\left(1-\frac{1}{K}\right)S^2 = \frac{N^2(K-1)(N+1)}{12},$$

所以系统抽样优于简单随机抽样.

若以 $\{Y_{1i}, Y_{2i}, \cdots, Y_{Ki}\}$ $(i=1,\cdots,N_0)$ 为层采用分层抽样,每层随机取一样本单元,则行平均

$$\overline{Y}_1' = \frac{1}{K}\sum_{i=1}^{K} i = \frac{K+1}{2},$$

$$\overline{Y}_2' = \frac{1}{K}\sum_{i=1}^{K} (K+i) = K + \frac{K+1}{2},$$

……

$$\overline{Y}_{N_0}' = (N_0-1)K + \frac{K+1}{2},$$

$$\frac{1}{K-1}\sum_{j=1}^{K}(Y_{ji}-\overline{Y}_i')^2 = \frac{1}{K-1}\sum_{j=1}^{K}\left(j-\frac{K+1}{2}\right)^2$$
$$= \frac{K(K+1)}{12}, \quad i=1,2,\cdots,N_0,$$

而各列之平均

$$\overline{Y}_1 = \frac{1}{N_0}\sum_{j=1}^{N_0}[(j-1)K+1] = \frac{K(N_0-1)}{2} + 1,$$

$$\overline{Y}_2 = \frac{K(N_0-1)}{2} + 2,$$

……

$$\overline{Y}_K = \frac{K(N_0 - 1)}{2} + K,$$

各列内之均方差为

$$S_i^2 = S_1^2 = \frac{1}{N_0 - 1} \sum_{j=1}^{N_0} \left\{ (j-1)K + 1 - \frac{K(N_0 - 1)}{2} - 1 \right\}^2$$

$$= \frac{K^2 N_0 (N_0 + 1)}{12}, \quad i = 1, 2, \cdots, K,$$

从而分层抽样估计的均方偏差

$$V(\hat{Y}_{\mathrm{st}}) = K(K-1) \cdot \frac{1}{K-1} \sum_{i=1}^{N_0} \sum_{j=1}^{K} (Y_{ji} - \overline{Y}_i')$$

$$= \frac{N_0 K^2 (K^2 - 1)}{12} = \frac{NK(K^2 - 1)}{12}.$$

显然

$$V(\hat{Y}_{\mathrm{SYS}}) = \frac{N^2(K^2 - 1)}{12} > \frac{NK(K^2 - 1)}{12} = V(\hat{Y}_{\mathrm{st}}),$$

所以对这类总体系统抽样劣于分层抽样.

(二) 个体指标与其次序有某种周期性关系

这类总体系统抽样估值的精度与 K 的选取有很大的关系. 举例说明如下: 设总体 $\mathscr{U}(N)$ 之个体指标以 t 为周期($N = Mt$), 呈下述形式,

$$Y_1 = 1, \cdots, Y_t = t, Y_{t+1} = 1, \cdots, Y_{2t} = t, \cdots,$$
$$Y_{(M-1)t+1} = 1, \cdots, Y_{Mt} = t.$$

如果我们作系统抽样, 选定 $K = t$ (或 t 的倍数), 则各列内之个体指标全都是同一数值. 这样的系统抽样与直接从总体 $\mathscr{U}(N)$ 中随机取一容量为 1 的样本所得信息相近, 估计精度很低.

但是, 如果选定 $K = t - 1$, 则系统抽样排列为 (假定 N 为 $(t-1)$ 的倍数),

$$
\begin{array}{cccc}
1, & 2, & 3, & \cdots, \quad t-1, \\
t, & 1, & 2, & \cdots, \quad t-2, \\
t-1, & t, & 1, & \cdots, \quad t-3, \\
\vdots & \vdots & \vdots & \quad \vdots \\
2, & 3, & 4, & \cdots, \quad t,
\end{array}
$$

这时不论抽到哪一列,均有

$$\frac{1}{N_0}\sum_{i=1}^{N_0} Y_{\theta,i} = \frac{1+2+\cdots+t}{t} = \overline{Y},$$

所以在实际工作中要注意指标的周期性.当然像这样精确地呈周期的资料是没有的,但或多或少具有一定周期性的资料是很多的.例如,我国绝大多数企业、事业单位实行周末休息的工作制度和月工资制,因而许多公用事业和社会经济现象或多或少以七天、一个月呈周期性,倘若要调查某路公共汽车的日客流量,某商店的日售货量等等时,切忌每隔七天或一个月调查一天,而应选择 K 使系统抽样的每一列均包含有星期一、星期二、……、星期日,包含月初、月中、月末等各种日期.

(三)个体的次序随机排列

对总体 $\mathcal{U}(N)$ 中个体的某一种固定的排列次序,系统抽样估值的精度可能优于随机抽样,也可能劣于随机抽样,无法预言.但对 $\mathcal{U}(N)$ 中 N 个个体的所有 $N!$ 种排列次序而言,系统抽样的平均精度等于随机抽样的精度,即

$$\frac{1}{N!}\sum_{}^{N!} V(\hat{Y}_{\text{SYS}}) = \frac{N^2}{N!}\sum_{}^{N!}\left[\frac{1}{K}\sum_{i=1}^{K}(\overline{Y}_i - \overline{Y})^2\right]$$

$$= \frac{N^2}{N!}\sum_{}^{N!}\left[\frac{1}{K}\sum_{i=1}^{K}\overline{Y}_i^2 - \overline{Y}^2\right]$$

$$= \frac{N^2}{N!}\frac{1}{K}\sum_{i=1}^{N!}\sum_{i=1}^{K}\left(\frac{1}{N_0}\sum_{j=1}^{N_0}Y_{ij}\right)^2 - N^2\overline{Y}^2$$

$$= \frac{N^2}{N!KN_0^2}\sum_{}^{N!}\sum_{i=1}^{K}\left[\sum_{j=1}^{N_0}Y_{ij}^2 + \sum_{j\neq l}^{N_0}\sum_{}^{N_0}Y_{ij}Y_{il}\right] - N^2\overline{Y}^2$$

$$= \frac{N}{N!N_0} \sum_{i=1}^{K} \Big[\sum_{j=1}^{N_0} \sum^{N!} Y_{ij}^2 + \sum_{j \neq l}^{N_0} \sum^{N_0} \sum^{N!} Y_{ij} Y_{il} \Big] - N^2 \overline{Y}^2$$

$$= \frac{N}{N!N_0} \sum_{i=1}^{K} \Big[\sum_{j=1}^{N_0} (N-1)! \sum^{N} Y_{\alpha\beta}^2$$

$$+ \sum_{j \neq l}^{N_0} \sum^{N_0} (N-2)! \sum^{N(N-1)} Y_{\alpha\beta} Y_{\gamma\delta} \Big] - N^2 \overline{Y}^2$$

$$= K \sum^{N} Y_{\alpha\beta}^2 + \frac{N(N_0-1)}{(N-1)N_0} \sum^{N(N-1)} Y_{\alpha\beta} Y_{\gamma\delta} - N^2 \overline{Y}^2$$

$$= \Big[K - \frac{N(N_0-1)}{(N-1)N_0} \Big] \sum^{N} Y_{\alpha\beta}^2$$

$$+ \frac{N(N_0-1)}{(N-1)N_0} \Big(\sum^{N} Y_{\alpha\beta} \Big)^2 - N^2 \overline{Y}^2$$

$$= \frac{N(N-N_0)}{(N-1)N_0} \sum^{N} Y_{\alpha\beta}^2 - \frac{N^2(N-N_0)}{(N-1)N_0} \overline{Y}^2$$

$$= \frac{N(N-N_0)}{N_0} \frac{1}{N-1} \Big[\sum^{N} Y_{\alpha\beta}^2 - N \overline{Y}^2 \Big]$$

$$= \frac{N^2}{N_0} \Big(1 - \frac{N_0}{N} \Big) S^2 = V(\hat{Y}_{SE}),$$

其中 $\sum^{N!}$ 表示对 $\mathscr{U}(N)$ 中 N 个个体的 $N!$ 种排列求和，$\sum^{N}$ 表示对 $(\alpha\beta)$ 取遍 $\mathscr{U}(N)$ 中 N 个个体求和，$\sum^{N(N-1)}$ 表示对 $(\alpha\beta),(\gamma\delta)$ 为从 $\mathscr{U}(N)$ 的 N 个个体中取两个个体之一切可能求和.

系统抽样时,由于总体中个体的指标具有某种特殊结构,人们常将系统选取样本单元的方法作一些调整,但这些调整往往是由抽样者的主观经验决定,有一点典型抽样的味道,而非完全的概率抽样.例如,在总体的个体指标与其次序有线性关系时,常将两行连成一行对称抽取样本单元,即将总体排列成

$$
\begin{array}{llllll}
1, & 2, & \cdots, K, & K+1, & K+2, & \cdots, 2K, \\
2K+1, & 2K+2, & \cdots, 3K, & 3K+1, & 3K+2, & \cdots, 4K, \\
\vdots & \vdots & \vdots & \vdots & \vdots & \vdots \\
\cdots, & \cdots, & \cdots, \cdots, & (N_0-1)K+1, & (N_0-1)K+2, & \cdots, N_0K.
\end{array}
$$

从 $1,2,\cdots,K$ 中随机抽取一个号码 R，则第一行另一个入样号码不是取 $K+R$，而是取 $2K-R$，每行均如此取对称号码，这样入样的号码为 $R, 2K-R, 2K+R, 4K-R, 4K+R, \cdots$ 等。

§6.5 系统抽样估计量方差的估计

系统抽样作为整群抽样样本容量为 1 的抽样，无法直接使用整群抽样的结论对估计量的均方偏差作出估计。下面介绍几种在实际工作中常用的系统抽样时的方差估计。这些估计一般都是有偏的，偏差的程度视实际总体的情况而定，因而很难说哪个估计量是最好的。应用中应视实际总体的情况进行选择。

（1）最简单的估计是将系统抽样考虑成简单随机抽样，则 $\hat{Y}_{\text{SYS}}$ 的均方偏差 $V(\hat{Y}_{\text{SYS}})$ 的估计用

$$v_1(\hat{Y}_{\text{SYS}}) = N^2 \frac{1}{N_0}\left(1 - \frac{N_0}{N}\right)s^2, \tag{6.5.1}$$

其中 $s^2 = \frac{1}{N_0-1}\sum_{j=1}^{N_0}(Y_{\theta j}-\overline{Y}_\theta)^2$，$\overline{Y}_\theta = \frac{1}{N_0}\sum_{j=1}^{N_0}Y_{\theta j}$，这一估计计算虽然十分简单，但当总体的个体单元并非完全随机排列时，随着一列看由一个群的群内相关系数的小或大，这个估计会产生正偏量或负偏量。

（2）均方偏差 $V(\hat{Y}_{\text{SYS}})$ 的另一类简单的估计是将二行个体单元作为一个层，每层有两个样本单元，两个样本单元构造一个该层的方差估计，再按分层抽样汇总出一个均方偏差的估计，即

$$v_2(\hat{Y}_{\text{SYS}}) = N^2 \sum_{j=1}^{N_0/2}\left(\frac{2K}{N}\right)^2 \frac{1}{2}\left(1-\frac{2}{2K}\right)\frac{(Y_{\theta(2j)}-Y_{\theta(2j-1)})^2}{2}$$

$$= K^2\left(1 - \frac{1}{K}\right) \sum_{j=1}^{N_0/2} (Y_{\theta(2j)} - Y_{\theta(2j-1)})^2. \quad (6.5.2)$$

$\Delta Y_{\theta j} = Y_{\theta j} - Y_{\theta(j-1)}$ 可以看作一差分算子. 因而许多文献将这一算子用于每一样本单元, 从而得到下面的估计, 直观的想法是希望增加估计量的"自由度",

$$v_3(\hat{Y}_{\text{SYS}}) = \frac{N^2}{N_0}\left(1 - \frac{1}{K}\right)\frac{1}{2(N_0 - 1)} \sum_{j=2}^{N_0} (Y_{\theta j} - Y_{\theta(j-1)})^2.$$

$$(6.5.3)$$

还有些文献进一步将差分算子 Δ 修改成高阶差分算子, 将 $\Delta Y_{\theta j} = Y_{\theta j} - Y_{\theta(j-1)}$, 修改成二阶差分

$$\Delta^2 Y_{\theta j} = Y_{\theta j} - 2Y_{\theta(j-1)} + Y_{\theta(j-2)}.$$

构造出更多的系统抽样均方偏差的估计. 许多文献报告的实践和统计模拟的结果表明 v_2, v_3 有很广的适用范围. 特别是 v_3 为许多实际工作者所采用. 详细研究这些估计量的性质, 将涉及总体 $\mathscr{U}(N)$ 的超总体模型. K. M. Wolter 在其著作 Introduction to Variance Estimation(见文献[4])中, 对系统抽样的方差估计有较详细的论述.

例1 调查某单位员工档案工资外的收入情况. 该单位有员工 660 人, 备有以出生年月为顺序的花名册. 以花名册作为抽样框, 拟抽取 30 个样本单元, 故取 $K=22$ 作系统抽样. 从 $1, 2, \cdots, 22$ 中随机取出一数为 $R=7$, 入样的单元号码为 $7, 29, 51, 73, 95, \cdots, 623, 645$. 对花名册对应号码的员工进行调查, 得当月各人收入资料如下: (单位: 元)

1940, 3260, 2700, 3210, 3300, 1770, 2480, 2790, 2520,
2430, 1730, 1940, 1910, 1690, 2080, 2070, 2100, 2050,
1880, 1860, 1700, 1940, 910, 1190, 1580, 1430, 1440,
1180, 1160, 1420,

按系统抽样(6.3.1)式, 估计每人平均收入为

$$\frac{\hat{Y}_{\text{SYS}}}{N} = \frac{1}{N_0}\sum_{j=1}^{N_0} Y_{\theta j} = \frac{1}{30}(1940 + \cdots + 1420) = 1988.67,$$

其均方偏差的估计,作为简单随机抽样计算为

$$\frac{v_1}{N^2} = \frac{1}{N_0}\left(1 - \frac{N_0}{N}\right)s^2$$

$$= \frac{1}{30}\left(1 - \frac{1}{22}\right)\frac{1}{29}[(1940 - 1988.67)^2$$

$$+ \cdots + (1420 - 1988.67)^2]$$

$$= \frac{1}{30} \cdot \frac{21}{22} \cdot (389646.4368)$$

$$= 12397.841,$$

其均方根为

$$\frac{\sqrt{v_1}}{N} = 111.346.$$

采用差分公式,其均方偏差的估计为

$$\frac{v_3}{N^2} = \frac{1}{N_0}\left(1 - \frac{1}{K}\right)\frac{1}{2(N_0 - 1)}\sum_{j=2}^{N_0}(Y_{\theta j} - Y_{\theta(j-1)})^2$$

$$= \frac{1}{30}\left(1 - \frac{1}{22}\right)\frac{1}{2 \cdot 29}(9037900) = 4958.096,$$

其均方根为

$$\frac{\sqrt{v_3}}{N} = 70.414.$$

该总体以出生年月为序,这一因素与档案工资外收入相关性会较高,因而调查指标会有较强的线性趋势. v_1 会偏于高估均方偏差,采用 v_3 可能更为恰当.

习 题 六

1. 某厂近两年积压某种零件 100 箱,每箱 20 只. 现在有用户要货,急需估计 100 箱中有多少可作正常零件出售,以便安排生产及时供应用户,现简单随机地从 100 箱中抽出 5 箱,对箱中零件逐个检查,结果如下:

样本箱序号	箱内 20 只零件中正常个数
1	16
2	16
3	17
4	17
5	19

试估计 100 箱中正常零件的个数,并给出置信度为 95% 的置信区间估计.

2. 某林场有一苗圃,长 10 米,宽 10 米.现作成 1 米宽的畦 10 条,每畦又分成 1 米见方的苗床 10 个,各苗床中的苗木数如下表:

畦\苗床	1	2	3	4	5	6	7	8	9	10
1	8	20	26	34	31	24	18	16	36	10
2	6	19	26	21	23	19	13	12	8	35
3	6	25	10	27	41	28	7	8	29	7
4	23	11	41	25	18	18	9	10	33	9
5	25	31	30	32	15	29	11	12	14	12
6	16	26	55	43	21	24	20	20	13	7
7	28	29	34	33	8	33	16	17	18	6
8	21	19	56	45	22	37	9	12	20	14
9	22	17	39	23	11	32	14	7	13	12
10	18	28	41	27	3	26	15	17	24	15

现若用抽样调查来估计全苗圃的苗本数,可以用下列几种抽样方法.

(1) 将苗床从第 1 畦起顺序编号至第 10 畦止,从 100 个苗床中简单随机地抽取 20 个苗床;

(2) 以每畦为一个群,从 10 个畦中简单随机地抽取 2 个畦 20 个苗床;

(3) 按照 100 个苗床顺序 5 个一组,从 1,2,3,4,5 中随机取一数 r,按系统抽样抽取 $r, 5+r, 10+r, \cdots, 95+r$ 这 20 个苗床.

试计算三种抽样方法下,全苗圃苗木数估计量的均方偏差各是多少.

3. 某学校对学生进行一项调查,拟以寝室为群进行整群抽样,每一寝室住 8 位同学. 根据试点调查,算得群内相关系数 $\rho_C = 0.2$,按照精度要求,以简单随机抽样估算,需抽取样本量为 250 人. 问按同样精度要求,整群抽样需抽多少寝室?

4. 某车场抽样检查使用车辆,检查车轮胎是否有安全隐患. 全场有用 6 只轮胎的车辆 150 辆,用 10 只轮胎的车辆 75 辆. 现以各车的轮胎数为规模测度,用 PPS 抽样,抽取了 30 辆,其中 16 辆 6 轮车,14 辆 10 轮车. 对抽出车辆的轮胎逐个检查,得不安全轮胎记录如下:

不安全轮胎数	6轮车频数	10轮车频数
0	5	5
1	3	5
2	4	3
3	1	1
4	1	1
5	0	1

试估计该车场的车辆中不安全轮胎的比例及该估计的标准差.

5. 一个部队包含 400 个连,每连有 100 人,今简单随机地抽选了 10 个连为样本开展问卷调查,并且所有的人都完成了问卷,在 10 个连中对一个问题回答"是"的人数分别是 25,33,12,32,17,24,26,23,37,21.

(1) 估计在这一部队中持有这种态度的人的比例 p,并估计出 p 的标准差;

(2) 以此 p 值估算一个 $n=1000$ 的简单随机样本将具有的估计量的方差,计算前述整群抽样的方差与简单随机抽样方差的比率,并估算出组内相关系数 ρ_C;

(3) 若从 400 个连中随机抽 40 个连,再在每连抽 25 人,估计这 $n=1000$ 的二阶抽样的估计量的方差.

6. 从一个 $N=4000$ 的总体中,按系统抽样的方法,抽取样本量

$n=40$ 的样本. 调查得 y_i 值,按顺序记录为

10, 8, 6, 5, 3, 3, 8, 5, 0, 9, 9, 5, 0, 8, 9, 0, 4, 10,
8, 0, 9, 0, 4, 3, 1, 2, 3, 4, 0, 6, 10, 5, 6, 1, 3, 3,
1, 5, 5, 4,

试按系统抽样的三种估计计算总体总数估计量方差的估计.

7. 证明当群的大小均为 N_0,估计总体百分率 P 时,简单随机的整群抽样的设计效应

$$\text{Deff} \approx \frac{N_0 \sum_{i=1}^{K}(P_i - P)^2}{KP(1-P)},$$

其中 P_i 为第 i 群内的总体百分率,K 为群的个数.

8. 在简单随机的整群抽样中,设第 i 群的大小为 N_i,证明当群的抽样数量 k 足够大时,估计总体百分率 P 的设计效应

$$\text{Deff} \approx \frac{\sum_{i=1}^{K} N_i^2 (P_i - P)^2}{\left(\sum_{i=1}^{K} N_i\right) P(1-P)}.$$

式中 P_i, K 的含义同第 7 题.

9. 有二维线性趋势的总体可用关系式

$$Y_{ij} = i + j \quad (i, j = 1, 2, \cdots, KN_0)$$

来表示,其中 Y_{ij} 是第 i 行第 j 列的指标值. 总体有 $N^2 = K^2 N_0^2$ 个单位. 一个等距的方格样本可由抽取两个独立的随机数 i_0, j_0(它们分别在 $1 \sim K$ 间)作为起点坐标来构成,含量为 N_0^2 的样本由坐标为 $(i_0 + \alpha K, j_0 + \beta K)$ 的全部单元组成. 试比较这一样本的均值估计与样本量为 N_0^2 的简单随机样本的均值估计量的精确度.

第七章 二相抽样

二相抽样又称为二重抽样. 前几章作抽样设计或估值时,经常利用一些辅助变量的信息,如分层的辅助变量,PPS 的规模测度,比估计的辅助变量 X. 我们前面总是假定抽样框中已经具有这些辅助信息,但实际工作中有时并无现成的信息. 当这些变量缺乏现成的资料,而调查这些信息又比较方便、便宜时,我们可以先作一次样本容量相当大的调查来获得这些辅助信息的资料,然后利用这些辅助信息进行抽样方案的设计,在已调查的样本单元中作一个样本容量小得多的第二重调查,调查目标变量 Y,作出所需的估计. 后一个较小的样本是在前一个较大的样本中抽取的,这种抽样方法称为二相抽样或二重抽样.

§7.1 为分层的二相抽样

当分层有助于提高估计精度,但用于分层的变量缺乏现成资料时,这时可先取一样本容量为 n' 的样本,调查每一样本单元的辅助变量 X. 由于这时总体的抽样框缺少信息,这一次抽样多为简单随机抽样. 在获得样本单元后,按辅助变量 X 将此样本的各样本单元分入不同的层,再作分层抽样,在分为第 i 层的 n'_i 个第一重样本单元中抽取 n_i 个第二重样本单元,调查目标变量 Y. 例如,某通信公司要在一城市中调查居民对移动电话的需求,在前级抽样选中社区的基础上,准备在社区中作书面调查,为了提高调查效果,先在社区中简单随机地抽选了 500 户,调查每户中有几位参加工作的人员. 调查后,对这 500 户,以无人、1 人、2 人以上在外工作为辅助变量,进行分层,作分层抽样,对各层抽中的样本单元再作书面调查. 下面我们假定分层的数目为 K,各层的第一重样本单元数 $n'_i, n'_1 + \cdots + n'_k = n'$,

各层的第二重样本单元数 n_i, $n_1+\cdots+n_k=n$. 为分层的二相抽样有下列定理.

定理 7.1.1 若第一重样本是简单随机样本,第二重样本是分层简单随机子样本,且有
$$n_i = \nu_i n_i', \quad 0 < \nu_i < 1, \quad i = 1,\cdots,K,$$
其中 $(\nu_1,\cdots,\nu_K)$ 为一组给定的数,则取
$$\bar{y}_{\text{std}} = \sum_{i=1}^{K} w_i \bar{y}_i, \quad (7.1.1)$$
其中 $w_i = \dfrac{n_i'}{n'}$, $\bar{y}_i$ 为第二重样本中第 i 层样本单元的平均. 这里,$\bar{y}_{\text{std}}$ 是总体平均值 $\bar{Y}$ 的无偏估计,其均方偏差为
$$V(\bar{y}_{\text{std}}) = \left(\frac{1}{n'} - \frac{1}{N}\right)S^2 + \sum_{i=1}^{K} \frac{W_i}{n'}\left(\frac{1}{\nu_i} - 1\right)S_i^2, \quad (7.1.2)$$
其中 $W_i = \dfrac{N_i}{N}$, S^2 为总体方差, N_i, S_i^2 为总体按分层标准分层后第 i 层的个体单元数和层内方差.

证明 设第一重样本为
$$\{y_{ij}, i = 1,\cdots,K, j = 1,\cdots,n_i'\},$$
$$\bar{y}_i' = \frac{1}{n_i'}\sum_{j=1}^{n_i'} y_{ij}.$$
第二重样本为
$$\{y_{i\theta_j}, i = 1,\cdots,K, j = 1,\cdots,n_i\},$$
$$\bar{y}_i = \frac{1}{n_i}\sum_{j=1}^{n_i} y_{i\theta_j},$$
则 $\bar{y}_{\text{std}}$ 可写成差估计形式
$$\bar{y}_{\text{std}} = \sum_{i=1}^{K} w_i \bar{y}_i = \sum_{i=1}^{K} w_i \bar{y}_i' + \sum_{i=1}^{K} w_i(\bar{y}_i - \bar{y}_i')$$
$$= \frac{1}{n'}\sum_{i=1}^{K}\sum_{j=1}^{n_i'} y_{ij} + \sum_{i=1}^{K} w_i(\bar{y}_i - \bar{y}_i'), \quad (7.1.3)$$
上式右边第一项即为第一重样本的样本平均值,所以

$$E(\bar{y}_{std}) = E_1\{E_2(\bar{y}_{std} | 第一重抽定)\}$$
$$= E_1\left\{\frac{1}{n'}\sum_{i=1}^{K}\sum_{j=1}^{n_i'} y_{ij}\right\} = \bar{Y}.$$

第一重抽定后，$w_i, \bar{y}_i'$ 均是定数，且 $\bar{y}_i$ 与 $\bar{y}_j (i \neq j)$ 独立，故

$$V(\bar{y}_{std}) = E_1 var_2(\bar{y}_{std} | 第一重抽定)$$
$$+ var_1 E_2(\bar{y}_{std} | 第一重抽定)$$
$$= E_1\left\{\sum_{i=1}^{K} w_i^2 var_2(\bar{y}_i | 第一重抽定)\right\}$$
$$+ var_1\left\{\frac{1}{n'}\sum_{i=1}^{K}\sum_{j=1}^{n_i'} y_{ij}\right\}$$
$$= E_1\left\{\sum_{i=1}^{K} w_i^2\left(\frac{1}{n_i} - \frac{1}{n_i'}\right)(s_i')^2\right\} + \left(\frac{1}{n'} - \frac{1}{N}\right)S^2$$
$$= \sum_{i=1}^{K}\frac{1}{n'}\left(\frac{1}{\nu_i} - 1\right)E_1\{w_i(s_i')^2\} + \left(\frac{1}{n'} - \frac{1}{N}\right)S^2,$$

而
$$E_1\{w_i(s_i')^2\} = E\{E(w_i(s_i')^2 | n_1', \cdots, n_k' 给定)\}$$
$$= E w_i S_i^2 = W_i S_i^2,$$

上面式子中
$$(s_i')^2 = \frac{1}{n_i' - 1}\sum_{j=1}^{n_i'}(y_{ij} - \bar{y}_i')^2,$$

且注意 $n_1', n_2', \cdots, n_K'$ 给定的条件 $\{y_{ij}, i=1, \cdots, K, j=1, \cdots, n_i'\}$ 是总体的分层样本，且某一层 N_i 个单元的全部 $\binom{N_i}{n_i'}$ 种组均有相同的出现概率，故此时 $\{y_{ij}, j=1, \cdots, n_i'\}$ 是该层的简单随机样本，
$$E\{(s_i')^2 | n_i'\} = S_i^2,$$

从而
$$V(\bar{y}_{std}) = var\left(\sum_{i=1}^{K} w_i \bar{y}_i'\right) + var\left(\sum_{i=1}^{K} w_i(\bar{y}_i - \bar{y}_i')\right)$$

$$= \left(\frac{1}{n'} - \frac{1}{N}\right)S^2 + \sum_{i=1}^{K} \frac{W_i}{n'}\left(\frac{1}{\nu_i} - 1\right)S_i^2. \quad \text{证毕.}$$

为了寻求 $V(\bar{y}_{\text{std}})$ 的估计,直接对 S^2 进行估计,在所用抽样机制下不很方便,现将 $V(\bar{y}_{\text{std}})$ 表示成另一个形式. 由于

$$(N-1)S^2 = \sum_{i=1}^{K}(N_i - 1)S_i^2 + \sum_{i=1}^{K} N_i(\overline{Y}_i - \overline{Y})^2, \tag{7.1.4}$$

记 $g' = \frac{N-n'}{N-1}$,则

$$\left(\frac{1}{n'} - \frac{1}{N}\right)S^2 = \frac{N-n'}{n'N}S^2 = \frac{g'}{n'N}(N-1)S^2$$

$$= \frac{g'}{n'}\sum_{i=1}^{K}\left(W_i - \frac{1}{N}\right)S_i^2 + \frac{g'}{n'}\sum_{i=1}^{K} W_i(\overline{Y}_i - \overline{Y})^2,$$

所以

$$V(\bar{y}_{\text{std}}) = \sum_{i=1}^{K} \frac{W_i}{n'}\left(\frac{1}{\nu_i} - 1\right)S_i^2 + \frac{g'}{n'}\sum_{i=1}^{K}\left(W_i - \frac{1}{N}\right)S_i^2$$

$$+ \frac{g'}{n'}\sum_{i=1}^{K} W_i(\overline{Y}_i - \overline{Y})^2$$

$$= \sum_{i=1}^{K} \frac{W_i}{n'}\left(\frac{1}{\nu_i} - 1\right)S_i^2$$

$$+ \frac{g'}{n'N}\sum_{i=1}^{K}[(N-1)W_i + (W_i - 1)]S_i^2$$

$$+ \frac{g'}{n'}\sum_{i=1}^{K} W_i(\overline{Y}_i - \overline{Y})^2$$

$$= \sum_{i=1}^{K} W_i S_i^2\left(\frac{1}{n'\nu_i} - \frac{1}{N}\right) + \frac{g'}{n'N}\sum_{i=1}^{K}(W_i - 1)S_i^2$$

$$+ \frac{g'}{n'}\sum_{i=1}^{K} W_i(\overline{Y}_i - \overline{Y})^2, \tag{7.1.5}$$

上式右边第二项之系数 $\frac{g'}{n'N} = \frac{N-n'}{(N-1)n'N}$ 较之另两项要小得多,故实用中常忽略第二项,得 $V(\bar{y}_{\text{std}})$ 的简单的近似式

$$V(\bar{y}_{\mathrm{std}}) \approx \sum_{i=1}^{K} W_i S_i^2 \left(\frac{1}{n'\nu_i} - \frac{1}{N} \right) + \frac{N-n'}{n'(N-1)} \sum_{i=1}^{K} W_i (\bar{Y}_i - \bar{Y})^2.$$

(7.1.6)

最后给出 $V(\bar{y}_{\mathrm{std}})$ 的一个无偏估计.

定理 7.1.2 在定理 7.1.1 的条件下,均方偏差 $V(\bar{y}_{\mathrm{std}})$ 有一个无偏估计

$$\begin{aligned} v(\bar{y}_{\mathrm{std}}) = & \frac{n'(N-1)}{(n'-1)N} \Big[\sum_{i=1}^{K} w_i s_i^2 \left(\frac{1}{n'\nu_i} - \frac{1}{N} \right) \\ & + \frac{g'}{n'} \sum_{i=1}^{K} s_i^2 \left(\frac{w_i}{N} - \frac{1}{n'\nu_i} \right) + \frac{g'}{n'} \sum_{i=1}^{K} w_i (\bar{y}_i - \bar{y}_{\mathrm{std}})^2 \Big]. \end{aligned}$$

(7.1.7)

证明 仍利用条件期望再取期望的公式,

$$\mathrm{E}\{s_i^2\} = \mathrm{E}_1\{\mathrm{E}_2[s_i^2 | \{n_i'\}]\} = \mathrm{E}_1 S_i^2 = S_i^2,$$
$$\mathrm{E}\{w_i s_i^2\} = \mathrm{E}_1\{w_i \mathrm{E}_2[s_i^2 | \{n_i'\}]\} = \mathrm{E}_1 w_i S_i^2 = W_i S_i^2,$$

又对等式

$$\mathrm{E}\left\{ \sum_{i=1}^{K} w_i (\bar{y}_i - \bar{y}_{\mathrm{std}})^2 \right\} = \mathrm{E}\left\{ \sum_{i=1}^{K} w_i \bar{y}_i^2 \right\} - \mathrm{E}\{\bar{y}_{\mathrm{std}}^2\}$$

右边的两项,分别有

$$\begin{aligned} \mathrm{E}\left\{ \sum_{i=1}^{K} w_i \bar{y}_i^2 \right\} &= \mathrm{E}_1 \mathrm{E}_2 \Big[\sum_{i=1}^{K} w_i \bar{y}_i^2 | \{n_i'\} \Big] \\ &= \mathrm{E}_1 \left\{ \sum_{i=1}^{K} w_i \Big[\left(\frac{1}{n_i} - \frac{1}{N_i} \right) S_i^2 + \bar{Y}_i^2 \Big] \right\} \\ &= \mathrm{E}_1 \left\{ \sum_{i=1}^{K} w_i \Big[\left(\frac{1}{\nu_i w_i n'} - \frac{1}{W_i N} \right) S_i^2 + \bar{Y}_i^2 \Big] \right\} \\ &= \sum_{i=1}^{K} \left(\frac{1}{\nu_i n'} - \frac{1}{N} \right) S_i^2 + \sum_{i=1}^{K} W_i \bar{Y}_i^2, \end{aligned}$$

$$\mathrm{E}(\bar{y}_{\mathrm{std}}^2) = \bar{Y}^2 + \mathrm{var}(\bar{y}_{\mathrm{std}}) = \bar{Y}^2 + V(\bar{y}_{\mathrm{std}}),$$

从而

$$\mathrm{E}\{v(\bar{y}_{\mathrm{std}})\} = \frac{n'(N-1)}{(n'-1)N} \Big\{ \sum_{i=1}^{K} W_i S_i^2 \left(\frac{1}{n'\nu_i} - \frac{1}{N} \right)$$

$$+ \frac{g'}{n'}\sum_{i=1}^{K}S_i^2\left(\frac{W_i}{N} - \frac{1}{n'\nu_i}\right) + \frac{g'}{n'}\bigg[\sum_{i=1}^{K}\left(\frac{1}{\nu_i n'} - \frac{1}{N}\right)S_i^2$$

$$+ \sum_{i=1}^{K}W_i\overline{Y}_i^2 - \overline{Y}^2 - V(\overline{y}_{\text{std}})\bigg]\bigg\}$$

$$= \frac{n'(N-1)}{(n'-1)N}\bigg\{\sum_{i=1}^{K}W_iS_i^2\left(\frac{1}{n'\nu_i} - \frac{1}{N}\right)$$

$$+ \frac{g'}{n'}\sum_{i=1}^{K}S_i^2\left(\frac{W_i}{N} - \frac{1}{N}\right)$$

$$+ \frac{g'}{n'}\sum_{i=1}^{K}W_i(\overline{Y}_i - \overline{Y})^2 - \frac{g'}{n'}V(\overline{y}_{\text{std}})\bigg\}$$

$$= \frac{n'(N-1)}{(n'-1)N}V(\overline{y}_{\text{std}}) - \frac{(N-1)g'}{(n'-1)N}\cdot V(\overline{y}_{\text{std}})$$

$$= V(\overline{y}_{\text{std}}).$$

定理证毕.

若 n' 很大,忽略 $\frac{1}{N^2}, \frac{1}{Nn'}, \left(\frac{1}{n'}\right)^2$ 阶的项,则估计式 $v(\overline{y}_{\text{std}})$ 的简单近似式为

$$v(\overline{y}_{\text{std}}) \approx \sum_{i=1}^{K}w_is_i^2\left(\frac{1}{n'\nu_i} - \frac{1}{N}\right) + \frac{N-n'}{n'(N-1)}\sum_{i=1}^{K}w_i(\overline{y}_i - \overline{y}_{\text{std}})^2. \tag{7.1.8}$$

§7.2 二相分层抽样的最优分配问题

考虑在固定费用下,选 $n', \nu_i (i=1,\cdots,K)$,使 $V(\overline{y}_{\text{std}})$ 最小. 二相分层抽样除去基础费用外,调查费用可写成

$$C = C'n' + \sum_{i=1}^{K}C_in_i, \tag{7.2.1}$$

其中 C' 是第一重抽样每调查一个样本单元的费用. C_i 是第二重抽样在第 i 层调查一个样本单元的费用. 上式中 n_i 是随机变量,故我们固定费用 C 的期望值

$$C^* = \mathrm{E}(C) = C'n' + n'\sum_{i=1}^{K} C_i\nu_i W_i. \tag{7.2.2}$$

在此前提下,使 $V(\bar{y}_{\mathrm{std}})$ 最小. 由定理 7.1.1 中(7.1.2)式,

$$V(\bar{y}_{\mathrm{std}}) = \left(\frac{1}{n'} - \frac{1}{N}\right)S^2 + \sum_{i=1}^{K}\frac{W_i}{n'}\left(\frac{1}{\nu_i} - 1\right)S_i^2,$$

将其加上一常数 $\frac{1}{N}S^2$,记为 V,则

$$V = V(\bar{y}_{\mathrm{std}}) + \frac{1}{N}S^2$$

$$= \frac{1}{n'}\left\{\left(S^2 - \sum_{i=1}^{K}W_iS_i^2\right) + \sum_{i=1}^{K}\frac{W_iS_i^2}{\nu_i}\right\},$$

因而

$$C^* \cdot V = \left(C' + \sum_{i=1}^{K}C_i\nu_iW_i\right)\left[\left(S^2 - \sum_{i=1}^{K}W_iS_i^2\right) + \sum_{i=1}^{K}\frac{W_iS_i^2}{\nu_i}\right], \tag{7.2.3}$$

上式中 C', $C_i\nu_iW_i$, $\left(S^2 - \sum_{i=1}^{K}W_iS_i^2\right)$, $\frac{W_iS_i^2}{\nu_i}$ 都是大于等于零的数,故由柯西-许瓦兹不等式 $\left[\text{若 } a_i \geqslant 0, b_i \geqslant 0, \text{则 } \sum_{i=0}^{K}a_ib_i \leqslant \sqrt{\sum_{i=0}^{K}a_i^2 \cdot \sum_{i=0}^{K}b_i^2}\right]$,此处

$$a_0^2 = C', \quad a_i^2 = C_i\nu_iW_i,$$
$$b_0^2 = \left(S^2 - \sum_{i=1}^{K}W_iS_i^2\right), \quad b_i^2 = \frac{W_iS_i^2}{\nu_i},$$

代入即得

$$C^* \cdot V \geqslant \left[\left(C' \cdot \left(S^2 - \sum_{i=1}^{K}W_iS_i^2\right)\right)^{1/2} + \sum_{i=1}^{K}(C_iW_i^2S_i^2)^{1/2}\right]^2,$$

而且等式当且仅当

$$\frac{C'}{S^2 - \sum_{i=1}^{K}W_iS_i^2} = \frac{C_1\nu_1W_1}{W_1S_1^2/\nu_1} = \cdots = \frac{C_K\nu_KW_K}{W_KS_K^2/\nu_K}$$

时成立. 这就给出

$$\nu_i = S_i \cdot \left[\frac{C'}{C_i \left(S^2 - \sum_{i=1}^{K} W_i S_i^2 \right)} \right]^{1/2} \tag{7.2.4}$$

时，$C^* \cdot V$ 达到最小值. 由于 C^* 是固定的, 故即为 $V(\bar{y}_{\text{std}})$ 达到最小. 将 ν_i 的取值代入 (7.2.2) 式, 得

$$n' = C^* \bigg/ \left\{ C' + \sum_{i=1}^{K} \left(W_i S_i \left[\frac{C_i C'}{S^2 - \sum_{i=1}^{K} W_i S_i^2} \right]^{1/2} \right) \right\}. \tag{7.2.5}$$

此时 $V(\bar{y}_{\text{std}})$ 的最小值为

$$V_{\min}(\bar{y}_{\text{std}}) = \frac{1}{C^*} \left[\sum_{i=1}^{K} W_i S_i \sqrt{C_i} + \left(S^2 - \sum_{i=1}^{K} W_i S_i^2 \right)^{1/2} \sqrt{C'} \right]^2 - \frac{S^2}{N}.$$

实际使用这一最优分配, 需要对 S^2, 以及 $W_i, S_i^2 (i=1,\cdots,K)$ 作出粗略估计.

如果 n' 已经给定. 仅选 $\nu_i (i=1,\cdots,K)$, 使 $V(\bar{y}_{\text{std}})$ 最小, 则与上述论述类似, 考虑

$$(C^* - C'n') \left[V(\bar{y}_{\text{std}}) + \frac{1}{N} S^2 - \frac{1}{n'} \left(S^2 - \sum_{i=1}^{K} W_i S_i^2 \right) \right] \cdot n'$$

$$= \left(\sum_{i=1}^{K} C_i \nu_i W_i \right) \left(\sum_{i=1}^{K} \frac{W_i S_i^2}{\nu_i} \right). \tag{7.2.6}$$

由柯西-许瓦兹不等式, 得

$$\frac{C_1 \nu_1 W_1}{W_1 S_1^2 / \nu_1} = \cdots = \frac{C_K \nu_K W_K}{W_K S_K^2 / \nu_K},$$

$$\frac{\nu_1}{S_1 / \sqrt{C_1}} = \cdots = \frac{\nu_K}{S_K / \sqrt{C_K}} = \lambda, \tag{7.2.7}$$

将 (7.2.7) 式代入 (7.2.2) 式, 得

$$\frac{C^*}{n'} - C' = \sum_{i=1}^{K} C_i \nu_i W_i = \sum_{i=1}^{K} \lambda W_i S_i \sqrt{C_i},$$

解出

$$\lambda = \left(\frac{C^*}{n'} - C' \right) \bigg/ \left(\sum_{i=1}^{K} W_i S_i \sqrt{C_i} \right),$$

从而由 (7.2.7) 式得

$$\nu_i = \frac{S_i}{\sqrt{C_i}}\left(\frac{C^*}{n'} - C'\right) \Big/ \left(\sum_{j=1}^{K} W_j S_j \sqrt{C_j}\right). \qquad (7.2.8)$$

另外由

$$\frac{n}{n'} = \frac{n_1 + \cdots + n_K}{n'} = \frac{\nu_1 n_1' + \cdots + \nu_K n_K'}{n'}$$

可得

$$E(n) = n' \cdot \left(\sum_{i=1}^{K} \nu_i W_i\right)$$

$$= n' \cdot \left[\sum_{i=1}^{K} \frac{W_i S_i}{\sqrt{C_i}}\left(\frac{C^*}{n'} - C'\right) \Big/ \left(\sum_{j=1}^{K} W_j S_j \sqrt{C_j}\right)\right]. \quad (7.2.9)$$

例 1 在通信公司调查某一社区居民对移动电话的需求中,第一重抽样随机抽取了 500 户居民,调查每户有几位外出工作的人员,对此 500 户按无人、有一人、二人、三人外出工作分为四层,作分层层内随机抽样.根据几年前的普查资料,该社区这四层居民所占百分比约为 20%、20%、40%、20%.对将要调查的主要问题:"你的家庭在近一年内是否会添置手机?"粗估各层认为会添置的百分数分别会在 5%、20%、40%、40% 左右.在调查费用方面,每户入户调查包括小礼品的费用预计为 20 元,并准备在该社区调查中投入 3000 元.试设计出各层的抽样比.

按所述条件,设所求为各层抽样比为 $\nu_1, \nu_2, \nu_3, \nu_4$. 而 $C^* - C'n' = 3000, n' = 500, C_1 = C_2 = C_3 = C_4 = 20, W_1 = 20\%, W_2 = 20\%, W_3 = 40\%, W_4 = 20\%$,而

$$S_1^2 = \frac{5}{100}\left(1 - \frac{5}{100}\right) = 0.0475, \quad S_2^2 = \frac{20}{100}\left(1 - \frac{20}{100}\right) = 0.16,$$

$$S_3^2 = \frac{40}{100}\left(1 - \frac{40}{100}\right) = 0.24, \quad S_4^2 = \frac{40}{100}\left(1 - \frac{40}{100}\right) = 0.24.$$

从而由 (7.2.8) 式,

$$\nu_1 = \sqrt{\frac{0.0475}{20}} \cdot \frac{3000}{500} \Big/ 1.86724 \approx 0.16,$$

其中

$$1.86724 = \sum_{j=1}^{4} W_j S_j \sqrt{C_j},$$

$$\nu_2 = \sqrt{\frac{0.16}{20} \cdot \frac{3000}{500}} \bigg/ 1.86724 \approx 0.29,$$

$$\nu_3 = \sqrt{\frac{0.24}{20} \cdot \frac{3000}{500}} \bigg/ 1.86724 \approx 0.35,$$

$$\nu_4 = \sqrt{\frac{0.24}{20} \cdot \frac{3000}{500}} \bigg/ 1.86724 \approx 0.35.$$

预计调查的总户数,由(7.2.9)式计算,约为

$$500 \cdot \left(\sum_{i=1}^{4} \nu_i W_i \right)$$
$$= 500 \cdot [(0.16)(20\%) + (0.29)(20\%)$$
$$+ (0.35)(40\%) + (0.35)(20\%)]$$
$$= 500 \cdot (0.3) = 150.$$

本题由于每层的一个样本单元调查费用均是 20 元,易见

$$E(n) = \frac{3000}{20} = 150.$$

§7.3 为 PPS 抽样的二相抽样

在 PPS 抽样中,确定各抽样单元的抽取概率,先要了解各抽样单元的规模测度 X,为获得规模测度,先作第一重抽样,取一大样本容量 n' 的简单随机样本,调查各样本单元的规模测度 x_i. 再从此样本中作第二重抽样,取样本容量为 n 的有放回 PPS 抽样,抽样概率正比于 x_i.

现在记第一重抽样 n' 容量的样本值为 $\{x_1, x_2, \cdots, x_{n'}\}$,第二重对 $\{x_1, x_2, \cdots, x_{n'}\}$ 对应的单元实施有放回 PPS 抽样,样本容量为 n,各单元对应的抽样概率为

$$p'_i = \frac{x_i}{x'}, \quad x' = \sum_{i=1}^{n'} x_i,$$

对调查指标 Y,所得样本值为 $\{y_1,\cdots,y_n\}$,为书写简单,记相对应的抽取概率为 $\{p'_1,\cdots,p'_n\}$,整个总体仍记为

$$\begin{cases} X_1, & X_2, & \cdots, & X_N \\ Y_1, & Y_2, & \cdots, & Y_N \end{cases},$$

各单元正比于规模测度 X 的概率为

$$p_i = \frac{X_i}{X}, \quad X = \sum_{i=1}^{N} X_i.$$

对此二重抽样有下列定理.

定理 7.3.1 在上述 PPS 二重抽样下,总体平均数 $\overline{Y}$ 的一个无偏估计为

$$\overline{y}_{\text{ppsd}} = \frac{1}{n'n} \sum_{i=1}^{n} \frac{y_i}{p'_i}, \tag{7.3.1}$$

其均方偏差为

$$V(\overline{y}_{\text{ppsd}}) = \left(\frac{1}{n'} - \frac{1}{N}\right) S_Y^2 + \frac{(n'-1)}{nn'N} S^2_{\left(\frac{Y}{p}\right)}, \tag{7.3.2}$$

其中

$$S_Y^2 = \frac{1}{N-1} \sum_{i=1}^{N} (Y_i - \overline{Y})^2,$$

$$S^2_{\left(\frac{Y}{p}\right)} = \frac{1}{N-1} \sum_{i=1}^{N} p_i \left(\frac{Y_i}{p_i} - Y\right)^2.$$

证明 仍利用有关条件期望、方差的公式,

$$\mathrm{E}(\overline{y}_{\text{ppsd}}) = \mathrm{E}_1 \mathrm{E}_2 [\overline{y}_{\text{ppsd}} | y_1, \cdots, y_{n'}] = \mathrm{E}_1(\overline{y}') = \overline{Y},$$

其中 $\overline{y}'$ 为第一重抽样的 n' 个样本单元 Y 指标的平均值. 同时,

$$V(\overline{y}_{\text{ppsd}}) = \text{var}(\overline{y}_{\text{ppsd}}) = \text{var}_1 \mathrm{E}_2(\overline{y}_{\text{ppsd}}) + \mathrm{E}_1 \text{var}_2(\overline{y}_{\text{ppsd}}),$$

分别计算等式右端两项,

$$\text{var}_1 \mathrm{E}_2(\overline{y}_{\text{ppsd}}) = \text{var}_1(\overline{y}') = \left(\frac{1}{n'} - \frac{1}{N}\right) S_Y^2,$$

$$\mathrm{E}_1 \text{var}_2(\overline{y}_{\text{ppsd}}) = \mathrm{E}_1 \left[\left(\frac{1}{n'}\right)^2 \frac{1}{n} \sum_{i=1}^{n'} p'_i \left(\frac{y_i}{p'_i} - n'\overline{y}'\right)^2 \right]$$

$$= \mathrm{E}_1 \left[\left(\frac{1}{n'}\right)^2 \frac{1}{n} \sum_{i=1}^{n'} \sum_{j>i}^{n'} p'_i p'_j \left(\frac{y_i}{p'_i} - \frac{y_j}{p'_j}\right)^2 \right]$$

$$= E_1\left[\left(\frac{1}{n'}\right)^2 \frac{1}{n}\sum_{i=1}^{n'}\sum_{j>i}^{n'} p_i p_j\left(\frac{y_i}{p_i}-\frac{y_j}{p_j}\right)^2\right].$$

上面三个等号，前两个等号的详细推导可参看第三章§1，最后一个等号是由于

$$p_i' = \frac{x_i}{x'} = \frac{x_i}{X}\cdot\frac{X}{x'} = p_i\cdot\left(\frac{X}{x'}\right)$$

对每一抽样单元均成立．同时由于第一重抽样为简单随机抽样，

$$E_1\left[p_i p_j\left(\frac{y_i}{p_i}-\frac{y_j}{p_j}\right)^2\right]$$

$$=\sum_{u=1}^{N}\sum_{v\neq u}^{N} p_u p_v\left(\frac{Y_u}{p_u}-\frac{Y_v}{p_v}\right)^2 \cdot P\{i=u,j=v\}$$

$$=\sum_{u=1}^{N}\sum_{v\neq u}^{N} p_u p_v\left(\frac{Y_u}{p_u}-\frac{Y_v}{p_v}\right)^2 \cdot \frac{1}{N(N-1)}$$

$$=\frac{2}{N(N-1)}\sum_{u=1}^{N}\sum_{v>u}^{N} p_u p_v\left(\frac{Y_u}{p_u}-\frac{Y_v}{p_v}\right)^2,$$

如此

$$E_1\left[\left(\frac{1}{n'}\right)^2 \frac{1}{n}\sum_{i=1}^{n'}\sum_{j>i}^{n'} p_i p_j\left(\frac{y_i}{p_i}-\frac{y_j}{p_j}\right)^2\right]$$

$$=\left(\frac{1}{n'}\right)^2 \frac{1}{n}\sum_{i=1}^{n'}\sum_{j>i}^{n'}\frac{2}{N(N-1)}$$

$$\cdot\left[\sum_{u=1}^{N}\sum_{v>u}^{N} p_u p_v\left(\frac{Y_u}{p_u}-\frac{Y_v}{p_v}\right)^2\right]$$

$$=\frac{(n'-1)}{nn'N}\left[\frac{1}{N-1}\sum_{u=1}^{N}\sum_{v>u}^{N} p_u p_v\left(\frac{Y_u}{p_u}-\frac{Y_v}{p_v}\right)^2\right]$$

$$=\frac{(n'-1)}{nn'N}S^2_{\left(\frac{Y}{p}\right)}.$$

定理证毕．

定理 7.3.2 在上述 PPS 二重抽样下，$V(\bar{y}_{\text{ppsd}})$ 有一个无偏估计

$$v(\bar{y}_{\text{ppsd}}) = \frac{1}{(n')^2 n(n-1)}\left[\sum_{i=1}^{n}\left(\frac{y_i}{p_i'}\right)^2 - \frac{1}{n}\left(\sum_{j=1}^{n}\frac{y_j}{p_j'}\right)^2\right]$$

$$+ \left(\frac{1}{n'} - \frac{1}{N}\right)\frac{1}{n(n'-1)}\left\{\sum_{i=1}^{n} p_i'\left(\frac{y_i}{p_i'}\right)^2\right.$$

$$\left.- \frac{1}{n'(n-1)}\left[\left(\sum_{i=1}^{n}\frac{y_i}{p_i'}\right)^2 - \sum_{i=1}^{n}\left(\frac{y_i}{p_i'}\right)^2\right]\right\}. \tag{7.3.3}$$

证明 现分段予以证明.

$$E\left[\sum_{i=1}^{n}\left(\frac{y_i}{p_i'}\right)^2 - \frac{1}{n}\left(\sum_{i=1}^{n}\frac{y_i}{p_i'}\right)^2\right]$$

$$= E_1 E_2\left[\sum_{i=1}^{n}\left(\frac{y_i}{p_i'}\right)^2 - \frac{1}{n}\left(\sum_{i=1}^{n}\frac{y_i}{p_i'}\right)^2\right]$$

$$= E_1 E_2\left[\sum_{i=1}^{n}\left(\frac{y_i}{p_i'} - \frac{1}{n}\sum_{j=1}^{n}\frac{y_j}{p_j'}\right)^2\right]$$

$$= E_1\left[(n-1)\sum_{i=1}^{n'} p_i'\left(\frac{y_i}{p_i'} - n'\overline{y}'\right)^2\right],$$

最后一个等号是因第二重抽样为从 n' 单元中的有放回 PPS 抽样,由第三章定理 3.1.2 而得. 另外由定理 7.3.1 的证明,有

$$E_1 \sum_{i=1}^{n'} p_i'\left(\frac{y_i}{p_i'} - n'\overline{y}'\right)^2$$

$$= \frac{n'(n'-1)}{N(N-1)}\sum_{u=1}^{N}\sum_{v>u}^{N} p_u p_v\left(\frac{Y_u}{p_u} - \frac{Y_v}{p_v}\right)^2$$

$$= \frac{n'(n'-1)}{N(N-1)}\sum_{u=1}^{N} p_u\left(\frac{Y_u}{p_u} - Y\right)^2,$$

故

$$E\left[\sum_{i=1}^{n}\left(\frac{y_i}{p_i'}\right)^2 - \frac{1}{n}\left(\sum_{i=1}^{n}\frac{y_i}{p_i'}\right)^2\right]$$

$$= \frac{(n-1)n'(n'-1)}{N(N-1)}\sum_{u=1}^{N} p_u\left(\frac{Y_u}{p_u} - Y\right)^2.$$

从而得到

$$\frac{1}{(n')^2 n(n-1)}E\left[\sum_{i=1}^{n}\left(\frac{y_i}{p_i'}\right)^2 - \frac{1}{n}\left(\sum_{i=1}^{n}\frac{y_i}{p_i'}\right)^2\right] = \frac{(n'-1)}{nn'N}S^2_{\left(\frac{Y}{p}\right)}.$$

§ 7.3 为 PPS 抽样的二相抽样

又

$$E\left[\sum_{i=1}^{n} p_i'\left(\frac{y_i}{p_i'}\right)^2\right] = E_1\left\{\sum_{i=1}^{n} E_2\left[p_i'\left(\frac{y_i}{p_i'}\right)^2\right]\right\}$$

$$= E_1 \sum_{i=1}^{n}\left[\sum_{j=1}^{n'} p_j'\left(\frac{y_j}{p_j'}\right)^2 \cdot p_j'\right]$$

$$= n E_1\left[\sum_{j=1}^{n'} y_j^2\right] = \frac{nn'}{N}\sum_{i=1}^{N} Y_i^2,$$

$$E\left[\left(\sum_{i=1}^{n}\frac{y_i}{p_i'}\right)^2 - \sum_{i=1}^{n}\left(\frac{y_i}{p_i'}\right)^2\right]$$

$$= E\left[\sum_{i=1}^{n}\sum_{j\neq i}^{n}\frac{y_i}{p_i'}\cdot\frac{y_j}{p_j'}\right]$$

$$= E_1 E_2\left[\sum_{i=1}^{n}\sum_{j\neq i}^{n}\frac{y_i}{p_i'}\cdot\frac{y_j}{p_j'}\right]$$

$$= E_1\left[\sum_{i=1}^{n}\sum_{j\neq i}^{n} E_2\left(\frac{y_i}{p_i'}\right)\cdot E_2\left(\frac{y_j}{p_j'}\right)\right]$$

$$= E_1\left[n(n-1)\left(\sum_{i=1}^{n'} y_i\right)^2\right]$$

$$= (n')^2 n(n-1)[\mathrm{var}_1(\bar{y}') + (E_1\bar{y}')^2]$$

$$= (n')^2 n(n-1)\left(\frac{1}{n'} - \frac{1}{N}\right)S_Y^2$$
$$\quad + (n')^2 n(n-1)\bar{Y}^2,$$

从而

$$E\left\{\sum_{i=1}^{n} p_i'\left(\frac{y_i}{p_i'}\right)^2 - \frac{1}{n'(n-1)}\left[\left(\sum_{i=1}^{n}\frac{y_i}{p_i'}\right)^2 - \sum_{i=1}^{n}\left(\frac{y_i}{p_i'}\right)^2\right]\right\}$$

$$= \frac{nn'}{N}\left[\sum_{i=1}^{n} Y_i^2 - N\bar{Y}^2\right] - nn'\left(\frac{1}{n'} - \frac{1}{N}\right)S_Y^2$$

$$= \frac{nn'}{N}(N-1)S_Y^2 - nn'\left(\frac{1}{n'} - \frac{1}{N}\right)S_Y^2$$

$$= n(n'-1)S_Y^2.$$

综合上列各式,即得

$$Ev(\bar{y}_{\text{ppsd}}) = V(\bar{y}_{\text{ppsd}}).$$

定理证毕.

§7.4 为比估计的二相抽样

为得到比估计中关于辅助变量 X 的信息,第一重抽样取样本容量为 n' 的简单随机样本,第二重抽样再从 n' 个样本单元中,抽取一样本容量为 n 的样本,调查目标量 Y,借助辅助变量 X 对 Y 作比估计. 也可以作回归估计等,此处我们就第二重抽样为简单随机抽样的情况,列出下列定理.

定理 7.4.1 在第一重抽样取样本容量为 n' 的简单随机抽样,第二重抽样再从 n' 个样本单元中,抽取一容量为 n 的简单随机样本. 记

$$\bar{y}_{\text{Rd}} = \frac{\bar{y}}{\bar{x}}\bar{x}',$$

其中 $\bar{x}'$ 为第一重样本的指标 X 的均值. $\bar{x}, \bar{y}$ 分别为第二重样本指标 X, Y 的均值. 则当总体中 $X_i \geqslant \varepsilon > 0$, 对一切 $i=1,2,\cdots,N$ 成立时,有

$$E(\bar{y}_{\text{Rd}} - \bar{Y}) = \left(\frac{1}{n} - \frac{1}{n'}\right)(C_X^2 - \rho C_X C_Y) + O\left(\frac{1}{n^{3/2}}\right)$$
$$= O\left(\frac{1}{n}\right), \tag{7.4.1}$$

$$E(\bar{y}_{\text{Rd}} - \bar{Y})^2 = \left(\frac{1}{n'} - \frac{1}{N}\right)S_Y^2$$
$$+ \left(\frac{1}{n} - \frac{1}{n'}\right)(S_Y^2 + R^2 S_X^2 - 2R S_{XY})$$
$$+ O\left(\frac{1}{n^{3/2}}\right), \tag{7.4.2}$$

其中

$$R = \bar{Y}/\bar{X},$$
$$S_X^2 = \frac{1}{N-1}\sum_{i=1}^{N}(X_i - \bar{X})^2,$$
$$S_Y^2 = \frac{1}{N-1}\sum_{i=1}^{N}(Y_i - \bar{Y})^2,$$

$$S_{XY} = \frac{1}{N-1} \sum_{i=1}^{N} (X_i - \overline{X})(Y_i - \overline{Y}),$$

$\rho = S_{XY}/(S_X S_Y)$,C_X, C_Y 分别为 X, Y 的变异系数.

证明 令

$$e = \frac{\overline{y} - \overline{Y}}{\overline{Y}}, \quad e_1 = \frac{\overline{x} - \overline{X}}{\overline{X}}, \quad e_2 = \frac{\overline{x}' - \overline{X}}{\overline{X}},$$

则 $\overline{y} = \overline{Y}(1+e)$,$\overline{x} = \overline{X}(1+e_1)$,$\overline{x}' = \overline{X}(1+e_2)$,且

$$\mathrm{E}e = \mathrm{E}e_1 = \mathrm{E}e_2 = 0,$$

如此

$$\overline{y}_{\mathrm{Rd}} = \overline{Y}[(1+e)(1+e_1)^{-1}(1+e_2)]$$

$$= \overline{Y}\left[(1+e)(1+e_2)\left(1 - e_1 + \frac{e_1^2}{1+e_1}\right)\right]$$

$$= \overline{Y}\left[1 + (e - e_1 + e_2) + (-ee_1 + ee_2 + e_1^2 - e_1 e_2) \right.$$

$$\left. + \frac{1}{1+e_1}(ee_1^2 - ee_1 e_2 + e_1^2 e_2 - e_1^3)\right],$$

逐项计算它们的期望,

$$\mathrm{E}(e - e_1 + e_2) = 0,$$

$$\mathrm{E}ee_1 = \frac{1}{\overline{X}\,\overline{Y}} \mathrm{E}(\overline{y} - \overline{Y})(\overline{x} - \overline{X})$$

$$= \frac{1}{\overline{X}\,\overline{Y}}\left(\frac{1}{n} - \frac{1}{N}\right) S_{XY},$$

$$\mathrm{E}ee_2 = \frac{1}{\overline{X}\,\overline{Y}} \mathrm{cov}(\overline{y}, \overline{x}')$$

$$= \frac{1}{\overline{X}\,\overline{Y}}\{\mathrm{cov}_1[\mathrm{E}_2(\overline{y}|n'), \mathrm{E}_2(\overline{x}'|n')]$$

$$+ \mathrm{E}_1[\mathrm{cov}_2(\overline{y}, \overline{x}'|n')]\}$$

$$= \frac{1}{\overline{X}\,\overline{Y}}\{\mathrm{cov}_1[\overline{y}', \overline{x}']$$

$$+ \mathrm{E}_1[\mathrm{E}_2(\overline{y} - \overline{y}')(\overline{x}' - \overline{x}')|n']\}$$

$$= \frac{1}{\overline{X}\,\overline{Y}}\left(\frac{1}{n'} - \frac{1}{N}\right) S_{XY},$$

$$Ee_1e_2 = \frac{1}{\overline{X}^2}E_1E_2[(\overline{x}-\overline{X})(\overline{x}'-\overline{X})|n']$$

$$= \frac{1}{\overline{X}^2}E_1(\overline{x}'-\overline{X})^2$$

$$= \frac{1}{\overline{X}^2}\left(\frac{1}{n'}-\frac{1}{N}\right)S_X^2,$$

$$Ee_1^2 = \frac{1}{\overline{X}^2}\text{var}(\overline{x}) = \frac{1}{\overline{X}^2}\left(\frac{1}{n}-\frac{1}{N}\right)S_X^2,$$

当 $X_i \geqslant \varepsilon > 0$ 时，对一切 $\overline{x} \geqslant \varepsilon > 0$，利用第二章 §1 的定理，对 Ee_1^2，Eee_1e_2 等进行估阶，有

$$\left|E\frac{1}{1+e_1}(ee_1^2 - ee_1e_2 + e_1^2e_2 - e_1^3)\right|$$

$$\leqslant \frac{\overline{X}}{\varepsilon}|E(ee_1^2 - ee_1e_2 + e_1^2e_2 - e_1^3)|$$

$$= O\left(\frac{1}{n^{3/2}}\right),$$

故

$$E(\overline{y}_{Rd}-\overline{Y}) = \left(\frac{1}{n}-\frac{1}{n'}\right)(C_X^2 - \rho C_X C_Y) + O\left(\frac{1}{n^{3/2}}\right).$$

又

$$E(\overline{y}_{Rd}-\overline{Y})^2 = \overline{Y}^2E\Big[(e-e_1+e_2) + (-ee_1+ee_2+e_1^2-e_1e_2)$$

$$+ \frac{1}{1+e_1}(ee_1^2 - ee_1e_2 + e_1^2e_2 - e_1^3)\Big]^2,$$

将平方展开，取期望，对各项估阶可得

$$E(\overline{y}_{Rd}-\overline{Y})^2 = \overline{Y}^2E(e-e_1+e_2)^2 + O\left(\frac{1}{n^{3/2}}\right)$$

$$= \overline{Y}^2E[e^2 + e_1^2 + e_2^2 - 2ee_1 + 2ee_2 - 2e_1e_2] + O\left(\frac{1}{n^{3/2}}\right)$$

$$= \left(\frac{1}{n'}-\frac{1}{N}\right)S_Y^2 + \left(\frac{1}{n}-\frac{1}{n'}\right)(S_Y^2 + R^2S_X^2 - 2RS_{XY})$$

$$+ O\left(\frac{1}{n^{3/2}}\right). \quad \text{证毕.}$$

定理 7.4.2 在定理 7.4.1 所述抽样下，

$$v(\bar{y}_{Rd}) = \left(\frac{1}{n'} - \frac{1}{N}\right)s_y^2 + \left(\frac{1}{n} - \frac{1}{n'}\right)\frac{1}{n-1}\sum_{i=1}^{n}(y_i - rx_i)^2 \tag{7.4.3}$$

是 $V(\bar{y}_{Rd}) = E(\bar{y}_{Rd} - \bar{Y})^2$ 的一个近似无偏估计，其中

$$r = \frac{\bar{y}}{\bar{x}}, \quad s_y^2 = \frac{1}{n-1}\sum_{i=1}^{n}(y_i - \bar{y})^2.$$

证明 经过二重简单随机抽样，第二重容量为 n 的样本，是总体 $\mathscr{U}(N)$ 的一个简单随机样本，故由

$$Es_y^2 = S_Y^2$$

及比估计的均方偏差估计，知

$$E\left[\frac{1}{n-1}\sum_{i=1}^{n}(y_i - rx_i)^2\right] = S_Y^2 + R^2 S_X^2 - 2RS_{XY} + O\left(\frac{1}{n}\right),$$

故有本定理结论. 证毕.

习 题 七

1. 某市欲调查该市个体商业户全年的销售额，利用工商管理局的资料确定调查的样本单元. 该市有个体商业户 10000 户，准备抽取 200 户做实地调查. 为提高精度采用二重分层方法. 先在 10000 户中抽取 2000 户，查阅各户的注册资金，按注册资金将这 2000 户分为 5 层，再从每层抽取 1/10 的户实地调查. 有关数据如下：

层	第一重样本量	第二重样本量	第二重样本年销售均值（万元）
5 万元以下	1000	100	4.2
5～10 万元	620	62	10.7
11～20 万元	200	20	24.0
21～40 万元	100	10	35.6
40 万元以上	80	8	48.2
	2000	200	

试估计该市全年个体商业户的销售总额.

2. 现准备用 10000 元进行一次调查,以便估计某一特征的总体单元所占比例. 采用二重抽样,第一重抽取各单元的档案资料 n' 份. 然后将此 n' 份分为大小相等的两个层,再从各层抽出第二重实地调查的样本单元. 若平均每一抽样单位的分层费用为 1 元,而实地调查一个抽样单位的费用是 20 元. 如果层 1 的真实比例是 0.3,层 2 中的真实比例是 0.6. 请估计最佳的 n' 和 n,以及所能达到的估计量的均方偏差的数值.

3. 某地区有行政村 2000 个,为了调查该地区村办工业的年产值,进行二重抽样. 首先从全部行政村中简单随机地抽取 400 个,调查该村有几家村办工业. 然后按拥有企业数分层,从每层抽取 1/5 的村,调查该村村办工业的年产值. 调查结果如下:

层(拥有企业数)	第一重样本量 n'_i	第二重样本量 n_i	第二重样本中村平均年产值 y(万元)	层内样本方差 S_i^2
1	75	15	5	0.25
2	90	18	12	0.36
3	120	24	14	0.50
4	60	12	19	0.82
5	35	7	21	0.95
6	20	4	24	1.10

试估计该地区村办工业的年总产值,并给出置信度为 95% 的置信区间估计.

4. 在上题二重抽样中,若第二重抽样不采用分层,而是用以拥有企业数为规模测度的 PPS 抽样. 抽出 30 个村调查,调查结果如下:

层	第一重样本量	第二重样本村年产值(万元)
1	75	4.5, 5.5
2	90	10.0, 11.0, 12.0, 13.0, 14.0
3	120	11.0, 11.5, 12.5, 13.0, 14.0, 14.5, 15.0, 16.0, 16.5

(续表)

层	第一重样本量	第二重样本村年产值(万元)
4	60	18.0, 18.5, 19.0, 19.5, 20.0, 21.0, 22.0
5	35	19.0, 20.0, 21.0, 22.0
6	20	23.0, 24.0, 24.5

试依此调查结果估计该地区村办工业的年总产值,并给出置信度为95%的置信区间估计.

5. 某县税务机构欲核查零售商店当月的销售额,从3000个商店的自报表中随机抽取了500份报表,统计自报月销售总额为500万元,今从抽出的500份报表中随机抽出20家零售商店进行核查. 20家的核查结果如下:

(单位:元)

序号	自报数	核查数	序号	自报数	核查数
1	26000	37000	11	19000	20000
2	18000	20000	12	6000	7000
3	17000	17000	13	4000	4000
4	3000	3000	14	9000	10000
5	3000	3000	15	8000	11000
6	15000	17000	16	18000	19000
7	22000	23000	17	4000	5000
8	39000	45000	18	16000	18000
9	9000	10000	19	11000	13000
10	4000	5000	20	13000	15000

试用二重抽样比估计法估计3000个零售商店核查数与自报数的差额总数,及该估计的标准差.

6. 在二重抽样的一些应用中,可进行辅助变量 X 对 Y 的回归估计. 第一重抽样取含量 n' 的随机样本,测量辅助变量 X. 第二重样本从 n' 个抽出的单元中随机抽取第二重样本单元 n 个,调查 X 和 Y. 总体均值 $\bar{Y}$ 的估计量是

$$\bar{y}_{Lr} = \bar{y} + b(\bar{x}' - \bar{x}),$$

其中 $\bar{x}', \bar{x}$ 分别是第一重样本和第二重样本中 X 的均值, $\bar{y}$ 是第二

重样本中 Y 的均值,b 是第二重样本中算出的最小二乘方回归系数. 当 $1/n$ 与 $1/n'$ 相对于 1 来说是可以忽略不计的话,试证明均方偏差 $V(\bar{y}_{Lr})$ 有近似式

$$V(\bar{y}_{Lr}) \approx \frac{S_Y^2(1-\rho)^2}{n} + \frac{\rho^2 S_Y^2}{n'} - \frac{S_Y^2}{N},$$

其中 ρ 为 X, Y 的总体相关系数,该近似均方偏差有无偏估计

$$v(\bar{y}_{Lr}) = \frac{s_{yx}^2}{n} + \frac{s_y^2 - s_{yx}^2}{n'} - \frac{s_y^2}{N}.$$

7. 在应用回归的二重抽样时,第一重样本含量为 300,第二重样本含量为 87,总体单元数 $N=10000$,从第二重样本计算得

$$\sum_{i=1}^{87}(y_i - \bar{y}) = 17283, \quad \sum_{i=1}^{87}(y_i - \bar{y})(x_i - \bar{x}) = 5114,$$

$$\sum_{i=1}^{87}(x_i - \bar{x})^2 = 3248,$$

试计算 $\bar{Y}$ 的回归估计量的标准差的估计值.

8. 在时间不同的两次连续抽样中,第一次(期)从总体 N 个单元随机抽 n 个样本单元,第二次(期)从第一次的样本单元随机地抽 m 个样本单元,作为与第一次拼配的样本单元,另外再从总体中简单随机地取 $u=n-m$ 个样本单元,作为非拼配样本单元,拼配样本可看作是一个二重抽样的样本,则第二期的总体均值估计量可采用

$$\bar{y}_2'' = (1-\phi)(\bar{y}_1 + \bar{y}_{2m} - \bar{y}_{1m}) + \phi \bar{y}_{2u},$$

其中 ϕ 为常数,$0 < \phi < 1$,$\bar{y}_1$ 为第一期样本均值,$\bar{y}_{2m}$ 是第二期拼配样本的第二期指标均值,$\bar{y}_{1m}$ 是第二期拼配样本的第一期指标均值,$(\bar{y}_1 + \bar{y}_{2m} - \bar{y}_{1m})$ 是二重抽样的差估计. $\bar{y}_{2u}$ 是第二期非拼配样本的样本均值. $\bar{y}_2''$ 是二者的加权估计,证明:

(1) $\bar{y}_2''$ 是无偏估计;

(2) 忽略抽样比 f,且两时期指标的总体方差相同,均为 S^2 时,$\bar{y}_2''$ 的均方偏差

$$V(\bar{y}_2'') = \frac{S^2}{n}\left\{(1-\phi)^2 \frac{[n+u(1-2\rho)]}{m} + \frac{n\phi^2}{u}\right\},$$

其中 ρ 是两时期指标值的相关系数.

第八章 抽样实践中常见的几个问题的讨论

前面的章节中,我们讨论了概率抽样调查的常用的基本方法. 在抽样实践中经常是将这些方法,根据实际的情况进行组合,制订一个针对总体的完整的抽样方案. 方案中抽取样本单元的方法与估计方法合理配套是一个关键问题. 也就是说,抽取样本的方法要省时、省力、省钱,充分利用抽样框信息,使实际调查切实可行,而且要相应地有适应的估值公式,保证估值达到预想的精度.

抽样实践中会有很多基础方法以外的问题需要研究. 有人说抽样不仅是一门技术,也是一门艺术. 说明抽样调查有千变万化的情况,需要调查人员审时度势仔细地加以处理. 本章我们就几个常见的问题,阐述一些最基本的处理方法.

§8.1 定期连续抽样调查中使用历史数据的技术

(一) 问题的提出

当我们用抽样的方法收集定期公布的社会经济资料时,就需要对同一个总体反复进行抽样调查,我们称之为**定期连续抽样调查**. 定期连续抽样调查是政府统计中最常见的调查,对许多总体每年都需调查一次,获取统计信息. 我们可以利用前期的资料规划当前的抽样方案,以期达到提高精度,节省费用之目的. 定期连续调查中,我们所要估计的主要有下列三种数量:

(1) 估计目标量从一个时期到下一个时期之间的变化. 例如一项新的房改、土地政策出台必然会影响公众购房的需求. 要比较政策出台前后需求的差异.

(2) 估计目标量在所有各个时期间的总和或平均值. 例如每一个季度我们对一个城市的工业产值作一次调查, 其主要目的是获得该城市全年的工业产值总和.

(3) 估计目标量在最近一个时期的总和或平均值. 这是大多数社会经济调查中最关心的, 也是大多数文献所研究的中心问题.

定期连续抽样如何进行样本单元更新? 如何保留部分老样本单元, 利用新老时期指标量值的相关改进估计精度? 常是研究的主要问题. 假设我们保持样本的基本结构, 并假定不同时期样本总量 n 是不变的, 为了得到最大精度的估计量, 对于上述三类主要数量, 替换样本的主要规则可以表述如下:

(1) 若要估计各个时期之间的变化量, 最好在各个时期间保持同样的样本单元. 因为同一个单元连续两期的量值一般具有正的相关, 即前期的量值大则后期的一般也大, 前期的量值小则后期的量值一般也较小. 两期指标量值的相关系数 $\rho > 0$, 当两期采用同一个样本单元时, 前期样本值 y_1 与后期样本值 y_2 之差 $y_1 - y_2$ 的方差为

$$\text{var}(y_1 - y_2) = \text{var}(y_1) + \text{var}(y_2) - 2\rho\sqrt{\text{var}(y_1)\text{var}(y_2)}.$$

而两期采用独立的样本, 前期一个样本值 y_1 与后期一个样本值 y_2 之差的方差为

$$\text{var}(y_1 - y_2) = \text{var}(y_1) + \text{var}(y_2).$$

(2) 若要估计所有各个时期之间的总和或平均值, 则最好每个时期抽一个独立的不同的新样本. 因为同一个样本单元, 两期值之和 $y_1 + y_2$ 的方差为

$$\text{var}(y_1 + y_2) = \text{var}(y_1) + \text{var}(y_2) + 2\rho\sqrt{\text{var}(y_1)\text{var}(y_2)}.$$

而独立的两个样本, 两期不同单元值之和的方差为

$$\text{var}(y_1 + y_2) = \text{var}(y_1) + \text{var}(y_2).$$

(3) 若要估计目标量在近一个时期的总和或平均值, 则每次应该更新部分样本单元, 保留部分老的样本单元. 替换多少样本最好, 依赖于两期指标量值间的相关程度, 以及抽样的方法. 本章下面的内

容将作具体的阐述.

连续抽样(以两次为例)进行样本拼配,改进估计,提高精度的操作方法可概括地描述如下.

第一个时期的抽样:从总体 $\mathcal{U}(N)$ 中,抽取 n' 个样本单元,作为第一时期的样本,记为 S_1. 观测每个样本单元的指标值 $x_i(i=1,\cdots,n')$.

第二个时期的抽样:从前期样本 S_1 中抽取 m 个单元作为拼配样本,记为 S_{2m}. 观测每个单元的指标值,它们的平均值,记为 $\bar{y}_{2m}$,这些单元有第一时期的指标值,其平均值记为 $\bar{x}_{1m}$. 另外从总体 $\mathcal{U}$ 或 $\mathcal{U}-S_1$ 中抽取 $u=n-m$ 个新单元作为非拼配样本,记为 S_{2u},这 u 个单元可观测其第二时期的指标值,它们的平均值称为非拼配样本的平均值,记为 $\bar{y}_{2u}$.

基于 S_1 和 S_{2m} 可构成拼配部分的第二期指标量的估计 $\hat{\bar{y}}_m$. 基于 S_{2u} 可得到非拼配部分的第二期指标量的估计 $\hat{\bar{y}}_u$. 将这两个估计综合,加权得到最终的第二期指标量 $\overline{Y}$ 的估计量

$$\hat{\bar{y}} = \phi \hat{\bar{y}}_m + (1-\phi) \hat{\bar{y}}_u. \tag{8.1.1}$$

权数 ϕ 取最优值(S_{2m} 与 S_{2u} 独立)

$$\phi = \frac{\mathrm{var}(\hat{\bar{y}}_u)}{\mathrm{var}(\hat{\bar{y}}_u) + \mathrm{var}(\hat{\bar{y}}_m)}. \tag{8.1.2}$$

对应的估计量的方差 $\mathrm{var}(\hat{\bar{y}})$ 为

$$\mathrm{var}(\hat{\bar{y}}) = \frac{\mathrm{var}(\hat{\bar{y}}_u) \cdot \mathrm{var}(\hat{\bar{y}}_m)}{\mathrm{var}(\hat{\bar{y}}_u) + \mathrm{var}(\hat{\bar{y}}_m)}. \tag{8.1.3}$$

按照使 $\mathrm{var}(\hat{\bar{y}})$ 最小原则,求出最优的拼配比例 $\lambda_0 = m/n$,$\mu_0 = 1-\lambda_0 = u/n$,以及方差 $\mathrm{var}(\hat{\bar{y}})$ 对应的最小值 $V_{\mathrm{opt}} = \min \mathrm{var}(\hat{\bar{y}})$.

(二) 简单随机抽样定期连续调查

简单随机抽样是概率抽样中最基本的抽样方法,也是实际工作中最常使用的方法之一. 我们首先讨论两个时期连续调查,两个时期

抽取的都是简单随机样本,样本总量都是 n. 这是实际工作中常见的情况. 我们关心的主要是第二时期(现期)的指标的总体均值 $\bar{Y}$ 的估计. 为了将第一期调查的 n 个样本单元的数据(历史资料)利用起来,在抽取第二时期的样本时,从第一时期的 n 个样本单元中简单随机地抽取 m 个单元构成拼配样本 S_{2m},其余的 $n-m$ 个样本单元不用,更换为新的样本单元,即从总体中用简单随机抽样抽取 $u=n-m$ 个新样本单元,构成非拼配样本 S_{2u}. S_{2m} 和 S_{2u} 合在一起组成完整的第二期样本 S_2.

引进下列记号:

$\{X_1,\cdots,X_N\}$ 为总体各单元在第一时期的指标值. $\bar{X}, S_x^2$ 分别为它们的均值和方差.

$\{Y_1,\cdots,Y_N\}$ 为总体各单元在第二时期的指标值. $\bar{Y}, S_y^2$ 分别为它们的均值和方差.

$\bar{x}_1$: 第一期 n 个样本单元的样本均值.

$\bar{y}_2$: 第二期样本 S_2 的 n 个单元的样本均值.

$\bar{y}_{2m}$: 第二期拼配样本 S_{2m} 的 m 个样本单元的平均值.

$\bar{y}_{2u}$: 第二期非拼配样本 S_{2u} 的 u 个样本单元的平均值.

为了估计现期总体均值 $\bar{Y}$,可分别从样本 S_{2m} 和 S_{2u} 得到估计量,然后再把它们组合起来得到最终统一的估计量. 当从 S_{2m} 估计 $\bar{Y}$ 时 S_{2m} 的 m 个样本单元是从第一期的 n 个样本单元组成的一个大样本中抽取的一个子样本. 构成二重抽样. 这些单元第一时期的数据是历史资料,可以利用作为辅助变量,采用比估计、差估计、回归估计等借助辅助变量的估计方法,它们会比不用历史资料的估计方法(如简单的样本均值)提高估计的精确度. W. G. 科克伦的著作《抽样技术》第十二章介绍了使用回归估计的方法,但实际工作中,比估计和差估计是更经常采用的估计量. 下面我们分别就使用差估计和比估计的情况进行讨论,列出 $\bar{Y}$ 的估计量及相应的精度.

首先介绍使用差估计的方法. 根据第二期非拼配样本 S_{2u},可得到 $\bar{Y}$ 的估计 $\hat{\bar{y}}_{2u}=\bar{y}_{2u}$. 根据第二期拼配样本 S_{2m},用差估计,可得 $\bar{Y}$

的估计 $\hat{\bar{y}}_{2m} = \bar{y}_{2m} + (\bar{x}_1 - \bar{x}_{1m})$，这里 $\bar{x}_{1m}$ 是第二期拼配样本 S_{2m} 的 m 个样本单元在第一期调查时数据的平均值. 当总体中各单元第二时期与第一时期指标的量值之差是在一个值附近摆动，即有模型

$$Y_k - X_k = C + e_k, \quad k = 1, \cdots, N$$

使用差估计是适宜的，其中 e_k 为随机摆动项. 这种情况下，两时期指标量值的总体方差 S_x^2 和 S_y^2 应该差不多有相同的值. 为了简化表达式，我们假定 $S_y^2 = S_x^2 = S^2$，而两时期指标的总体相关系数记为 $\rho = S_{xy}/(S_x \cdot S_y)$. 将这两个估计量及其相应的方差列于表 8.1.1（忽略抽样比 $f = n/N$）.

表 8.1.1

样 本	估 计 量	方 差
非拼配 S_{2u}	$\hat{\bar{y}}_{2u} = \bar{y}_{2u}$	$\dfrac{1}{u} S^2$
拼配 S_{2m}	$\hat{\bar{y}}_{2m} = \bar{y}_{2m} + (\bar{x}_1 - \bar{x}_{1m})$	$\left[\dfrac{2}{m}(1-\rho) - \dfrac{1}{n}(1-2\rho)\right] S^2$

将上面两个估计量用它们的方差的倒数加权，组合求得最终的统一的估计量 $\hat{\bar{y}}$，即

$$\hat{\bar{y}} = \dfrac{u\left[\dfrac{2}{m}(1-\rho) - \dfrac{1}{n}(1-2\rho)\right]}{u\left[\dfrac{2}{m}(1-\rho) - \dfrac{1}{n}(1-2\rho)\right]+1} \hat{\bar{y}}_{2u}$$

$$+ \dfrac{1}{u\left[\dfrac{2}{m}(1-\rho) - \dfrac{1}{n}(1-2\rho)\right]+1} \hat{\bar{y}}_{2m}. \quad (8.1.4)$$

这个最终估计量 $\hat{\bar{y}}$ 的方差为

$$\mathrm{var}(\hat{\bar{y}}) = \dfrac{\dfrac{2}{m}(1-\rho) - \dfrac{1}{n}(1-2\rho)}{u\left[\dfrac{2}{m}(1-\rho) - \dfrac{1}{n}(1-2\rho)\right]+1} S^2$$

$$= \dfrac{2(1-\rho) - \lambda(1-2\rho)}{(1-\lambda)[2(1-\rho) - \lambda(1-\rho)] + \lambda} \cdot \dfrac{S^2}{n}. \quad (8.1.5)$$

使 (8.1.5) 式方差取最小值的最优拼配比为

$$\lambda_0 = \frac{m}{n} = \frac{\sqrt{2(1-\rho)}}{1+\sqrt{2(1-\rho)}}. \tag{8.1.6}$$

相应的方差的最小值为

$$V_{opt} = \min[\text{var}(\hat{\bar{y}})] = \frac{1+\sqrt{2(1-\rho)}}{2} \cdot \frac{S^2}{n}. \tag{8.1.7}$$

从(8.1.7)式可以看出,当 $\rho > 0.5$ 时,利用历史资料的估计量 $\hat{\bar{y}}$ 比不利用历史资料的通常的 n 个样本单元的样本平均值有较小的方差. 在实际调查中,前后相邻的两期指标量值之间往往有较强的相关关系. 因而使用历史资料会提高估计的精确度. 对不同的 ρ 值,对应的最优拼配比 λ 取不同的数值,在估计的精确度方面的得益也不相同. 一个实际的调查课题调查往往是多指标的,各个指标两期量值间的相关系数会各不相同,而一次调查只能采用一个拼配比,因而不可能针对每一个指标采用最优拼配比,只能共用一个折衷的适宜的拼配比. 从下面列出的表8.1.2可以看到,取拼配比 $\lambda = \frac{1}{3}$ 是一个比较好的折衷方案.

表 8.1.2

ρ 值	最优拼配比 (%)	精确度提高 (%)	采用 $\lambda = \frac{1}{3}$ 时 精确度提高(%)
0.6	47	5	5
0.65	46	8	8
0.7	44	11	11
0.75	41	15	14
0.8	39	18	18
0.85	35	23	23
0.9	30	28	28
0.95	24	34	33

当总体中各单元第二时期与第一时期指标量值之差在一个值附近摆动时,用差估计提高精度是适宜的. 而当总体中各单元两期的指标量值有着比例关系,即有模型

§8.1 定期连续抽样调查中使用历史数据的技术

$$Y_k/X_k = C + e_k, \quad k = 1, \cdots, N,$$

这时用比估计更为合适. 在这个模型下, 两个时期总体指标值的总体方差不可能有相同值. 方差会随着指标值的变大而变大, 这种情况下, 假定 $S_y/\overline{Y} = S_x/\overline{X}$, 即假定两个时期指标量值的总体变异系数不变, 是合理的. 将第一时期历史资料用作辅助变量, 采用比估计的方法如下. 根据第二期非拼配样本 S_{2u} 得估计 $\hat{\overline{y}}_{2u}$, 根据第二期拼配样本和第一期历史资料用比估计得估计量 $\hat{\overline{y}}_{2m}$, 然后再组合成统一的估计量 $\hat{\overline{y}}$. 表 8.1.3 列出了采用的估计量及其对应的方差.

表 8.1.3

样本	估计量	方差
非拼配 S_{2u}	$\hat{\overline{y}}_{2u} = \overline{y}_{2u}$	$\dfrac{1}{u} S_y^2$
拼配 S_{2m}	$\hat{\overline{y}}_{2m} = \overline{x}_1 \cdot (\overline{y}_{2m}/\overline{x}_{1m})$	$\left[\dfrac{2}{m}(1-\rho) - \dfrac{1}{n}(1-2\rho) \right] S_y^2$

上面表中方差的表达式忽略了抽样比 $f = \dfrac{n}{N}$. 比估计方差为近似式. 表 8.1.3 与表 8.1.1 中估计量 $\hat{\overline{y}}_{2m}$ 的方差有相同的表示式, 但应注意使用差估计与使用比估计的假设条件是不同的. 从表 8.1.3 与表 8.1.1 方差项的相似表达式可以看出, $\overline{Y}$ 的统一估计量与差估计的 (8.1.4) 式有相同的表达式:

$$\hat{\overline{y}} = \frac{u\left[\dfrac{2}{m}(1-\rho) - \dfrac{1}{n}(1-2\rho) \right]}{u\left[\dfrac{2}{m}(1-\rho) - \dfrac{1}{n}(1-2\rho) \right] + 1} \hat{\overline{y}}_{2u}$$
$$+ \frac{1}{u\left[\dfrac{2}{m}(1-\rho) - \dfrac{1}{n}(1-2\rho) \right] + 1} \hat{\overline{y}}_{2m}.$$

当然此式中的 $\hat{\overline{y}}_{2m}$ 是表 8.1.3 的比估计而不是差估计. 由此导出的最优拼配比 λ, 以及采用最优拼配比时 $\hat{\overline{y}}$ 的最小方差 V_{opt} 均与前面的 (8.1.6) 及 (8.1.7) 式相同. 精确度提高的百分比也与表 8.1.2 相同.因而实际调查课题采用拼配比 $\lambda=\frac{1}{3}$ 是较好的方案.

(三) PSS 抽样定期连续调查

在许多社会经济调查项目中,样本单元的抽选是采用 PPS 不等概抽样.对这种情形,在定期连续调查中如何替换样本,利用历史资料改善估计现期指标均值的精度呢? 首先在样本替换时应该保证第二时期的样本是一个给定抽取概率 $\{p_1,p_2,\cdots,p_N\}$ 的 PPS 样本.Des Raj(1965)对这一问题进行过研究.在第一时期的样本 S_1 有 n 个样本单元,它们是用 PPS 有放回不等概抽取的,对应的各单元的抽取概率为 $\{p_1,p_2,\cdots,p_N\}$, $\sum p_k=1$. 在第二时期从 S_1 的 n 个单元中简单随机地有放回抽取 m 个单元,组成拼配样本 S_{2m}. 这样抽取的 S_{2m} 的 m 个样本单元是从总体 N 个单元按抽取概率 $\{p_1,p_2,\cdots,p_N\}$ 抽取的 PPS 样本.因为对总体中的任一单元 k,有

$$P\{S_{2m} \text{ 的一次抽取抽中总体 } k \text{ 单元}\}$$
$$= \sum_{i=1}^{n} P\{\text{该次抽取取中 } S_1 \text{ 的 } i \text{ 单元},$$
$$\text{此 } i \text{ 单元是总体 } k \text{ 单元}\}$$
$$= \sum_{i=1}^{n} P\{\text{该次抽取取中 } S_1 \text{ 的 } i \text{ 单元}\}$$
$$\cdot P\{S_1 \text{ 的 } i \text{ 单元是总体 } k \text{ 单元}\}$$
$$= \left(\sum_{i=1}^{n} \frac{1}{n}\right) \cdot p_k = p_k.$$

第二时期的非拼配样本 S_{2u} 直接从总体中按给定概率 $\{p_1,p_2,\cdots,p_N\}$ 抽取 $u=n-m$ 个 PPS 样本单元.这样由 S_{2m} 和 S_{2u} 组成的第二时期的样本 S_2 仍是一个 n 个单元的 PPS 样本.由拼配样本 S_{2m} 得到的总体均值 $\overline{Y}$ 的估计量可采用广义差估计

$$\hat{\bar{y}}_{2m} = \frac{1}{Nm}\sum_{i=1}^{m}\left(\frac{y_i}{p_i}\right) + \left[\frac{1}{Nn}\sum_{i=1}^{n}\left(\frac{x_i}{p_i}\right) - \frac{1}{Nm}\sum_{i=1}^{m}\left(\frac{x_i}{p_i}\right)\right].$$

(8.1.8)

这里 y_i 是样本单元第二时期指标值，x_i 是样本单元第一时期指标值，$\sum_{i=1}^{m}$ 是对 S_{2m} 的 m 个样本单元求和，$\sum_{i=1}^{n}$ 是对 S_1 的 n 个样本单元求和．由非拼配样本 S_{2u} 得到的总体均值 $\overline{Y}$ 的估计量为

$$\hat{\overline{y}}_{2u} = \frac{1}{Nu}\sum_{i=1}^{u}\left(\frac{y_i}{p_i}\right). \tag{8.1.9}$$

求和号 $\sum_{i=1}^{u}$ 是对 S_{2u} 的 u 个样本单元求和．可以求出这两个估计量的方差分别为

$$V(\hat{\overline{y}}_{2m}) = \left(\frac{1}{N}\right)^2\left[\frac{1}{m}V_{\text{PPS}}(y) + \left(\frac{1}{m} - \frac{1}{n}\right)\right.$$
$$\left. \cdot (V_{\text{PPS}}(x) - 2V_{\text{PPS}}(x,y))\right],$$

$$V(\hat{\overline{y}}_{2u}) = \left(\frac{1}{N}\right)^2 \frac{1}{u} V_{\text{PPS}}(y),$$

这里

$$V_{\text{PPS}}(y) = \sum_{i=1}^{N} p_i \left(\frac{y_i}{p_i} - N\overline{Y}\right)^2,$$

$$V_{\text{PPS}}(x) = \sum_{i=1}^{N} p_i \left(\frac{x_i}{p_i} - N\overline{X}\right)^2,$$

$$V_{\text{PPS}}(x,y) = \sum_{i=1}^{N} P_i \left(\frac{x_i}{p_i} - N\overline{X}\right)\left(\frac{y_i}{p_i} - N\overline{Y}\right).$$

将(8.1.8)和(8.1.9)按它们方差的倒数加权得统一的估计

$$\hat{\overline{y}} = W\hat{\overline{y}}_{2m} + (1-W)\hat{\overline{y}}_{2u}, \tag{8.1.10}$$

其中

$$W = V(\hat{\overline{y}}_{2u})/[V(\hat{\overline{y}}_{2m}) + V(\hat{\overline{y}}_{2u})].$$

则统一估计 $\hat{\overline{y}}$ 的方差为

$$V(\hat{y}) = \frac{1 - (1-\lambda)B/A}{1 - (1-\lambda)^2 B/A} \cdot \frac{A}{N^2 n}, \tag{8.1.11}$$

其中

$$\lambda = m/n, \quad A = V_{\text{PPS}}(y), \quad B = 2V_{\text{PPS}}(x,y) - V_{\text{PPS}}(x).$$

由(8.1.11)式可求得使 $V(\bar{\tilde{y}})$ 达到最小值的最优拼配比 λ_0 为

$$\lambda_0 = \frac{\sqrt{1-B/A}}{1+\sqrt{1-B/A}}. \tag{8.1.12}$$

对应的方差最小值为

$$V_{\text{opt}} = \frac{1}{2}(1+\sqrt{1-B/A}) \cdot \frac{A}{N^2 n}. \tag{8.1.13}$$

从(8.1.13)式可以看到,只有当 $B = 2V_{\text{PPS}}(x,y) - V_{\text{PPS}}(x)$ 大于 0 时,利用历史资料才有可能改善估计的精度. 这就要求两个时期指标值的 PPS 相关比较大,即

$$V_{\text{PPS}}(x,y) = \sum_{i=1}^{N} p_i \left(\frac{x_i}{p_i} - N\overline{X} \right) \left(\frac{y_i}{p_i} - N\overline{Y} \right)$$

要比较大.

对不同的 B/A 值,估计精度提高的百分数,以及取拼配比 $\lambda = \frac{1}{4}, \frac{1}{3}, \frac{1}{2}$ 时估计精度提高的百分数,见表 8.1.4.

表 8.1.4

B/A	最优拼配比 $\lambda_0(\%)$	精度提高的百分比(%)			
		$\lambda=\lambda_0$	$\lambda=1/4$	$\lambda=1/3$	$\lambda=1/2$
0.1	48.7	2.6	2.0	2.3	2.6
0.2	47.2	5.3	4.2	4.9	5.3
0.3	45.6	8.2	6.8	7.7	8.1
0.4	43.6	11.3	9.7	10.8	11.1
0.5	41.4	14.6	13.0	14.3	14.3
0.6	38.7	18.4	17.0	18.2	17.6
0.7	35.4	22.7	21.7	22.6	21.2
0.8	30.9	27.7	27.3	27.6	25.0
0.9	24.0	34.2	34.2	33.4	29.0

从表 8.1.4 看取拼配比 $\lambda=1/3$ 仍然是一个较适宜的折衷方案.

(四) 使用历史资料的估计量的方差估计

在各种抽样调查方法中,概率抽样调查的突出的特点是,抽样方

§8.1 定期连续抽样调查中使用历史数据的技术　　173

案不仅给出调查目标量的估计量,而且对这个估计量的精度有一个估计,也就是对这个估计量的方差有一个估计. 在前面各节中,对多种不同的情况,我们叙述了利用前一时期历史资料的估计量,也给出这些估计量的理论方差的表达式,但实际工作中如何用获得的样本单元的数据,估计出这个方差的大小,更具有实际意义. 这一节我们来讨论这个问题.

在利用历史资料的估计中,估计量的一般形式为
$$\hat{y} = \phi\hat{y}_m + (1-\phi)\hat{y}_u,$$
其中 $\hat{y}_m$ 和 $\hat{y}_u$ 分别是基于拼配样本和非拼配样本的估计量. 在绝大多数情况,$\hat{y}_m$ 和 $\hat{y}_u$ 是相互独立的或近似相互独立时,加权因子 ϕ 都取为最优的权数,即
$$\phi = \frac{\mathrm{var}(\hat{y}_u)}{\mathrm{var}(\hat{y}_m) + \mathrm{var}(\hat{y}_u)}.$$
对应的 $\hat{y}$ 的方差为
$$\mathrm{var}(\hat{y}) = \frac{\mathrm{var}(\hat{y}_m) \cdot \mathrm{var}(\hat{y}_u)}{\mathrm{var}(\hat{y}_m) + \mathrm{var}(\hat{y}_u)}.$$
要估计 $\mathrm{var}(\hat{y})$,我们可以先分别对 $\mathrm{var}(\hat{y}_m)$ 及 $\mathrm{var}(\hat{y}_u)$ 找出它们的无偏的或近似无偏的估计量. 通常对 $\mathrm{var}(\hat{y}_u)$ 容易找到一个无偏估计量,记为 V_2,$\mathrm{var}(\hat{y}_m)$ 可以找到一个无偏的或近似无偏的估计量,记为 V_1. 在大样本情况下,可以用
$$V = \frac{V_1 \cdot V_2}{V_1 + V_2} \tag{8.1.14}$$
来估计 $\mathrm{var}(\hat{y})$. 这样的估计是近似无偏的. 其偏量与估计 V_1 的偏量及 V_1,V_2 的方差的和有相同的阶. 对定期连续抽样调查中两种基本的情形,即 (a) 第一时期样本 S_1,第二时期拼配样本 S_{2m} 及非拼配样本 S_{2u} 都是简单随机样本,估计总体均值; (b) 第一时期样本 S_1 是一个 PPS 样本,第二时期拼配样本 S_{2m} 从 S_1 的样本单元简单随机地抽取,非拼配样本 S_{2u} 是从总体中按 PPS 方式抽得,两者合成一个新的 PPS 样本,估计总体均值. 对这两种基本情形,(8.1.14)式的方差估计量的偏量的阶都是 $1/n^2$.

我们还可以使用数理统计的 Jackknife 方法，Jackknife 方法可以普遍地用于各种复杂估计量的方差估计，其基本形式如下：设总体的样本为 $y_1,\cdots,y_n$，由整个样本可得到参数 θ 的估计量 $\hat{\theta}$。设 $n=kl$，把整个样本分成每群 l 个样本单元的 k 个群。令 $\hat{\theta}(\alpha)$ 是整个样本中去掉第 α 个群后，由剩下的样本得出的估计量，$\hat{\theta}(\alpha)$ 的形式与 $\hat{\theta}$ 相同。记 $\hat{\theta}(\cdot)=\dfrac{1}{k}\sum\limits_{\alpha=1}^{k}\hat{\theta}(\alpha)$，则 $\hat{\theta}$ 的 Jackknife 方差估计量为

$$V(\hat{\theta})=\frac{k-1}{k}\sum_{\alpha=1}^{k}(\hat{\theta}(\alpha)-\hat{\theta}(\cdot))^2.$$

例如，参数 θ 是总体均值 $\bar{Y}$，估计量为 $\bar{y}=\dfrac{1}{n}\sum\limits_{i=1}^{n}y_i$，取 $l=1,k=n$，则

$$\hat{\theta}(\alpha)=\hat{y}(\alpha)=\frac{1}{n-1}\sum_{\substack{i=1\\i\neq\alpha}}^{n}y_i,\quad \alpha=1,\cdots,n,$$

$$\hat{\theta}(\cdot)=\hat{y}(\cdot)=\frac{1}{n}\sum_{\alpha=1}^{n}\hat{y}(\alpha).$$

Jackknife 方差估计量则为

$$V(\bar{y})=\frac{n-1}{n}\sum_{\alpha=1}^{n}(\hat{y}(\alpha)-\hat{y}(\cdot))^2.$$

在有限样本情形 Jackknife 方差估计倾向于有一个阶为 $1/k^2$ 的正偏差。用 Jackknife 方法估计一连续调查中估计量 $\hat{y}$ 的方差可以有两种做法。

方法 1 将 m 个拼配样本单元分成 k 个群，每群有 m' 个单元，同时将非拼配样本单元也分成 k 个群，每群有 u' 个单元，将拼配样本的群和非拼配样本的群一一结合，如此将全部 $n=m+u$ 个样本单元分成 k 个群，每群有 m' 个拼配样本，u' 个非拼配样本。以 $\hat{y}_m(\alpha)$ 与 $\hat{y}_u(\alpha)$ 分别记去掉第 α 群后的拼配部分与非拼配部分的估计量，则去掉第 α 群后的统一的估计量为

$$\hat{y}(\alpha)=\phi\hat{y}_m(\alpha)+(1-\phi)\hat{y}_u(\alpha),\quad \alpha=1,\cdots,k,$$

$$\hat{y}(\cdot)=\frac{1}{k}\sum_{\alpha=1}^{k}\hat{y}(\alpha),\quad \hat{y}_m(\cdot)=\frac{1}{k}\sum_{\alpha=1}^{k}\hat{y}_m(\alpha),$$

§8.1 定期连续抽样调查中使用历史数据的技术

$$\hat{y}_u(\cdot) = \frac{1}{k}\sum_{\alpha=1}^{k}\hat{y}_u(\alpha),$$

则 Jackknife 方差估计量为

$$V(\hat{y}) = \frac{k-1}{k}\sum_{\alpha=1}^{k}(\hat{y}(\alpha) - \hat{y}(\cdot))^2.$$

方法 2 对拼配样本和非拼配样本分别计算估计量 $\hat{y}_m(\alpha)$, $\hat{y}_u(\alpha)$. $\hat{y}_m(\alpha)$ 是拼配样本去掉第 α 个样本单元后的估计. 令

$$\hat{y}(1,\alpha) = \phi\hat{y}_m(\alpha) + (1-\phi)\hat{y}_u, \quad \alpha = 1,\cdots,m,$$

$$\hat{y}(2,\alpha) = \phi\hat{y}_m + (1-\phi)\hat{y}_u(\alpha), \quad \alpha = 1,\cdots,u,$$

$$\hat{y}(1,\cdot) = \frac{1}{m}\sum_{\alpha=1}^{m}\hat{y}(1,\alpha), \quad \hat{y}(2,\cdot) = \frac{1}{u}\sum_{\alpha=1}^{u}\hat{y}(2,\alpha),$$

则 Jackknife 方差估计量取为

$$V(\hat{y}) = \frac{m-1}{m}\sum_{\alpha=1}^{m}(\hat{y}(1,\alpha) - \hat{y}(1,\cdot))^2$$

$$+ \frac{u-1}{u}\sum_{\alpha=1}^{u}(\hat{y}(2,\alpha)) - \hat{y}(2,\cdot))^2.$$

这一方差估计相当于将拼配样本和非拼配样本分别看成是两个层的独立样本,利用分层样本的 Jackknife 方法获得的.

Jackknife 方差估计的一个显而易见的好处是,只要确定了连续抽样利用历史资料的估计量,就可以方便地得到其估计量的方差的估计. 特别是在拼配部分使用比估计或回归估计时,Jackknife 估计还可以减少这些估计量方差估计的偏的影响.

例 1 我们利用 1988 年全国百分之一生育节育抽样调查的资料,对黑龙江、吉林、辽宁、山东、浙江等省作模拟连续调查,采用 Jackknife 方法估计出生人数估计量的方差. 以每一省的数据作为总体,从中抽取 1/10 的单元作为样本,采用 PPS 抽样,抽样概率正比于单元人口总数. 目标量是 1988 年全省出生人数 Y,历史资料是 1986 年出生人数 X_1 和 1987 年出生人数 X_2. 非拼配样本的估计量

$$\hat{y} = \frac{1}{u}\sum_{i \in S_{zu}} y_i/p_i.$$

拼配样本的估计量采用比估计

$$\hat{y}_m = w_1 \frac{y_m}{x_1} x_1' + w_2 \frac{y_m}{x_2} x_2',$$

其中

$$y_m = \frac{1}{m} \sum_{i \in S_{zm}} y_i / p_i, \quad x_1 = \frac{1}{m} \sum_{i \in S_{zm}} x_{1i} / p_i,$$

$$x_2 = \frac{1}{m} \sum_{i \in S_{zm}} x_{2i} / p_i,$$

$$x_1' = \frac{1}{n} \sum_{i \in S_1} x_{1i} / p_i, \quad x_2' = \frac{1}{n} \sum_{i \in S_1} x_{2i} / p_i,$$

w_1, w_2 是优化的加权因子. Y 的统一估计为

$$\hat{y} = \phi \hat{y}_m + (1 - \phi) \hat{y}_u.$$

ϕ 亦按优化公式,用样本统计量代替对应的理论值求得.用 Jackknife 的两种方法求 $\hat{y}$ 方差的估计量.对每一个省总体,均重复 20 次,然后对方法 1 和方法 2,求 20 个估计值的均值和标准差,其结果汇总于表 8.1.5.

表 8.1.5

省 份	单元个数	样本量	方差的理论值	方法1 20个估计值的均值	方法2 20个估计值的均值	方法1 估计值的标准差	方法2 估计值的标准差
黑龙江	196	20	8707	9650	9224	6362	3999
吉 林	382	35	22838	26661	22658	8467	10319
辽 宁	406	35	16669	14985	17841	6389	9900
浙 江	773	60	18614	20886	23776	7411	6557
山 东	539	45	24562	27531	32881	13676	20087

从表 8.1.5 看到,方法 1 和方法 2 精度差不多,两者均多数倾向于高估,估计的标准差也较大,有待进一步改进.当然 20 次作为统计模拟似乎是少了一些,一般应重复百次以上.

§8.2 敏感性问题的调查方法

(一) 敏感性问题与随机化回答技术(RRT)

抽样调查现在已被广泛应用. 它省时省力,能获得较为准确的结果,这一方面是由于方法本身的科学性;但另一方面很重要的一个前提是被调查者的回答必须都是真实的. 在当今的社会经济调查等各种统计调查中,经常会遇到各种各样的敏感性问题. 所谓敏感性问题,是指个人或单位的隐私或与私人利益有关而不便向外界透露的问题. 比如,个人或单位是否偷税漏税及数额的多少;考生在考试中是否有作弊行为;是否有吸毒、赌博行为;个人储蓄的多少;是否参加过走私货物的交易;是否有犯罪行为;各种类型的额外消费、公款吃喝;是否同性恋及类似的为社会所不赞成的各种事件. 对于这类敏感性问题,调查中若采用直接问答的方式,被调查者为了保护自己的隐私或出于其他目的,往往会拒绝回答或故意做出错误的回答. 这样就破坏了数据的真实性,而且破坏程度的大小无法度量. 如调查个体营业者偷税漏税情况,采用抽样调查的方法,若直接询问"你在上个月是否有偷税漏税行为? 偷税漏税的数额是多少?"因为偷税漏税是违法行为,对于第一个问题,往往会得到否定回答. 即使有人敢于回答"是",在第二个问题中,回答的数额肯定会比其真实的偷税漏税数额低. 这样总的调查结果就没有可靠性.

总的来说,对于敏感性问题,若采用直接调查的方法,调查者将难以控制样本信息,得不到可靠的样本数据. 为了得到敏感性问题的可靠的样本数据,有必要采用一种科学的可行的技术——随机化回答技术(Randomized Response Technique 简记为 RRT).

随机化回答,是指在调查中使用特定的随机化装置,使得被调查者以预定的概率 P 来回答敏感性问题. 这一技术的宗旨就是最大限度地为被调查者保守秘密,从而取得被调查者的信任. 比如在调查学生考试作弊的问题中,设计外形完全一样的卡片 m 个,其中 m_1 个卡片上写上"你考试是否作过弊?", $m-m_1$ 个卡片上写上另外的问题. 然后放在一盒子里. 调查时,由被调查者从盒子里任抽一卡片,根据卡片上的问题做出回答,回答完毕再把卡片放回盒子. 至于卡片上具体是什么问题,调查者无权过问. 这样就起到了为被调查者保密的作用. 因而相对于直接问答调查,易于得到被调查者的合作.

随机化回答技术是 1965 年沃纳(Warner)提出了沃纳模型(Warner model)后才发展起来的.

敏感性问题按总体的特征可分为两类:属性特征的敏感性问题和数量特征的敏感性问题.

属性特征的敏感性问题(例如考生是否作弊,是否有吸毒行为等)是指被调查者是否具有敏感性问题的特征,一般是估计具有敏感性特征的人在总体中所占的比例,因此又可称作敏感性比例问题.

数量特征的敏感性问题是指被调查者具有敏感性问题数额的多少的特征,一般是估计敏感性数额的均值或总和,也可称作敏感性均值问题. 比如个体户或企业偷税漏税数额多少的问题;一段时间内吸毒次数的问题;职工额外收入问题等.

下面对几个常用的随机化回答模型作些介绍.

(二) 沃纳模型与西蒙斯模型(Simmons model)

沃纳模型是 1965 年由沃纳提出的,它的提出开创了随机化回答的先河. 其设计原则是根据敏感性特征设计两个相互对立的问题,让被调查者按预定的概率从中选一个回答,调查者无权过问被调查者究竟回答的是哪一个问题,从而起到了为被调查者保密的作用.

设总体可分为互不相容的两类:具有敏感性特征的一类 A 与不具敏感性特征的一类 $\bar{A}$. 即总体中的每一个体或者具有敏感性特征(属于 A),或者不具有敏感性特征(属于 $\bar{A}$). 我们的目的是估计具有敏感性特征(属于 A)的人在总体中所占的比例 π_A.

在简单随机有放回抽样下从总体中抽得 n 个样本,然后对这 n 个样本进行随机化回答调查. 所使用的随机化装置描述如下:外形相同的卡片上分别写有问题,"你属于 A 吗?"与"你属于 $\bar{A}$ 吗?"(如

"你在考试中作弊了吗?"与"你在考试中没有作弊吗?")而后以预定的比例混合后放入一盒子中,调查时,被调查者从盒子中任拿出一卡片,根据卡片上的问题进行回答.只回答"是"或"否",这样调查者不知道被调查者回答的是哪一个问题.回答完后仍把卡片放回盒子.

设 π_A 是具有敏感性特征的人所占的比例,p 是写有问题"你属于 A 吗?"的卡片所占的比例.

$$X_i = \begin{cases} 1, & \text{若被调查者回答"是"}; \\ 0, & \text{若被调查者回答"否"}. \end{cases}$$

假设所有被调查者的回答都是真实的,则

$$P(X_i = 1) = \pi_A p + (1-\pi_A)(1-p), \quad i=1,2,\cdots,n,$$
$$P(X_i = 0) = (1-\pi_A)p + \pi_A(1-p), \quad i=1,2,\cdots,n.$$

设调查结果中有 n_1 个人回答"是",有 $n-n_1$ 个人回答"否",则 π_A 的极大似然估计为:

$$\hat{\pi}_A = \left[\frac{n_1}{n} - (1-p)\right] \Big/ (2p-1) \quad \left(p \neq \frac{1}{2}\right). \tag{8.2.1}$$

易知

$$E\hat{\pi}_A = \frac{1}{2p-1} E\left[\frac{n_1}{n} - (1-p)\right]$$
$$= \frac{1}{2p-1}\left[\frac{1}{n} E\sum_{i=1}^{n} X_i - (1-p)\right]$$
$$= \frac{1}{2p-1}[\pi_A p + (1-\pi_A)(1-p) - (1-p)] = \pi_A.$$

从而,$\hat{\pi}_A$ 是 π_A 的极大似然无偏估计,其方差为

$$\operatorname{var}(\hat{\pi}_A) = \operatorname{var}\left\{\left[\frac{n_1}{n} - (1-p)\right]\Big/(2p-1)\right\} = \frac{n\operatorname{var}(X_i)}{(2p-1)^2 n^2}$$
$$= \frac{[\pi_A p + (1-\pi_A)(1-p)] \cdot [(1-\pi_A)p + \pi_A(1-p)]}{(2p-1)^2 n}$$
$$= \frac{\pi_A(1-\pi_A)}{n} + \frac{p(1-p)}{(2p-1)^2 n}. \tag{8.2.2}$$

令

$$\lambda = \pi_A p + (1-\pi_A)(1-p),$$

$$1 - \lambda = \pi_A(1-p) + (1-\pi_A)p,$$

则易知

$$E(n_1) = n\lambda, \quad E(n_1^2) = n\lambda + n(n-1)\lambda^2.$$

又令 $\hat{\lambda} = \dfrac{n_1}{n}$,则有 $\text{var}(\hat{\lambda}) = \lambda(1-\lambda)/n$. 而

$$E[\hat{\lambda}(1-\hat{\lambda})/(n-1)] = E[(nn_1 - n_1^2)/n^2(n-1)]$$
$$= \frac{\lambda(1-\lambda)}{n},$$

从而 $\text{var}(\hat{\pi}_A)$ 的一个无偏估计为

$$\hat{\text{var}}(\hat{\pi}_A) = \text{var}(\hat{\lambda})/(2p-1)^2 = \hat{\lambda}(1-\hat{\lambda})/(n-1)(2p-1)^2$$
$$= \hat{\pi}_A(1-\hat{\pi}_A)/n + p(1-p)/(2p-1)^2 n. \quad (8.2.3)$$

由 (8.2.2) 可以看出,p 越靠近 $\dfrac{1}{2}$,则 $\text{var}(\hat{\pi}_A)$ 的值越大. 当 p 比较靠近 0 或 1 时,$\text{var}(\hat{\pi}_A)$ 就比较小. 但另一方面,当 p 比较接近 1 或 0 时,对被调查者的保护程度就会降低,从而会降低被调查者的合作程度,使随机化回答的作用降低,增加了收集到真实的、正确的数据的困难程度. p 的取值一般介于 0.7~0.8 之间较适宜,当然也应根据实际调查问题的敏感程度适当选取. 若敏感程度较高,则 p 应取得小一点,但一般不宜低于 0.6;若敏感程度较低,则 p 可取大一点,但一般也不宜高于 0.85.

从 (8.2.2) 中可以看出,在 $\text{var}(\hat{\pi}_A)$ 的表达式中,只有 π_A 是待估量,又易知函数 $f(x) = x(1-x), x \in [0,1]$ 是凹函数,在 $x = \dfrac{1}{2}$ 时达到最大值. 从而可知

$$\text{var}(\hat{\pi}_A) = \frac{\pi_A(1-\pi_A)}{n} + \frac{p(1-p)}{(2p-1)^2 n} \leqslant \frac{1}{4n} + \frac{p(1-p)}{(2p-1)^2 n}.$$

预先给定要求精度,要求方差不超过 α,则有

$$\text{var}(\hat{\pi}_A) \leqslant \frac{1}{4n} + \frac{p(1-p)}{(2p-1)^2 n} \leqslant \alpha,$$

从而得

$$n \geqslant \left[\frac{1}{4} + \frac{p(1-p)}{(2p-1)^2}\right]/\alpha. \quad (8.2.4)$$

§8.2 敏感性问题的调查方法   181

例 1 印度教育当局研究大学生中酗酒的流行程度. 如果一个学生在调查前的一个月内饮酒至少 1250 毫升,则称他(她)是一个酗酒者,在这个定义下,从加尔各答市大学生中简单随机有放回地抽取了 100 名大学生,目标是估计加尔各答大学生中酗酒者所占的比例 π_A. 所用随机化装置为一装有 60 个卡片的盒子. 盒子中有 45 张卡片上写有问题"在上一个月内你是否至少饮酒 1250 毫升?"占全部卡片的比例 $p=0.75$,剩余的 15 张卡片上写有问题"在上一个月内你是否饮酒少于 1250 毫升?"调查时,在没有调查员观察的情况下,被调查者把盒子中的卡片摇匀后从中随机抽取一张,而后根据所抽到的卡片上的问题如实地回答"是"或"不是". 调查结果是有 28 个人回答了"是",72 个人回答了"不是".

本例为一沃纳模型,有 $n=100, n_1=28, p=0.75$,因此有 $\hat{\lambda}=n_1/n=0.28$. 根据(8.2.1)可得 π_A 的沃纳估计值为

$$\hat{\pi}_A = \left[\frac{n_1}{n} - (1-p)\right] / (2p-1) = [0.28 - 0.25]/0.5$$
$$= 0.06.$$

也即有 6% 的人是酗酒者.

根据(8.2.3), $\hat{\pi}_A$ 的方差的一个无偏估计值为

$$\hat{\mathrm{var}}(\hat{\pi}_A) = 0.008145.$$

自沃纳开始,许多文献研究了随机化回答,提出了各种模型. 目的都是提高估计的精度,或加强回答的隐蔽性,使被调查者易于合作.

西蒙斯模型是 1967 年由西蒙斯提出的. 其设计思想仍是基于沃纳的随机化回答思想,只是在设计中,用无关的问题 Y 代替了沃纳模型中的敏感性问题 A 的对立问题. 比如敏感性问题为"你在考试中作弊了吗?"沃纳模型中的对立问题是"你在考试中没有作弊吗?"在西蒙斯模型中,用一与敏感性问题无关的问题来代替这一问题,比如"你是 4 月份出生的吗?"

模型的基本设计为:制作一个能产生两种实验结果的随机化装置,如两套外形一样的卡片,一套卡片上写有敏感性问题"你属于 A 吗?"(比如"你在考试中作弊了吗?")不妨称为 1 号卡片. 另一套卡片

上写有无关问题"你属于 Y 吗?"其中 Y 是与 A 无关的非敏感性问题,如"你是 4 月份出生的吗?"称此套卡片为 2 号卡片.将 1 号卡片与 2 号卡片按预定比例混合后,放入一盒子中,调查时,被调查者只需从盒子中任意抽取一张卡片,根据卡片上的问题做出真实的回答,当然调查员无权知道卡片上写的究竟是哪一个问题.

若以 π_Y 记无关的非敏感性问题 Y 中具有该特征的概率.西蒙斯讨论了 π_Y 已知和未知两种情况,π_Y 已知时,其估计比沃纳模型的估计有更好的精度.π_Y 未知时,需要抽取两个样本,一个样本基本上用于估计 π_Y.

(三) 双无关问题模型

该模型是 1973 年由格林伯格等人针对西蒙斯模型中 π_Y 未知的情况提出的.它更好地利用了原来基本上用于估计 π_Y 的样本.与一个敏感性特征 A 相联系,他们考虑了两个无关的非敏感性特征 Y_1,Y_2.设 π_{Y_1},π_{Y_2} 分别表示 Y_1,Y_2 在总体中所占的真实比例,且 π_{Y_1},π_{Y_2} 是未知的.从总体中用简单随机有放回的方式抽取两个相互独立而又互不相交的样本,它们的容量分别为 n_1,n_2.每一样本中的被调查者均需回答两个问题,一个是调查者直接询问的无关的非敏感性问题,另一个是被调查者自己使用随机化装置选择的问题,如下表 8.2.1 所示.

表 8.2.1

被调查者回答的问题	样本 1	样本 2
随机化的回答	问题 A 问题 Y_1	问题 A 问题 Y_2
直接回答	问题 Y_2	问题 Y_1

在这两个样本中,设被调查者随机选到敏感性问题 A 的概率均为 p,用 $\lambda_i^r(\lambda_i^d)$ 表示第 i 个样本中通过随机化回答(直接回答)所得到的回答"是"的概率,则有

$$\lambda_1^r = p\pi_A + (1-p)\pi_{Y_1},$$

$$\lambda_2^r = p\pi_A + (1-p)\pi_{Y_2},$$
$$\lambda_1^d = \pi_{Y_2}, \qquad (8.2.5)$$
$$\lambda_2^d = \pi_{Y_1}.$$

令 $\hat{\lambda}_1^r = n_{11}^r/n_1, \hat{\lambda}_2^r = n_{21}^r/n_2$, 其中

n_{i1}^r 是第 i 个样本中随机化回答得到的回答"是"的人数, $i=1,2$;

n_{i1}^d 是第 i 个样本中直接回答得到的回答"是"的人数, $i=1,2$.

则 $\hat{\lambda}_1^r, \hat{\lambda}_2^r, \hat{\lambda}_1^d$ 和 $\hat{\lambda}_2^d$ 分别是 $\lambda_1^r, \lambda_2^r, \lambda_1^d$ 和 λ_2^d 的无偏估计. 从而由 (8.2.5) 可得 π_A 的无偏估计为

$$\hat{\pi}_A(1) = \frac{\hat{\lambda}_1^r - (1-p)\hat{\lambda}_2^d}{p} \qquad (8.2.6)$$

或

$$\hat{\pi}_A(2) = \frac{\hat{\lambda}_2^r - (1-p)\hat{\lambda}_1^d}{p}. \qquad (8.2.7)$$

实践中, 常使用优化后的使得方差最小的 $\hat{\pi}_A(1)$ 和 $\hat{\pi}_A(2)$ 的线性组合作为 π_A 的无偏估计.

由于所抽的两个样本是独立的, 故易知

$$\mathrm{var}(\hat{\pi}_A(1)) = \sigma_{11} = p^{-2}\left[\frac{\lambda_1^r(1-\lambda_1^r)}{n_1} + \frac{(1-p)^2\pi_{Y_1}(1-\pi_{Y_1})}{n_2}\right],$$
$$(8.2.8)$$
$$\mathrm{var}(\hat{\pi}_A(2)) = \sigma_{22} = p^{-2}\left[\frac{\lambda_2^r(1-\lambda_2^r)}{n_2} + \frac{(1-p)^2\pi_{Y_2}(1-\pi_{Y_2})}{n_1}\right],$$
$$(8.2.9)$$

$$\begin{aligned}\mathrm{cov}(\hat{\pi}_A(1),\hat{\pi}_A(2)) &= \sigma_{12} \\ &= -(1-p)p^{-2}[\mathrm{cov}(\hat{\lambda}_1^r,\hat{\lambda}_1^d) + \mathrm{cov}(\hat{\lambda}_2^r,\hat{\lambda}_2^d)] \\ &= -(1-p)p^{-2}\left(\frac{\lambda_1^{rd} - \lambda_1^r\pi_{Y_2}}{n_1} + \frac{\lambda_2^{rd} - \lambda_2^r\pi_{Y_1}}{n_2}\right),\end{aligned}$$
$$(8.2.10)$$

其中 λ_i^{rd} 是样本 $i(i=1,2)$ 中的两个问题都回答"是"的概率. 用相应的调查结果的样本比例分别代替 $\lambda_i^r, \lambda_i^{rd}$ 和 $\pi_{Y_i}(i=1,2)$ 可得

$$\hat{\sigma}_{11} = p^{-2}\left[\frac{\hat{\lambda}_1^r(1-\hat{\lambda}_1^r)}{n_1} + \frac{(1-p^2)\cdot\hat{\lambda}_2^d\cdot(1-\hat{\lambda}_2^d)}{n_2}\right],$$

$$\hat{\sigma}_{22} = p^{-2}\left[\frac{\hat{\lambda}_2^r(1-\hat{\lambda}_2^r)}{n_2} + \frac{(1-p^2)\cdot\hat{\lambda}_1^d\cdot(1-\hat{\lambda}_1^d)}{n_1}\right],$$

$$\hat{\sigma}_{12} = -(1-p)p^{-2}\left[\frac{\hat{\lambda}_1^{rd}-\hat{\lambda}_1^r\hat{\lambda}_1^d}{n_1} + \frac{\hat{\lambda}_2^{rd}-\hat{\lambda}_2^r\hat{\lambda}_2^d}{n_2}\right].$$

从而可得 π_A 的一估计量

$$\hat{\pi}_{AF}^* = \hat{\omega}\hat{\pi}_A(1) + (1-\hat{\omega})\hat{\pi}_A(2), \qquad (8.2.11)$$

其中

$$\hat{\omega} = \frac{\hat{\sigma}_{22}-\hat{\sigma}_{12}}{\hat{\sigma}_{11}+\hat{\sigma}_{22}-2\hat{\sigma}_{12}}.$$

在实际应用中,可用 $\hat{\pi}_{AF}^*$ 作为 π_A 的估计量. 虽然 $\hat{\pi}_{AF}^*$ 不是无偏的,但它却具有较好的大样本性质.

例 2 国外某城市为了估计产业工人中有赌博习惯的人所占的比例,使用有两个无关特征的模型,问题的提法如下:

A:近一个月你参加过四次以上赌博吗?

Y_1:你喜欢打乒乓球吗?

Y_2:你的生日是在上半年吗?

抽了两个容量为 50 的样本,要求被调查者按上面所描述的规则随机回答一问题并直接回答另一问题. 在两个样本中,敏感性问题 A 被选择的概率为 $p_0=0.3$,调查结果如表 8.2.2 所示.

表 8.2.2

样本 1				样本 2			
直接\随机回答	是	不是	总计	直接\随机回答	是	不是	总计
是	10	14	24	是	6	4	10
不是	4	22	26	不是	17	23	40
总计	14	36	50	总计	23	27	50

则有 $n_1=n_2=50, p=0.3, \hat{\lambda}_1^r=14/50=0.28, \hat{\lambda}_1^d=24/50=0.48$ 以及 $\hat{\lambda}_1^{rd}=10/50=0.20.$

类似地有 $\hat{\lambda}_2^r=0.46, \hat{\lambda}_2^d=0.20, \hat{\lambda}_2^{rd}=0.12.$

因此根据(8.2.6)与(8.2.7)式便有

$$\hat{\pi}_A(1)=0.47, \quad \hat{\pi}_2(2)=0.41.$$

由 $\hat{\sigma}_{11}, \hat{\sigma}_{22}, \hat{\sigma}_{12}$ 表达式可得

$$\hat{\sigma}_{11}=0.0622, \quad \hat{\sigma}_{22}=0.0824, \quad \hat{\sigma}_{12}=-0.0146.$$

从而有

$$\hat{w}=0.56, \quad \hat{\pi}_{AF}^*=0.44,$$

即估计有44%的产业工人有赌癖.

(四) 具有多项选择的随机化回答模型

在沃纳模型中,总体是被划分为互相排斥的两类,如"考试中作弊的学生"与"考试中没有作弊的学生". 但在实际中,常会碰到总体可划分多于两类的情况,如调查某厂职工对领导的满意程度,职工可分为"满意","一般","不满意"三种情况. 其中"一般",与"不满意". 具有不同程度的敏感性,下面就讨论同一敏感性特征可分为 $t(t\geqslant 2)$ 项(其中至少有1项至多有 $t-1$ 项具有不同程度的敏感性)情况的调查,此处介绍 $t=3$ 的情况.

设总体中的每一个体属于而且只能属于三个互相排斥的 A,B,C 类之一,三类中至少有一类,至多有两类具有敏感性,我们的目的是通过抽样调查来估计三类个体在总体中所占的比例. 用简单随机有放回的方式从总体中抽取两个独立但又互不相交的样本,容量分别为 n_1 和 n_2 (n_1, n_2 不必相等). 调查中,两个样本使用类似的随机化装置,不同的只是随机化装置的参数设计. 如两个装有卡片的盒子,分别用于两个样本中. 每一盒子中有三种类型的卡片: 一类卡片上写有问题"你属于A吗?",第二类上写有"你属于B吗?"第三类则为"你属于C吗?"三类卡片按预先设计的比例混合好装入盒子中,但两个盒子中同一类型的卡片所占的比例又不相同. 且每一盒子中三

种类型的卡片所占的比例不是 $\frac{1}{3}$.

调查中,被调查者将盒子中的卡片充分混合,然后随机地从中抽取一张,在没有被调查员看到的情况下按卡片上的问题作出回答. 答案只能为"是"或"否". 调查员将其回答记录下来,而后被调查者把卡片放回盒子,混合好以后再将盒子交还调查员.

设 π_1, π_2, π_3 分别是属于 A,B,C 的人在总体中所占的真实比例,则有
$$\pi_1 + \pi_2 + \pi_3 = 1.$$

设 p_{ij} 是用于第 $i(i=1,2)$ 个样本的盒子中第 $j(j=1,2,3)$ 类卡片所占的比例,则有
$$\sum_{j=1}^{3} p_{ij} = 1, \quad i = 1, 2,$$
$$(p_{11} - p_{13})(p_{22} - p_{23}) \neq (p_{12} - p_{13})(p_{21} - p_{23}).$$

令
$$X_{ir} = \begin{cases} 1, & \text{第 } i \text{ 个样本的第 } r \text{ 个人回答是;} \\ 0, & \text{第 } i \text{ 个样本的第 } r \text{ 个人回答否,} \end{cases}$$
$$i = 1, 2, \quad r = 1, 2, \cdots, n_1 (\text{对于 } i = 1),$$
$$r = 1, 2, \cdots, n_2 (\text{对于 } i = 2).$$

第一个样本中第 r 个被调查者回答"是"的概率为
$$P(x_{1r} = 1) = \sum_{j=1}^{3} p_{1j} \pi_j = (p_{11} - p_{13})\pi_1 + (p_{12} - p_{13})\pi_2 + p_{13}$$
$$= \lambda_1.$$

回答"否"的概率为
$$P(x_{1r} = 0) = 1 - \sum_{j=1}^{3} p_{1j} \pi_j = 1 - \lambda_1.$$

类似地,对于第二个样本,有
$$P(x_{2r} = 1) = \sum_{j=1}^{3} p_{2j} \pi_j = (p_{21} - p_{23})\pi_1 + (p_{22} - p_{23})\pi_2 + p_{23}$$
$$= \lambda_2.$$

设 n_{11} 是第一个样本中回答"是"的人数,则 $n_1 - n_{11}$ 就是回答"否"的人

数，n_{21} 是第二个样本中回答"是"的人数，则 $n_2 - n_{21}$ 就是回答"否"的人数. 从而可以求得 π_1, π_2 的极大似然估计值分别为

$$\hat{\pi}_1 = \frac{(\hat{\lambda}_1 - p_{13})(p_{22} - p_{23}) - (\hat{\lambda}_2 - p_{23})(p_{12} - p_{13})}{(p_{11} - p_{13})(p_{22} - p_{23}) - (p_{12} - p_{13})(p_{21} - p_{23})}, \tag{8.2.12}$$

$$\hat{\pi}_2 = \frac{(\hat{\lambda}_1 - p_{13})(p_{21} - p_{23}) - (\hat{\lambda}_2 - p_{23})(p_{11} - p_{13})}{(p_{11} - p_{13})(p_{22} - p_{23}) - (p_{12} - p_{13})(p_{21} - p_{23})}, \tag{8.2.13}$$

其中 $\hat{\lambda}_1 = \frac{n_{11}}{n_1}, \hat{\lambda}_2 = \frac{n_{21}}{n_2}$. 则 π_3 的一个估计量为

$$\hat{\pi}_3 = 1 - \hat{\pi}_1 - \hat{\pi}_2. \tag{8.2.14}$$

又因为 $\hat{\lambda}_1, \hat{\lambda}_2$ 分别服从参数为 $(\lambda_1, n_1), (\lambda_2, n_2)$ 的二项分布，故易知有

$$E(\hat{\pi}_1) = \pi_1, \quad E(\hat{\pi}_2) = \pi_2, \quad E(\hat{\pi}_3) = \pi_3.$$

即 π_1, π_2, π_3 的极大似然估计是无偏的，且有

$$\operatorname{var}(\hat{\pi}_1) = \frac{1}{K^2}\Big\{(p_{22} - p_{23})^2 \frac{\lambda_1(1-\lambda_1)}{n_1}$$
$$+ (p_{12} - p_{13})^2 \frac{\lambda_2(1-\lambda_2)}{n_2}\Big\}, \tag{8.2.15}$$

$$\operatorname{var}(\hat{\pi}_2) = \frac{1}{K^2}\Big\{(p_{21} - p_{23})^2 \frac{\lambda_1(1-\lambda_1)}{n_1}$$
$$+ (p_{11} - p_{13})^2 \frac{\lambda_2(1-\lambda_2)}{n_2}\Big\}, \tag{8.2.16}$$

其中

$$K = (p_{11} - p_{13})(p_{22} - p_{23}) - (p_{12} - p_{13})(p_{21} - p_{23}).$$

由(8.2.14)式知

$$\hat{\pi}_3 = 1 - \hat{\pi}_1 - \hat{\pi}_2 = \frac{1}{K}\big[-(\hat{\lambda}_1 - p_{12})(p_{22} - p_{21})$$
$$+ (\hat{\lambda}_2 - p_{22})(p_{12} - p_{11})\big],$$

所以

$$\operatorname{var}(\hat{\pi}_3) = \frac{1}{K^2}\Big\{(p_{22} - p_{21})^2 \frac{\lambda_1(1-\lambda_1)}{n_1}$$

$$+ (p_{12} - p_{11})^2 \frac{\lambda_2(1-\lambda_2)}{n_2}\Big\}. \qquad (8.2.17)$$

易知 $\mathrm{var}(\hat{\pi}_1), \mathrm{var}(\hat{\pi}_2), \mathrm{var}(\hat{\pi}_3)$ 的一个无偏估计量分别是

$$\hat{\mathrm{var}}(\hat{\pi}_1) = \frac{1}{K^2}\Big[(p_{22} - p_{23})^2 \frac{\hat{\lambda}_1(1-\hat{\lambda}_1)}{n_1 - 1}$$
$$+ (p_{12} - p_{13})^2 \frac{\hat{\lambda}_2(1-\hat{\lambda}_2)}{n_2 - 1}\Big],$$

$$\hat{\mathrm{var}}(\hat{\pi}_2) = \frac{1}{K^2}\Big[(p_{21} - p_{23})^2 \cdot \frac{\hat{\lambda}_1(1-\hat{\lambda}_1)}{n_1 - 1}$$
$$+ (p_{11} - p_{13})^2 \cdot \frac{\hat{\lambda}_2(1-\hat{\lambda}_2)}{n_2 - 1}\Big], \qquad (8.2.18)$$

$$\hat{\mathrm{var}}(\hat{\pi}_3) = \frac{1}{K^2}\Big[(p_{22} - p_{21})^2 \cdot \frac{\hat{\lambda}_1(1-\hat{\lambda}_1)}{n_1 - 1}$$
$$+ (p_{12} - p_{11})^2 \cdot \frac{\hat{\lambda}_2(1-\hat{\lambda}_2)}{n_2 - 1}\Big].$$

$t > 3$ 的情形有类似的方法,此时要抽取 $t-1$ 个样本.

例3 在一次婚前怀孕流行情况的调查中,调查对象已婚妇女被分为互相排斥的三类 A,B,C,描述如下:

A:结婚时未受孕的妇女;
B:怀孕期间结婚的妇女;
C:婚前有生育的妇女.

她们在总体中所占比例分别为 π_1, π_2, π_3. 为估计 π_1, π_2, π_3 的值,从女性中抽取了两个容量分别为 180,200 的独立的简单随机样本,随机化装置是装有 100 张卡片的盒子,用于第 1,2 个样本的盒子中卡片的比例分别为 40,30,30 与 30,30,40,要求被调查者在调查者没有观察到的情况下从盒子中抽一卡片,并根据自己的真实情况对卡片上的问题回答"是"或"不是",再将卡片放回盒中摇匀,两个样本中回答"是"的人数分别为 70,61.

注意到此时有 $t=3, s=2, n_1=180, n_2=200,$
$p_{11} = 0.4, p_{12} = p_{13} = 0.3, p_{23} = 0.4, p_{21} = p_{22} = 0.3,$
$n_{11} = 70, n_{21} = 61, \hat{\lambda}_1 = 0.3889, \hat{\lambda}_2 = 0.3050,$

则 π_1,π_2 的无偏估计为
$$\hat{\pi}_1 = 0.889, \quad \hat{\pi}_2 = 0.061.$$
从而知
$$\hat{\pi}_3 = 1 - \hat{\pi}_1 - \hat{\pi}_2 = 0.050,$$
$$\hat{\mathrm{var}}(\hat{\pi}_1) = 0.133, \quad \hat{\mathrm{var}}(\hat{\pi}_2) = 0.239,$$
$$\hat{\mathrm{var}}(\hat{\pi}_3) = \hat{\mathrm{var}}(1 - \hat{\pi}_1 - \hat{\pi}_2) = 0.106.$$

以上介绍了二项选择和多项选择敏感性问题的一些调查模型. 还有许多这类调查模型. 对数量特征的敏感性问题,如偷漏税的平均数量,家庭的平均额外收入等等. 数量特征的敏感性问题也有多种调查模型,这些模型大致可分为两类. 一类是像前面介绍的选择型敏感性问题模型一样,引进一个无关问题,如敏感性问题为"您的月工资外收入是多少?"非敏感性问题为"您的月工资收入是多少?". 被调查者按一定概率随机选择问题回答. 另一类是用无关的数据与敏感性数据运算掩饰真实的数据. 如随机变量和模型,乘法模型等等. 对此问题有兴趣的读者可参阅: Chaudhuri, A., Randomized Response Theory and Technique, Marcel Pekker Inc., 1988.

§8.3 不完善抽样框的处理

大规模抽样调查中,总体的个体单元总认为是可辨识的,也就是计划想抽取哪个单元进行调查,就可以找到哪个单元. 进行抽样必需有一个抽样框,使抽样单元与编号形成对应. 可以说建立抽样框是抽样调查实践中最困难的工作之一. 一般一个调查项目总是设法利用可获得的现有资料构造抽样框. 例如想对某地区居民进行调查,抽样框可能利用户籍册,抽样单元是居民户,抽样单元和目标单元之间有明确的联系. 抽样框的结构以及所包含的信息,将对抽样方案起决定性作用. 没有辅助信息的抽样框,一般只能作简单随机抽样,无法进行分层、PPS 抽样等操作.

对调查的总体有一个完善的名录册,抽样框中的单位与目标总体的单元有一对一的联系是理想的. 但实际工作中,经常是抽样框中

的单元比目标总体的单元要少,未能完全包括全部单元,这种情况称为低覆盖,或者抽样框中的单元比目标总体的单元要多,框中混进了一些不是想要调查的个体单元,这种情况称为高覆盖.实际工作中尤以低覆盖常见.

无目标总体名录或有一个不完全的目标总体名录是常见的情况.无目标总体名录时,区域抽样常可作为一种选择.区域抽样常以地域单位、行政单位、税务单位、工商管理单位的目录作为区域抽样的抽样框.抽样框的单位覆盖了全部目标总体的个体单元,当框的单位被抽中时,再调查该单位覆盖的目标单元.我国以行政单位为区域框是较普遍的,以地图划分地域的较少.完善这些单位的抽样框是一项非常有意义的工作.

目前在我国进行的各种全国性抽样中,以行政单位构成抽样框是常见的,一般都需作多阶抽样.这类多阶抽样以省作为第一级抽样单元可能是不适宜的,因为以省为单元数量很少且差异很大.以专区级单位或县作为第一级抽样单元可能是比较适宜的选择.一个全国的调查往往经县、乡(街道)、村(居民小组)、住户等多阶抽样.若最终的调查单元是居民户,以便调查该户指标,访问户主等等.多阶抽样可每阶都很具体,直到最终调查单元.但经常有以个人为调查对象的民意调查项目.以行政单位作区域抽样往往只能设计到抽选出户,户中如何抽选个人?原则上可在户中随机抽取一人,使户中每一人被抽中的概率相等.但调查现场用随机数表等抽选是不现实的,不但使调查手续繁琐,且极易出现执行偏差.L.Kish 曾使用一种入户调查表,指定每一调查户应访问的个人,使户中每个人被抽选到的机会与户中的人数 a 成反比.数据分析时每一回答可按 a 进行加权后再进行处理.

Kish 的入户调查表共有八种,记为 A,B_1,B_2,C,D,E_1,E_2,F,在每一张调查问卷的封面上赋给这八种表之一,赋予的比例分别是 $\frac{1}{6}$,$\frac{1}{12}$,$\frac{1}{12}$,$\frac{1}{6}$,$\frac{1}{6}$,$\frac{1}{12}$,$\frac{1}{12}$,$\frac{1}{6}$.进入一户调查时,先询问户中成员、登录.按年龄从大到小或其他规定的顺序排序.入户调查表指明了应采访的个人的序号. 表 8.3.1 概括了在一户抽选一个个人在八种表中的序号. 当一户只有一个人时,该户的调查问卷所附的表无论是哪一种型号,均指明采访 1 号,故此一人被采访的概率为 $\frac{1}{6}+\frac{1}{12}+\frac{1}{12}+\frac{1}{6}$ $+\frac{1}{6}+\frac{1}{12}+\frac{1}{12}+\frac{1}{6}=1$;当一户有两人时,所附表为 A,$B_1$,$B_2$,C 型时,采访 1 号,故 1 号被采访的概率为 $\frac{1}{6}+\frac{1}{12}+\frac{1}{12}+\frac{1}{6}=\frac{1}{2}$;所附表为 D,$E_1$,$E_2$,F 型时,采访 2 号,故 2 号被采访的概率也为 $\frac{1}{6}+\frac{1}{12}+$ $\frac{1}{12}+\frac{1}{6}=\frac{1}{2}$;当一户有三人时,所附表为 A,$B_1$,$B_2$ 型时,采访 1 号,1 号被采访的概率为 $\frac{1}{6}+\frac{1}{12}+\frac{1}{12}=\frac{1}{3}$;C,D 型时采访 2 号,2 号被采访的概率为 $\frac{1}{6}+\frac{1}{6}=\frac{1}{3}$;$E_1$,$E_2$,F 型时,采访 3 号,3 号被采访的概率为 $\frac{1}{12}+\frac{1}{12}+\frac{1}{6}=\frac{1}{3}$,……. 运用此入户调查表,基本上可使户内每个个人有相等的机会被采访.

表 8.3.2 列出一张入户调查表的范例. 它列出了表 8.3.1 的 C 型(行).

表 8.3.1

表名	分配比例	户中人数					
		1	2	3	4	5*	6 或更多
		应采访的个人的序号					
A	1/6	1	1	1	1	1	1
B_1	1/12	1	1	1	1	2	2
B_2	1/12	1	1	1	2	2	2
C	1/6	1	1	2	2	3	3
D	1/6	1	2	2	3	4	4
E_1	1/12	1	2	3	3	3	5
E_2	1/12	1	2	3	4	5	5
F	1/6	1	2	3	4	5	6

* 该列各序号出现概率与 $\frac{1}{5}$ 接近,1,2,4 为 $\frac{1}{6}$,3,5 为 $\frac{1}{4}$.

表 8.3.2

与户主关系	排序	采访	入户调查表 C 型	
			户内人数	采访序号
户　　主	2		1	1
妻　　子	3	✓	2	1
户主父亲	1		3	2
儿　　子	4		4	2
女　　儿	5		5	3
			6 或更多	3

当有一个不完善的低覆盖的抽样框时,一般应尽量利用,可以采用下列一些方法克服低覆盖误差.

(一) 建立联接程序

在调查过程中,按事先确定的规则,将丢失的单元与抽样框中的单位相联接.当框中的一个单位被选入样本时,它和与它联接的所有单元均被纳入样本,使丢失的单元有一定的入样概率.这种方法常和区域抽样结合使用.例如,在一个学校中抽选学生,但抽样框只是一份旧的学生名单,名单中不包括新转来的学生.然而在调查前可以确定一条规则:每个班最后一名名单中的学生如果入样,则该班全部新来的学生均入样.丢失单位入样的概率与和它相联接的框中单位的入样概率相同.类似做法可用于工商企业调查等采用区域抽样的场合.当按管理区分段作为调查的一级抽样单元时,则可用上述类似的规则.

(二) 进行低覆盖的测定和调整

对低覆盖的测定和调整主要是估算丢失单位总数 N_0,或丢失单位目标量总和 Y_0.该调查本身一般无法对 N_0 或 Y_0 进行估算,需要使用调查以外的数据.

对 N_0 的测定通常可采用与外部较可信的各种数据进行对比的

方法. 调查的实际工作者常将样本的结构与近期的普查资料或其他调查的资料对比. 年龄、性别、职业等等辅助特征是对比的常用信息. 这样通过分层和后分层,可在每一层中估计出覆盖不足数 N_{k0},若分为 K 层,在第 k 层中单位数为 N_{kF},则后分层的总体总数估计值修正为

$$\hat{Y} = \sum_{k=1}^{K}(N_{kF} + N_{k0})\,\hat{\bar{Y}}_k.$$

许多时候仅对 N_0 作估计往往不够,需对 Y_0 进行估计(如在中小商业及商贩调查中). 这就要对原抽样框中丢失单元的指标进行计量调整. 这时往往要在临近调查前,重新独立构造抽样框的某些部分,建立完善的抽样框. 或在某些部分利用后面介绍的双框抽样. 对原抽样框中丢失单元指标进行计量,估计出丢失单元的影响,或从另外的相关指标的调查估计出这种影响. 如对中小商业及商贩调查,调查仅有中小企业名录,若在一些典型地域作完善调查,估计流动商贩的影响. 或作居民消费调查,通过调查在中小商业的消费与在商贩的消费,来估计流动商贩的影响.

英国统计学家 Peter Lynn 曾作过犯罪研究,1982,1984,1988 年以选民登记为抽样框,该框包含 16 岁以上选民,从此框直接抽选个人,效率很高. 但该抽样框覆盖不足. 1992 年他采用邮政地址文件作抽样框,抽选单位是户,该框覆盖较好. 结果发现有总样本中的 7.7% 不在选民框中,而这部分人遭受犯罪的比率普遍较高. 性犯罪遭受率高出其他人 8 倍,攻击罪遭受率高出其他人 2 倍,偷窃罪遭受率几乎与其他人相等. 一个低覆盖框进行的调查结果,无疑要通过其他信息加以修正.

(三) 双框抽样

多框抽样是统计学家 Hartley, H. O. 最先提出的一种方法. 同时使用两个抽样框,记为 A 框和 B 框. 一般 A 框与 B 框有交叉部分,记为 ab; 在 A 框而不在 B 框的部分,记为 a; 在 B 框而不在 A 框的部分,记为 b. 双框抽样常用于没有一个抽样框能覆盖要调查的总

体,只有两个或多个抽样框组合起来才能覆盖总体的情况.以及一个抽样框调查费用很低,但数据质量较差,而另一个抽样框调查费用高,但质量也较高的情况.例如,在进行商业零售调查时,方便得到的抽样框为大中型零售商业单位的名录,但小型零售店和流动商贩不在名录内.这时,可采用两个抽样框覆盖,一个用商业零售单位名录,另一个采用地域抽样框.国外有许多调查采用一个地域框作面访调查,用另一个电话框作电话调查.前者回答率高,数据质量高,调查费用高,只能抽取少数地域作面访.后者回答率低,且不能完全覆盖总体,但费用低,可作大范围调查.在稀有特征的调查中,也往往使用双框抽样.例如调查人群中某种疾病的死亡率.它可能只有万分之一,要对此作出估计大概至少要调查几万人.但在去医院就诊该种疾病的病人中,该病的死亡率可能是百分之一量级的.因而可用去医院就诊者构成一个框调查该病在这类人群中的死亡率.而用一般人群构成一个框,调查人群中去医院就诊该病的比率.这样两个框的调查可能都只需千人.用两个框的调查结果可最终综合出所需的死亡率指标的估计.

我们用 $N, N_A, N_B, N_a, N_b, N'_{ab}, N''_{ab}$ 分别记总体,A 框部分,B 框部分,a 部分,b 部分,ab 部分 A 框中,ab 部分 B 框中(A,B 框抽样单元的单位可能不一样)个体单元的数目.两框均用简单随机抽样.常见情况有,

(1) $N_a, N_b, N'_{ab}, N''_{ab}$ 已知.

此情况较为直观. Hartley 提出总体总数 Y 的估计

$$\hat{Y} = N_a \bar{y}_a + N_b \bar{y}_b + [\Phi N'_{ab} \bar{y}'_{ab} + (1 - \Phi) N''_{ab} \bar{y}''_{ab}], \quad (8.3.1)$$

其中 $\bar{y}_a, \bar{y}_b, \bar{y}'_{ab}, \bar{y}''_{ab}$ 分别为 a 部分样本平均,b 部分样本平均,ab 部分 A 框样本平均,ab 部分 B 框样本平均,Φ 是以两估计量方差倒数构成的最优权数.若 A 框样本量 n_A, B 框样本量 n_B 均足够大,则 (8.3.1)估计的均方偏差近似为

$$V(\hat{Y}) = \frac{N_A^2}{n_A}[S_a^2(1 - \alpha) + \alpha p^2 S'^{2}_{ab}]$$

$$+ \frac{N_B^2}{n_B}[S_b^2(1-\beta) + \beta(1-p)^2 S_{ab}''^2], \quad (8.3.2)$$

其中 $\alpha = \frac{N_{ab}'}{N_A}, \beta = \frac{N_{ab}''}{N_B}, S_a^2, S_b^2, S_{ab}'^2, S_{ab}''^2$ 分别为 a 部分, b 部分, ab 部分 A 框单元, ab 部分 B 框单元的方差.

(2) N_A, N_B 已知, N_{ab}', N_{ab}'' 未知.

Hartley 建议总体总数 Y 的估计为

$$\hat{Y}_H = \frac{N_A}{n_A}y_a + \frac{N_B}{n_B}y_b + \left[\Phi \frac{N_A}{n_a}y_{ab}' + (1-\Phi)\frac{N_B}{n_b}y_{ab}''\right], \quad (8.3.3)$$

其中 n_a 为 A 框 n_A 个样本单元中在 ab 部分的样本单元数, n_b 为 B 框 n_B 个样本单元中在 ab 部分的样本单元数. $y_a, y_b, y_{ab}', y_{ab}''$ 为各部分样本单元的指标总数.

Hartley 之后有多人对双框抽样进行了研究. 在各种设定情况下, 得出更优的估计量. 这些统计量的方差的估计均不易直接获得. 用 Jackknife 方法是获得方差估计的一条较简单的途径.

附录 随机数表

10000 个随机数字

列 行	00—04	05—09	10—14	15—19	20—24	25—29	30—34	35—39	40—44	45—49
00	88758	66605	33843	43623	62774	25517	09560	41880	85126	60755
01	35661	42832	16240	77410	20686	26656	59698	86241	13152	49187
02	26335	03771	46115	88133	40721	06787	95962	60841	91788	86386
03	60826	74718	56527	29508	91975	13695	25215	72237	06337	73439
04	95044	99896	13763	31764	93970	60987	14692	71039	34165	21297
05	83746	47694	06143	42741	38338	97694	69300	99864	19641	15083
06	27998	42562	63402	10056	81668	48744	08400	83124	19896	18805
07	82685	32323	74625	14510	85927	28017	80588	14756	54937	76379
08	18386	13862	10988	04197	18770	72757	71418	81133	69503	44037
09	21717	13141	22707	68165	58440	19187	08421	23872	03036	34208
10	18446	83052	31842	08634	11887	86070	08464	20565	74390	36541
11	66027	75177	47398	66423	70160	16232	67343	36205	50036	59411
12	51420	96779	54309	87456	78967	79638	68869	49062	02196	55109
13	27045	62626	73159	91149	96509	44204	92237	29969	49315	11804
14	13094	17725	14103	00067	68843	63565	93578	24756	10814	15185
15	92382	62518	17752	53163	63852	44840	02592	88572	03107	90169
16	16215	50809	49326	77232	90155	69955	93892	70445	00906	57002
17	09342	14528	64727	71403	84156	34083	35613	35670	10549	07468
18	38148	79001	03509	79424	39625	73315	18811	86230	99682	82896
19	23689	19997	72382	15247	80205	58090	43804	94548	82693	22799
20	25407	37726	73099	51057	68733	75768	77991	72641	95386	70138
21	25349	69456	19693	85568	93876	18661	69018	10332	83137	88257
22	02322	77491	56095	03055	37738	18216	81781	32245	84081	18436
23	15072	33261	99219	43307	39239	79712	94753	41450	30944	53912

(续表)

列 行	00—04	05—09	10—14	15—19	20—24	25—29	30—34	35—39	40—44	45—49
24	27002	31036	85278	74547	84809	36252	09373	69471	15606	77209
25	66181	83316	40386	54316	29505	86032	34563	93204	72973	90760
26	09779	01822	45537	13128	51128	82703	75350	25179	86104	40638
27	10791	07706	87481	26107	24857	27805	42710	63471	08804	23455
28	74833	55767	31312	76611	67389	04691	39687	13596	88730	86850
29	17583	24038	83701	28570	63561	00098	60784	76098	84217	34997
30	45601	46977	39325	09286	41133	34031	94867	11849	75171	57682
31	60683	33112	65995	64203	18070	65437	13624	90896	80945	71987
32	29956	81169	18877	15296	94368	16317	34239	03643	66081	12242
33	91713	84235	75296	69875	82414	05197	66596	13083	46278	73498
34	85704	86588	82837	67822	95963	83021	90732	32661	64751	83903
35	17921	26111	35373	86494	48266	01888	65735	05315	79328	13367
36	13929	71341	80488	89827	48277	07229	71953	16128	65074	28782
37	03248	18880	21667	01311	61806	80201	47889	83052	31029	06023
38	50583	17972	12690	00452	93766	16414	01212	27964	02766	28786
39	10636	46975	09449	45986	34672	46916	63881	83117	53947	95218
40	43896	41278	42205	10425	66560	59967	90139	73563	29875	79033
41	76714	80963	74907	16890	15492	27489	06067	22287	19760	13056
42	22393	46719	02083	62428	45177	57562	49243	31748	64278	05731
43	70942	92042	22776	47761	13503	16037	30875	80754	47491	96012
44	92011	60326	86346	26738	01983	04186	41388	03848	78354	14964
45	66456	00126	45685	67607	70796	04889	98128	13599	93710	23974
46	96292	44348	20898	02227	76512	53185	03057	61375	10760	26889
47	19680	07146	53951	10935	23333	76233	13706	20502	60405	09745
48	67347	51442	24536	60151	05498	64678	87569	65066	17790	55413
49	95888	59255	06898	99137	50871	81265	42223	83303	48694	81953

10000个随机数字(续)

列\行	50—54	55—59	60—64	65—69	70—74	75—79	80—84	85—89	90—94	95—99
00	70896	44520	64720	49898	78088	76740	47460	83150	78905	59870
01	56809	42909	25853	47624	29486	14196	75841	00393	42390	24847
02	66109	84775	07515	49949	61482	91836	48126	80778	21302	24975
03	18071	36263	14053	52526	44347	04923	68100	57805	19521	15345
04	98732	15120	91754	12657	74675	78500	01247	49719	47635	55514
05	36075	83967	22268	77971	31169	68584	21336	72541	66959	39708
06	04110	45061	78062	18911	27855	09419	56459	00695	70323	04538
07	75658	58509	24479	10202	13150	95946	55087	38398	18718	95561
08	87403	19142	27208	35149	34889	27003	14181	44813	17784	41036
09	00005	52142	65021	64438	69610	12154	98422	65320	79996	01935
10	43674	47103	48614	70823	78252	82403	93424	05236	54588	27757
11	68597	68874	35567	98463	99671	05634	81533	47406	17228	44455
12	91874	70208	06308	40719	02772	69589	79936	07514	44950	35190
13	73854	19470	53014	29375	62256	77588	74388	53949	49607	19816
14	65926	34117	55344	68155	38099	56009	03513	05926	35584	42328
15	40005	35246	49440	40295	44390	83043	26090	80201	02934	49260
16	46686	29890	14821	69783	34733	11803	64845	32065	14527	38702
17	02717	61518	39583	72863	50707	96115	07416	05041	36756	61065
18	17048	22281	35573	28944	96889	51823	57268	03866	27658	91950
19	75304	53248	42151	93928	17343	88322	28683	11252	10355	65175
20	97844	62947	62230	30500	92816	85232	27222	91701	11057	83257
21	07611	71163	82212	20653	21499	51496	40715	78952	33029	64207
22	47744	04603	44522	62783	39347	72310	41460	31052	40814	94297
23	54293	43576	88116	67416	34908	15238	40561	73940	56850	31078
24	67556	93979	73363	00300	11217	74405	18937	79000	68834	48307

(续表)

列 行	50—54	55—59	60—64	65—69	70—74	75—79	80—84	85—89	90—94	95—99
25	86581	73041	95809	73986	49408	53316	90841	73808	53421	82315
26	28020	86282	83365	76600	11261	74354	20968	60770	12141	09539
27	42578	32471	37840	30872	75074	79027	57813	62831	54715	26693
28	47290	15997	86163	10571	81911	92124	92971	80860	41012	58666
29	24856	63911	13221	77028	06573	33667	30732	47280	12926	67276
30	16352	24836	60799	76281	83402	44709	78930	82969	84468	36910
31	89060	79852	97854	28324	39638	86936	06702	74304	39873	19496
32	07637	30412	04921	26471	09605	07355	20466	49793	40539	21077
33	37711	47786	37468	31963	16908	50283	80884	08252	72655	58926
34	82994	53232	58202	73318	62471	49650	15888	73370	98748	69181
35	31722	67288	12110	04776	15168	68862	92347	90789	66961	04162
36	93819	78050	19364	38037	25706	90879	05215	00260	14426	88207
37	65557	24496	04713	23688	26623	41356	47049	60676	72236	01214
38	88001	91382	05129	36041	10257	55558	89979	58061	28957	10701
39	96648	70303	18191	62404	26558	92804	15415	02865	52449	78509
40	04118	51573	59356	02426	35010	37104	98316	44602	96478	08433
41	19317	27753	39431	26996	04465	69695	61374	06317	42225	62025
42	37182	91221	17307	68507	85725	81898	22588	22241	80337	89033
43	82990	03607	29560	60413	59743	75000	03806	13741	79671	25416
44	97294	21991	11217	98087	79124	52275	31088	32085	23089	21498
45	86771	69504	13345	42544	59616	07867	78717	82840	74669	21515
46	26046	55559	12200	95106	56496	76662	44880	89457	84209	01332
47	39689	05999	92290	79024	70271	93352	90272	94495	26842	54477
48	83265	89573	01437	43786	52986	49041	17952	35035	88985	84671
49	15128	35791	11296	45319	06330	82027	90808	54351	43091	30387

10000 个随机数字(续)

列 行	00—04	05—09	10—14	15—19	20—24	25—29	30—34	35—39	40—44	45—49
50	54441	64681	93190	00993	62130	44484	46293	60717	50239	76319
51	08573	52937	84274	95106	89117	65849	41356	65549	78787	50442
52	81067	68052	14270	19718	88499	63303	13533	91882	51136	60828
53	39737	58891	75278	98046	52284	40164	72442	77824	72900	14886
54	34958	76090	08827	61623	31114	86952	83645	91786	29633	78294
55	61417	72424	92626	71952	69709	81259	58472	43409	84454	88648
56	99187	14149	57474	32268	85424	90378	34682	47606	89295	02420
57	13130	13064	36485	48133	35319	05720	76317	70953	50823	06793
58	65563	11831	82402	46929	91446	72037	17205	89600	59084	55718
59	28737	49502	06060	52100	43704	50839	22538	56768	83467	19313
60	50353	74022	59767	49927	45882	74099	18758	57510	58560	07050
61	65208	96466	29917	22862	69972	35178	32911	08172	06277	62795
62	21323	38148	26696	81741	25131	20087	67452	19670	35898	50636
63	67875	29831	59330	46570	69768	36671	01031	95995	68417	68665
64	82631	26260	86554	31881	70512	37899	38851	40568	54284	24056
65	91989	39633	59039	12526	37730	68848	71399	28513	69018	10289
66	12950	31418	93425	69756	34036	55097	97241	92480	49745	42461
67	00328	27427	95474	97217	05034	26676	49629	13594	50525	13485
68	63986	16698	82804	04524	39919	32381	67488	05223	89537	59490
69	55775	75005	57912	20977	35722	51931	89565	77579	93085	06467
70	24761	56877	56357	78809	40748	69727	56652	12462	40528	75269
71	43820	80926	26795	57553	28319	25376	51795	26123	51102	89853
72	66669	02880	02987	33615	54206	20013	75872	88678	17726	60640
73	49944	66725	19779	50416	42800	71733	82052	28504	15593	51799
74	71003	87598	61296	95019	21568	86134	66096	65403	47166	78638

(续表)

列 行	00—04	05—09	10—14	15—19	20—24	25—29	30—34	35—39	40—44	45—49
75	52715	04593	69484	93411	38046	13000	04293	60830	03914	75357
76	21998	31729	89963	11573	49442	69467	40265	56066	36024	25705
77	58970	96827	18377	31564	23555	86338	79250	43168	96929	97732
78	67592	59149	42554	42719	13553	48560	81167	10747	92552	19867
79	18298	18429	09357	96436	11237	88039	81020	00428	75731	37779
80	88420	28841	42628	84647	59024	52032	31251	72017	43875	48320
81	07627	88424	23381	29680	14027	75905	27037	22113	77873	78711
82	37917	93581	04979	21041	95252	62450	05937	81670	44894	47262
83	14783	95119	68464	08726	74818	91700	05961	23554	74649	50540
84	05378	32640	64562	15303	13168	23189	88198	63617	58566	56047
85	19640	96709	22047	07825	40583	99500	39989	96593	32254	37158
86	20514	11081	51131	56469	33947	77703	35679	45774	06776	67062
87	96763	56249	81243	62416	84451	14696	38195	70435	45948	67690
88	49439	61075	31558	59740	52759	55323	95226	01385	20158	54054
89	16294	50548	71317	32168	86071	47314	65393	56367	46910	51269
90	31381	94301	79273	32843	05862	36211	93960	00671	67631	23952
91	98032	87203	03227	66021	99666	98368	39222	36056	81992	20121
92	40700	31826	94774	11366	81391	33602	69608	84119	93204	26825
93	68692	66849	29366	77540	14978	06508	10824	65416	23629	63029
94	19047	10784	19607	20296	31804	72984	60060	50353	23260	58909
95	82867	69266	50733	62630	00956	61500	89913	30049	82321	62367
96	26528	28928	52600	72997	80943	04084	86662	90025	14360	64867
97	51166	00607	49962	30724	81707	14548	25844	47336	57492	02207
98	97245	15440	55182	15368	85136	98869	33712	95152	50973	98658
99	54998	88830	95639	45104	72676	28220	82576	57381	34438	24565

10000个随机数字（续）

列 行	50—54	55—59	60—64	65—69	70—74	75—79	80—84	85—89	90—94	95—99
50	58649	85086	16502	97541	76611	94229	34987	86718	87208	05426
51	97306	52449	55596	66739	36525	97563	29469	31235	79276	10831
52	09942	79344	78160	11015	55777	22047	57615	15717	86239	36578
53	83842	28631	74893	47911	92170	38181	30416	54860	44120	73031
54	73778	30395	20163	76111	13712	33449	99224	18206	51418	70006
55	88381	56550	47467	59663	61117	39716	32927	06168	06217	45477
56	31044	21404	15968	21357	30772	81482	38807	67231	84283	63552
57	00909	63837	91328	81106	11740	50193	86806	21931	18054	49601
58	69882	37028	41732	37425	80832	03320	20690	32653	90145	03029
59	26059	78324	22501	73825	16927	31545	15695	74216	98372	28547
60	38573	98078	38982	33078	93524	45606	53463	20391	81637	37269
61	70624	00063	81455	16924	12848	23801	55481	78978	26795	10553
62	49806	23976	05640	29804	38988	25024	76951	02341	63219	75864
63	05461	67523	48316	14613	08541	35231	38312	14969	67279	50502
64	76582	62153	53801	51219	30424	32599	49099	83959	68408	20147
65	16660	80470	75062	75588	24384	27874	20018	11428	32265	07692
66	60166	42424	97470	88451	81270	80070	72959	26220	59939	31127
67	28953	03272	31460	41691	57736	72052	22762	96323	27616	53123
68	47536	86439	95210	96386	38704	15484	07426	70675	06888	81203
69	73457	26657	36983	72410	30244	97711	25652	09373	66218	64077
70	11190	66193	66287	09116	48140	37669	02932	50799	17855	06181
71	57062	78964	44455	14036	36098	40773	11688	33150	07459	36127
72	99624	67254	67302	18991	97687	54099	94884	42783	63258	50651
73	97521	83669	85968	16135	30133	51312	17831	75016	80278	68953
74	40273	04838	13661	64757	17461	78085	60094	27010	80945	66439

(续表)

列 行	50—54	55—59	60—64	65—69	70—74	75—79	80—84	85—89	90—94	95—99
75	57260	06176	49963	29760	69546	61336	39429	41985	18572	98128
76	03451	47098	63495	71227	79304	29753	99131	18419	71791	81515
77	62331	20492	15393	84270	24396	32962	21632	92965	38670	44923
78	32290	51079	06512	38806	93327	80086	19088	59887	98416	24918
79	28014	80428	92853	31333	32648	16734	43418	90124	15086	48444
80	18950	16091	29543	65817	07002	73115	94115	20271	50250	25061
81	17403	69503	01866	13049	07263	13039	83844	80143	39048	62654
82	27999	50489	66613	21843	71746	65868	16208	46781	93402	12323
83	87076	53174	12165	84495	47947	60706	64034	31635	65169	93070
84	89044	45974	14524	46906	26052	51851	84197	61694	57429	63395
85	98048	64400	24705	75711	36232	57624	41424	77366	52790	84705
86	09345	12956	49770	80311	32319	48238	16952	92088	51222	82865
87	07086	77628	76195	47584	62411	40397	71857	54823	26536	56792
88	93128	25657	46872	11206	06831	87944	97914	64670	45760	34353
89	85137	70964	29947	27795	25547	37682	96105	26848	09389	64326
90	32798	39024	13814	98546	46585	84108	74603	94812	73968	68766
91	62496	26371	89880	52078	47781	95260	83464	65942	91761	53727
92	62707	81825	40987	97656	89714	52177	23778	07482	91678	40128
93	05500	28982	86124	19554	80818	94935	61924	31828	79369	23507
94	79476	31445	59498	85132	24582	26024	24002	63718	79164	43556
95	10653	29954	97568	91541	33139	84525	72271	02546	64818	14381
96	30524	06495	00886	40666	68574	49574	19705	16429	90981	08103
97	69050	22019	74066	14500	14506	06423	38332	34191	82663	85323
98	27908	78802	63446	07674	98871	63831	72449	42705	26513	19883
99	64520	16618	47409	19574	78136	46047	01277	79146	95759	36781

参 考 文 献

[1] 许宝騄. 抽样论. 北京：北京大学出版社，1982
[2] Cochran W G. Sampling Techniques（第三版）. Wiley & Sons，1977
[3] Kish L 著，倪加勋译. 抽样调查. 北京：中国统计出版社，1997
[4] Wolter K M. Introduction to Variance Estimation. Springer-Verlag，1985
[5] Cassel C M, Särndal C E, Wretman J H. Foundations of Inference in Survey Sampling. Wiley & Sons，1977
[6] Chaudhuri A. Randomized Response Theory and Technique. Marcel Pekker，1988
[7] 冯士雍，倪加勋，邹国华. 抽样调查理论与方法. 北京：中国统计出版社，1998
[8] 胡健颖，孙山泽. 抽样调查的理论方法和应用. 北京：北京大学出版社，2000
[9] 孙山泽. 抽样调查，《现代工程数学手册》第六十二篇. 武汉：华中工业学院出版社，1985
[10] 梁小筠，祝大平. 抽样调查的方法和原理. 上海：华东师范大学出版社，1994